随学而导

顾建芳 著

苏州大学出版社

图书在版编目(CIP)数据

随学而导/顾建芳著. —苏州:苏州大学出版社,2017.12
ISBN 978-7-5672-2303-5

Ⅰ.①随… Ⅱ.①顾… Ⅲ.①小学数学课-教学研究 Ⅳ.①G623.502

中国版本图书馆 CIP 数据核字(2017)第 321247 号

书　　名:随学而导
作　　者:顾建芳

责任编辑:管兆宁
装帧设计:刘　俊

出版发行:苏州大学出版社(Soochow University Press)
社　　址:苏州市十梓街 1 号　邮编:215006
印　　装:宜兴市盛世文化印刷有限公司
网　　址:www.sudapress.com
邮购热线:0512-67480030
销售热线:0512-65225020

开　　本:700mm×1000mm　1/16　印张:14.5　字数:284 千
版　　次:2017 年 12 月第 1 版
印　　次:2017 年 12 月第 1 次印刷
书　　号:ISBN 978-7-5672-2303-5
定　　价:36.00 元

第一次近距离接触特级教师顾建芳时,知道他来自昆山市实验小学,是苏州市小学数学学会副理事长、昆山市小学数学学会理事长、昆山市实验小学校长兼书记。顾校长长期从事小学数学教学研究,目前已形成了“民主开放、宽松和谐、随学而导”的教育教学特色,扎实的业务素质和出众的教学能力,使其在省市小学数学教学领域具有较高的知名度和影响力。

我初次拿到顾校长的这部书稿,认真拜读后的第一感觉是:这是一本具有较强的时代性、理论性与实践性的教育著作,是一本贴近一线教师教学实践的工具书。这本著作是顾校长平日勤于读书、善于笔耕的成果,体现出很强的整合、建构能力。例如,关于数学思维这一概念的解读,顾校长用通俗易懂的文字,结合大量案例,将在小学数学教学中涉及的、常见的、重要的内容加以整合和概括,选取精髓,列举了在数学实践、数学探索和数学研究等数学思维过程中常用的三种思维方法、六种思维形式和思维品质,可谓是“增一字则肥,减一字则瘦”。对于在不同的学段如何培养学生的数学思维,顾校长也有自己独到的见解,如对于低年级学生,“兴趣是最好的老师”,这就要求教师学会激发学生学习数学的兴趣,重视直观教学,增加动手操作活动,加强语言训练,培养学生合作学习、沟通交流等能力。

“随学而导”是这本书的主题,也是顾校长小学数学教学的主张。对于一本书而言,有了主题和主张,书就有了“魂”。所谓“随学而导”,是“以学生为本,以学为本”基本教学理念的体现,在尊重学生的主体地位的同时,也关注了教师的恰当引导。其“学”引出了三个关注,即备课时要关注学生的想法,上课时要关注学生的学况,评价时要关注学生的感受;其“导”指明了三条路径,即备课时要善于整合学生的想法和教材的要求从而设计教学,上课时要善于捕捉学生反馈的信息从而组织教学,评课时善于利用评价手段发挥评价的激励和引导功能。

同时顾校长在教学中还提倡创设“民主开放、宽松和谐”的课堂氛围,希望最大限度地给予学生自由,他所提倡的“七允许”让课堂多了几许“茶馆”

味儿。即想说允许自由说,说错了允许重说,说不完整允许补充,说完了允许自由坐下,不同意允许争辩,不清楚的问题允许提问,老师结论允许评价。由此,“随学而导”的课堂得以日趋活泼、高效,师生关系开始变得民主、平等,学习也越发有了趣味;学生不仅能得到更多的自主学习机会,还能有独立思考的空间;学生的个性得以尊重,思维得以激发,勤学好思的习惯也得以日渐养成。

2016年9月13日,《中国学生发展核心素养》总体框架发布,从文化基础、自主发展、社会参与三个维度定义学生应具备的,能够适应终身发展和社会发展需要的必备品格和关键能力。原国家教委副主任柳斌在2016年中国教育明德论坛上指出,素养是由后天训练和实践而获得的。学而得之,习而得之,学而时习而得之;是教而得之,化而有之,因教化熏陶而有之。

与之相关,顾校长也在本书中多处谈到要关注小学生的数学素养的培养与提升,以学生为主体、教师为主导,构建学校、家庭、社会全方位的教育体系;以课堂教学为主阵地,构建班级授课、社团活动、实践活动等多层次教学途径。这样多角度的立体培育模式,能面向全体学生,适应学生个性发展的需要,使得“人人都能获得良好的数学教育,不同的人在数学上得到不同的发展”。顾校长和他的数学团队经过多年的实践研究,最终形成了“以学定教,随学而导”的教学思想,形成了“精致、灵动、高效”的数学课堂教学风格。

日本教育学家佐藤学曾说,做教学研究要具备三种视角:一是飞鸟之眼,高瞻远瞩;二是蜻蜓之眼,聚焦中观;三是蚂蚁之眼,精心细微。顾建芳校长具备了这三种视角,他有“飞鸟之眼”,为学生终身发展和数学素养提升,努力打造智慧课堂;他有“蜻蜓之眼”,聚焦数学课堂,紧扣前沿热点做研究;他有“蚂蚁之眼”,从教育现状的疑难问题着手,开展小专题研究。也正因为具有此“三眼”,他才能成为一位把研究当成乐事、趣事的专家,我想这也正是值得我们学习之处。

江苏省教育科学研究院副院长　徐国华

访谈

随学而导　其妙无穷

——特级教师顾建芳访谈(2009年)

夷浩方

提及昆山,人们首先想到的是:东临上海、西接苏州,得天独厚的区位优势,位居全国百强县首位,强劲迅猛的经济发展。昆山的朋友介绍说,其实昆山的文化底蕴也十分深厚。不说昆剧,也不说周庄,单就几所学校的名称也能感受到它的厚重。震川中学、亭林中学、柏庐实验小学,取名分别源于明清时期的昆山"三贤":归有光、顾炎武、朱柏庐。归有光,别号震川,"唐宋派"之首;顾炎武,学者尊称为"亭林先生","天下兴亡,匹夫有责",成为激励中华民族奋进的精神力量;朱柏庐,"一粥一饭,当思来处不易;半丝半缕,恒念物力维艰""宜未雨而绸缪,毋临渴而掘井"等语句,堪称训导之经典。这次访谈的人物,正是柏庐实验小学的校长——特级教师顾建芳。

记者: 当下的教育理论、教学主张、教改经验可谓丰富多彩,层出不穷,而最受教师青睐并乐意借鉴运用的,莫不具备真切实在、深入浅出、轻灵鲜活等特点。顾校长,你的"随学而导"教学特色令人耳目一新,它是怎样形成的?

顾建芳: 记得20世纪90年代,在我担任昆山市数学教研员的时候,为了强调学生的主体作用,为了提醒教师关注学生的学情,我先后在许多学校以"备课时想学生所想"为题讲过课。当我发现很多老师上课时经常束缚于自己的教案时,就主张"由教的方案向学的预案转变",并以此为题写文章发表在当时的《小学数学教育》刊物上。后来,我又在《小学数学教师》(上海)上发表了《上课要追求大气》一文,主要观点就是在设计教学时要敢于突破教材，上课时要敢于突破教案，主张顺着学生的思路组织教学。在新课程改革中，我和其他同志共同承担了"构建科学的小学数学评价体系"的课题研究。研究过程中，我们主张多元评价的方式，同时我特别主张要"关注评价认同，提高评价效能"，其实，这是"随学而导"思想在评价中的应用。

记者：显然，"随学而导"是你不断求索、用心提炼而成的，请你谈一谈其蕴含的教育理念和核心要义。

顾建芳："随学而导"是以学生为本的需要，体现了尊重学生的主体地位的同时，应该关注教师的恰当引领。一个随学而导的"学"，说的是：备课时要关注学生的想法，上课时要关注学生的学况，评价时要关注学生的感受。一个随学而导的"导"，说的是：备课时，要善于整合学生的想法和教材的要求从而设计教学，上课时要善于捕捉学生反馈的信息从而组织教学，评价时善于利用评价手段发挥评价的激励和引导功能。

记者：刚才一番话可见师生的作用与关系，可感课堂教学的情状与趋势，而且你在理论和实践的契合点上把握得相当灵巧。更难能可贵的是，在新课改实施之前，你已有如此识见。我有一个疑问："随学而导"的起点是如何确定的？

顾建芳：如说起点，概括地讲，就是学生的学况和学生的认知规律。也就是说，"学"是起点，"导"是着力点。教师的"导"，一方面体现在课堂中，依据学生的反应而进行的适时的引导；另一方面也体现在设计方案时，依据学生的认知规律，提供适合的材料和创设适合的情景。可见，"导"之前，先要考虑三个要素，就是学生的想法、学生的学况、学生的感受，这是以学生为本的要求。所以我一贯主张要顺着学生的思路组织教学。具体地讲：

1. 顺着学生的思路，创设情景

在小学数学中，从生活实际出发，把教材内容与生活现实有机结合起来，特别符合小学生的认知特点，从而能激发起学生学习数学的兴趣。例如，"圆的认识"一课中，认识圆心时，教师可出示一个没有标出圆心的圆形纸片，要求学生把它想象成一个车轮，那么车轴该装在哪儿呢？为什么呢？怎样才能找到圆心呢？教学画圆时创设情景，问："见过操场上白粉画的圆吗？假如你是体育老师，你会怎么画呢？"

2. 顺着学生的思路，提供材料

曾听过"口算两位数加两位数的进位加"一课，教师先放手让学生用自己的思维方式来计算例题"36 + 27"，学生得出了多种凑成整十再计算的方法，这时有学生提出把"36 + 27"拆成4个9和3个9，一共是7个9得63，回答得太妙了！其他同学都认为这种方法最简单。可教师却说，这种方法是简单，但不是所有的题目都可以这样做的。其实,何不顺着学生的思路,另出一题如“35 +26”,让学生自己去实践、去发现呢!

3. 顺着学生的思路,组织讨论

当学生的思路与教材或教师事先设计好的教学思路不同步时,可顺着学生的思路组织讨论。曾听过“笔算万以内的进位加”一课,一位学生在学完例题后提出:“老师,为什么要从低位加起,能不能从高位加起呢?”老师顺势让学生讨论:“能不能从高位加起,再想想‘56 +27’,发现了什么?请大家讨论。”通过讨论,使学生明确能从高位加起,如遇到进位就需要修改,比较复杂,所以要从低位加起。

教学中要充分体现学生的主体地位,促使每位学生自主发展,就需要顺着学生的思路组织教学。

记者:顺着学生的思路组织教学,旨在打破课堂教学气氛沉闷、教师牵着学生走的状态。如此,教师在课堂教学的具体情境中,就不能总是按部就班地走既定的路径,而必须相机而行,顺势而为。你是如何把握学生的学习状况的?

顾建芳:现实的课堂是随着教学的展开而不断地生成的。有些生成是在教师的预期之中的,教师自然能因势利导、驾轻就熟,朝着达成教学目标的方向行进。然而有些生成却是无法预料的,完全需要教师的教学机智去理性地把握,顺着学生的思路,另辟蹊径也完成教学目标。当然,这种意外的生成,恰恰像战场上的有利战机,稍纵即逝。

比如,我在教学二年级“可能性”这一课时,为了让学生在游戏活动中理解“一定是”“不可能是”“可能是”这三个事件发生的不同情况,我有意在第一个口袋里全装了红球,在第二个口袋里装了黄球和绿球,在第三个口袋里装了红球和黄球。让学生分三组进行摸球,每组6人。每人每次从口袋里任意摸一个球,摸到红球记一个红五星,摸完后放回袋子里,由下一个同学继续摸。最后分组统计,看哪一组红五星摸到最多,摸到最多的一组就是胜者。

游戏活动中,学生都为摸到红球而高兴,为摸不到红球而沮丧。其中最感到失望、最不服输、最充满企盼的是第二组,因为他们总是摸不到红球。

摸球游戏进行到最后一轮时,第二组的最后一个同学,趁老师不注意时,打开袋口,往里偷看。不巧被旁组的同学发现。

“老师,他违反比赛规则,打开袋口,往里偷看。”旁组的同学毫不留情地检举。

这是典型的、完全出乎教师预设外的情景生成!

此时我们只要认真分析一下那个“偷看”学生的心理状态,不难知道,他就是对前五轮摸球的结果产生了怀疑,怀疑第二组的口袋里可能没有装上红球,所以每次摸出的都不是红球,强烈的好奇心促使他敢违反游戏规则,而去“偷看”。课堂上我利用这一个预设之外的情景生成,通过下面几个简单的问题很自然地引出教学内容——“不可能”这种事件发生的情况:

“你为什么要‘偷看’?”

“你是不是有什么疑问?”

接着就顺水推舟,倒出第二组口袋里所有的球,验证一下学生的猜想。马上板书出示:因为第二个口袋里装的是黄球和绿球,所以任意摸一个,“不可能”是红球。

这样,学生很自然地接受了“不可能”这个概念。

记者: 在实践“随学而导”教学理念的过程中,很明显,教师的作用是:在学生自主开放学习的基础上,加以有针对性的引导,导方向、导方法、导规律。而其中你特别强调能“放”则“放”,增强“放”的意识,讲究“放”的艺术。此中有何奥妙?

顾建芳: 很多老师以为“导”主要体现在“收”,在我看来,“放”是“收”的前提,没有“放”何来“收”,其实“放”和“导”关系亲密。一方面,在哪里“放”,何时“放”,怎样“放”,都体现了教师的“导”,这是无形的“导”,是不留痕迹的“导”;另一方面,“放”是“导”的基础,开放后,学生的想法、学况可以得到充分展示,这时的“导”才有的放矢。所以,我始终认为,开放是前提,没有“放”的意识谈“放”的艺术是纯粹的空谈。开放之后的“收”,其实就是在“放”的基础上进行组织交流、引导归纳和概括,这是知识迁移的过程。

开放是创新的源泉。“放”是指让学生不受约束地探索和研究一些问题。课堂教学中,老师能不能“放”,怎样“放”,既是一个教学观念的问题,又是一个教学艺术的问题。课堂教学中应本着“放”的意识,根据学生已有的知识基础、已有的生活经验,以及现有的思维水平,尽可能考虑“放”的可能,鼓励学生有不同的见解,从而达到“收”“放”自如的境界。“放”不是漫无边际地放,而是有的放矢。在学生明确了探究目标的前提下,要鼓励学生大胆猜想和推断。例如,在教学“推导三角形的面积公式”一课时,学生并非漫无边际地去探究,而是参照平行四边形剪、拼、移的方法,用两个完全一样的三角形拼成一个平行四边形,此时,应再引导学生观察这两个三角形的形状,紧接着又有学生发现当两个三角形是完全一样的直角三角形时,拼成的是一个长方形,根据长方形和三角形的关系,也可以推断出计算三角形面积的方法。

开放性问题可以是问题的开放,也可以是条件的开放,还可以是问题答案的开放。开放性问题的教学能很好地促进学生创新精神和创新能力的培养。

有“放”就有“收”，真正做到收放自如并非易事。收，重在组织交流、引导归纳和概括。例如，在教学“分数的初步认识”时，让学生用一张长方形纸折出它的二分之一。学生有不同的折法，可以组织交流，拓宽学生的思维，引导学生通过比较概括出不管怎样折都是把这张长方形纸平均分成了2份，每份都是它的二分之一，让学生对分数和平均分之间的关系有了深刻的理解。

记者：你倡导在课堂上“最大限度地给予学生自由，尊重学生的想法，鼓励学生大胆猜想和推断，鼓励学生有不同的见解”，真正操作起来，可能会有相当难度。放得太开，收得好吗？

顾建芳：要实现课堂民主化，首先，教师要转换角色定位，由教学中的“主角”转向对话中的“首席”，由知识的传授者转向学生进步的促进者。老师要放下架子，走下讲台，到学生中间去，了解学生的思想，解答学生的问题，做学生攀登高峰的阶梯、追寻真理的拐杖、扬弃错误的导师，时时处处让学生感到安全、平等、民主。其次，教师要以自身人格中的民主素养去接纳、包容学生，对学生在不同背景下形成的个性特征给予充分的尊重。

学生在课堂中的自由状态是主动参与、独立思考的表现。没有自由的学生，在课堂上就容易导致思维僵化，就谈不上主动参与，因此也就不可能有课堂的民主化。当然，自由不等于自流，不能失去目标和方向。

我在课堂上始终希望最大限度地给予学生自由，希望课堂有点“茶馆”味儿。在自己的课堂中提倡“七允许”，即想说允许自由说，说错了允许重说，说不完整允许补充，说完了允许自由坐下，不同意允许争辩，不清楚的问题允许提问，老师结论允许评价。我想，当教师的讲课或某个学生的发言引发学生的好奇心和兴趣点，启动学生思维的关口时，学生往往很难控制自己“有口欲言”的迫切心情，或几个一起小声议论开来，或你一言我一语脱口而出，表达自己的见解，思维呈灵动的飞扬状态。假如此时教师硬要学生举手，然后由他一个一个地点名再站起来表达，那表达的效果不知会逊色多少。

追求民主开放就要关注每一位学生的发展，课堂上要充分提供给学生自主学习、自主活动的时间和空间，学生可以自由选择学习的素材、自由选择解题方法。例如，在教学“8+9”课例时，未做任何暗示，先让学生尝试着做。一般学生按照8加几的计算方法思考，把9分成2和7，8加2得10，10再加7得17。部分思维活跃的学生却打破“看到8，想到2”的思维定式，认为8比9小，分8比较简便，于是他们把8分成1和7，9加1得10，10再加7得17。这样，学生在学习过程中，不受教师“先入为主”的观念制约，有足够的思考时间、广阔的思维空间，不时迸发出创新的火花。

记者：如此看来，“收”得精彩，源于“放”得洒脱，“放”是为了更好地“收”，在一定意义上说，“放”得高妙，“收”必自成。难怪有些教师拘泥于“收”，课堂偏重于控制或牵引，收到的效果往往很有限。

顾建芳：是的，“收”的过程渗透了“导”的成分，当学生在感知基础上，还不能有效地领悟，或者说学生虽然有所领悟，还不能把领悟的知识融入自己的已有生活经验和知识结构中，这时教师利用适当的“收”发挥指导作用是需要的。如果学生在开放的学习活动中，在有效感知的基础上，已经有效领悟，并且自己能够把领悟到的知识有效迁移成自己的经验和知识，此时再为“收”而“收”，已成蛇足。

记者：收放之间，尽显魅力。我极力主张教师要学好哲学，善于辩证地看问题，尤其是要结合自身的实践，放开眼光去关注课堂，今天，我又发现了一个很好的范例。顾校长，不妨把相关方面的感受和体验也说一说，这样给大家的启发就更多了。

顾建芳：学生自己探究所得远比教师给予的知识有用，学生由感悟得到知识，除了获取知识以外，还可获得自己获取知识的本领。所以我特别崇尚“让学生在感悟中提高数学素养”，让学生有效领悟是我们的期待。要让学生有效领悟，首先要让他们有效感知，而学生的感知是在情景中、材料中、体验中感知的，设计怎样的情景、提供怎样的材料、让学生经历怎样的探究过程，这里都充分体现了教师的“导”。在充分感知后，如果学生还不能领悟或领悟不透，这时教师的引领就显得尤其重要，当然，怎样引领，怎样点拨，把握分寸点到学生自己能领悟就可。所谓“点悟”“启悟”就是在学生遇到困难时，希望通过老师的点拨、启发后仍由学生自己领悟所得。例如，我在教学“中位数”一课时，当学生理解极端数据对平均数和中位数的影响有困难时，我仅用一个手势就让学生很快体会到其中的奥秘。很多学生马上准确地用自己的手势表示，当大数变得很大时，中位数不变，平均数会变大，两者会逐渐远离；当数据比较接近，不出现极端数据时，或两端对称地出现极端数据时，两者会比较接近。

以上我讲的是“点”和“悟”以及“启”和“悟”的关系，前面还讲到“放”和“收”、预设和生成的关系，其实数学教学中还有很多问题需要我们用辩证的眼光去看待和研究。

记者：在顾校长的办公室，我见到了真人，也取到了真经。“随学而导”，其妙无穷，妙在神韵，足以在张弛开合、动静自如、愤启悱发间自由舞蹈。

目 录

第 1 章　培养数学思维

1.1　思维与数学教学

1.1.1　思维

如何给思维下定义？目前心理学范畴尚无一致的定论。在认识世界、解决问题的过程中，人脑要通过思考问题的内部活动来认识事物的本质，了解事物间的相互联系及其规律，人脑的这种活动就是思维。实际上，也就是人们用智能寻求问题的答案或寻求达到实际目的的手段。

人们通过思维，探求解决问题的方案和策略，探索大自然的规律，形成多种多样、丰富多彩的精神产品——概念或思想。因此，人类认识发展的历史，就是人类思维发展的缩影。

在心理学研究中，普遍认为思维是人脑借助语言实现的对客观事物概括的、间接的反映，是反映对象本质和规律的认识过程。

思维具有问题性、间接性、概括性和逻辑性四种特性。

第一，思维的问题性又称目的性。有目的地认识、了解和解决问题，是人类思维独有的本领。有意识地、能动地改造自然、改造社会，只有人类思维才具有这样的目的性。所以，目的性是人类思维的根本特征。如果没有问题，就不会导致思维的产生。因此，问题对思维具有激励（或刺激）作用。事实上，许多科学家的发现、发明和创造正是在解决人类提出问题的基础上，通过解决问题而产生的。同时，问题对思维具有定向作用，它是探索活动中的方向标。

第二，思维的间接性是指思维能借助已有的知识和经验，对客观事物进行间接的反映，做出正确的判断。比如：由枪炮声联想到战争；小学生可以通过思考了解光在一秒内走过的路程，相当于汽车以 100 千米/时的速度连续行驰 125 个日夜的路程，从而把握光速之快；我们平常说的，举一反三、闻一知十等,就是指这种间接性的认识。

第三,思维的概括性是指概括思维不仅能认识个别事物的特有属性,而且能从个别属性推及一般属性,这就是思维的概括性。比如,数字 1 可以是一个苹果、一支铅笔、一副手套等,而抽象出来的一般概念是数量 1。又如,我们通过研究一系列特殊的指数函数可以概括出指数函数的一般性质。因此,概括是在已有的知识和经验的基础上,舍去某类事物个别的特点,抽象出其共有的东西而形成的。在某种程度上,没有抽象—概括的活动,就没有概括性的认识,也就没有思维。

第四,所谓思维的逻辑性是指人脑在思维过程中是按照一定的形式、方法和规律进行的。而逻辑是人的一种抽象思维,是人通过概念、判断、推理、论证来理解和区分客观世界的思维过程。逻辑的概念特征包括内涵和外延。只有具有思维逻辑性,才能成为一个有智慧的学习者、实践者。

1.1.2 数学思维

数学是研究现实世界中空间形式和数量关系的科学。通过什么途径与方法将现实问题转化为数学问题,再用数学方法解决这些数学问题从而解决实际问题,数学家们为此做了大量的探索和研究。他们借助于试验、分析、抽象和概括等思维方法形成了一套较为完整的数学理论体系,这套理论体系的形成就是通过数学思维来实现的。那么,什么是数学思维呢?张乃达先生认为:数学思维就是以现实的数学问题为研究对象,通过发现问题、解决问题的形式,达到对现实世界空间形式和数量关系的本质的一般性认识的思维过程。它具有以下几个特点:

一是抽象性。在数学研究过程中,数学家往往抛弃研究对象的特性,只保留事物的空间形式和数量关系,如数学中的点是没有大小的,线是没有粗细的,即这些点、线不同于现实中的点、线,而是一种抽象的"事物"。又如,数学中的三角形,也不同于生活中的三角形物体。在数学思维过程中,舍去了思维对象非本质的属性,而是抽取出具有一般意义的数学量来研究的。可见,抽象之后的数学内容具有高度的概括性,深化了对事物的本质和规律的认识。

二是严密性,表现为数学思维过程中的逻辑性和精确性。数学思维是按照一定的形式和方法进行的,它的理论是按照严格的逻辑推得的。例如,几何的推理过程要求步步有理,言必有据。此外,数学思维要求定量把握事物间的量的关系,要求具有一定的精确性。爱因斯坦曾这样描述数学:为什么数学比其他一切科学受到特殊的尊重,一个理由是,它的命题是绝对可靠和无可争辩的。可以这样讲,没有数学的科学是不可靠和不完善的。

三是探索性与创造性。数学来源于实际问题,同时又用来解决这些实际问题。数学思维总是围绕解决某一问题而展开,如数学概念的建立、一个定理的推证、一种新算法的形成等都是通过数学思维寻找、探索其解决问题的方法来实现的。因此,数学思维就被赋予探索的性质。探索的结果,必然有新的联系的产生、新的规律的出现,这就是创新的结果。

四是统一性,是指数学思维有本质上的一致性。许多数学知识表面看上去没有明确的联系,但我们通过深入的分析和研究,发现它们是有一定的内在联系性的。例如,数与形之间的联系、数与数之间的联系、形与形之间的联系,可以从不同的角度进行不同层次的抽象,经过一定层次的抽象之后,往往经历(或产生)相同或相似于其他已有的数学模式,然后用已有的模式及方法解决问题。统一性体现了数学模式之间的转化,强化了各分支之间的关联性,反映了“大数学”的整体观念,拓展了思维空间。在问题解决过程中,运用联想、类比等我们熟知的数学方法和思维策略,往往能达到“柳暗花明”的效果。

1.1.3　数学思维与数学学习

数学学习与数学思维具有密切的关系。数学学习主要是通过数学思维来实现的,数学思维的训练有利于数学学习能力的提高,从而又促进数学思维更进一步发展。所以,数学教学不仅仅要学习数学知识本身,更重要的是学习思维的方式和方法。因为在某种意义上,方法论是最重要的知识。我们知道,呈现在我们面前的数学知识,都是数学家思维活动的结果,许多实际问题的解决不仅仅是依赖数学知识,更重要的是运用了合理的数学思维方法。

数学中的思维材料极其丰富,思维方法非常齐全,为我们培养小学生的思维能力提供了很好的素材。它不仅概括性特别高,而且间接性特别强。特别是作为思维载体的数学语言的精炼与形式化,更使得它不同于一般的思维。比如,“千姿百态的几何图形,变幻无穷的数的世界,却能被为数极少的几条公理所穷竭;成百上千条定理、公式在它的基础上令人信服地展现在眼前,怎能不叫人惊奇;看起来完全不同的对象却有着本质上的一致;无关的事物之间有着深刻的联系;复杂、多变、形态各异的式子、图形存在着不变的规律和简捷的结果”。

数学思维方法是数学乃至科学技术中的美丽花朵,只要我们用心去领悟它、运用它,一定会结出丰硕的果实。

因此,我们在小学数学的教学中,需要帮助学生了解数学思维,做一个明白的人;需要引导学生懂得数学思维,做一个聪明的人。

1.2 数学思维方法

数学思维方法是指进行数学实践、数学探索和数学研究等数学思维过程中所运用的基本方法。它们是:观察与试验、抽象与概括、分析与综合、联想、分类、比较、类比、不完全归纳法、完全归纳法、一般化、特殊化等,这些方法都是数学思维操作的基本手段。在这里,我们重点讨论前三种方法。

1.2.1 观察与试验

观察和试验是人类科学认识活动中的初始阶段,也是实验性自然科学研究中的一种最基本、最普遍的方法。数学是建立在公理化体系基础上的一门演绎性科学,虽然不能把观察与试验所得的结果作为数学命题正确与否的充分依据,但可作为一种重要的辅助的研究方法,可为问题的解决提供思维材料,为方法的选择提供必要的信息。同学们在做图形习题时,通过观察几何图形的结构特征,会试着添加辅助线,经思考和分析之后,重新观察,重新添加辅助线,再思考和分析,往返进行,直到问题解决。这一过程就是观察与试验的过程。

观察是人们对客观事物或自然对象的数学特征,运用思维辨认其形式、结构及数量关系,从而发现某种性质或规律的方法。一方面,观察是数学思维的首要方法,是发现问题和解决问题的有效途径;另一方面,所谓试验就是根据所要解决的问题的需要,按照研究对象的自然状态和发展规律,人为地设置条件使所希望的现象或结论产生,从而达到深入了解事物的目的的方法。试验是一种较为主动的行为,无论是定量试验还是定性试验,都可以使观察到的性质或规律得以重现或验证,同时在试验的过程中,还能够有所发现、有所创新。

大数学家欧拉说:数学这门科学,需要观察与试验。在全面实施素质教育的今天,数学仅仅重视演绎已经暴露出许多问题,在许多场合下需要归纳,而归纳的前提是观察与试验。通过观察与试验可以提供思路,发现问题之间的联系。观察与试验并不是简单地看一看、试一试,而是在大脑的参与和积极配合下进行的有目的的思维活动。它们既有区别又有联系,试验时必须先进行观察,这是它们相联系的一面,但试验是比观察更为主动的数学实践活动,对问题的解决具有直接的意义。

1.2.2　抽象与概括

高度的抽象性与概括性及其应用的广泛性是数学学科的特点，虽然其他科学理论也具有这些特点，但其在数学中表现得尤其显著。抽象与概括不仅反映在数学的内容上，而且还体现在数学方法、数学思想之中。可以这样说，整个数学理论体系就是抽象、概括和具体化的结果。

先说抽象。抽象是指从复杂的事物中，按照一定的认识角度抽离出某种特有的性质加以认识的思维方法，换句话说，抽象是在思维中仅仅区分出对象的本质属性，而将其余的非本质属性加以扬弃的方法。它是感性认识到理性认识的重要手段。数学是将现实世界中的数量关系和空间形式作为抽象的对象。

数学中的概念、关系、定理、方法及符号，都是数学抽象或再抽象的思维结果。抽象是数学科学本身的特点之一，因为数学是研究数和形的科学，而数和形本身都是抽象之后的概念，这就决定了数学的内容和方法的抽象性。首先是内容的抽象性，在小学阶段，数学研究的内容为数、式、点、形，数和点都是最基本、最原始的概念。例如，数字3，它是从3个人、3棵树、3辆车……这些表示实际意义的数中提炼出来的，只保留了数量关系，摒弃了具体的特征。其次是抽象的逐级性，表现在认识、内容和方法上。在小学阶段，数和图形是抽象的。到了中学阶段，就不再感到它们抽象了，而是对用来代替数的字母、代数式、函数和方程感到抽象了。随着对数学的不断认识、知识的增长、经验的积累、思维的发展和能力的形成，原来抽象的东西，渐渐变得易于接受和理解。数学中的每一个新概念，都是在原有概念的基础上产生的，而旧概念本身是抽象的，所以新的概念就更加抽象。逐级抽象在内容上也是如此，同一概念，随着理解的进一步深入，也是需要不断地进行抽象的，如距离的概念，从数轴到平面，再到空间两点之间的距离，然后到n维空间的距离的概念，每一次抽象都既高于原有水平，又包含了原来的形式，直到最后，距离早已不是原来意义上的距离，但还是保持了原来所说的距离的基本性质。

再说概括。对事物抽象之后，如不及时地、很好地加以归纳与综合，抽象是没有任何价值的，这就需要对抽象出来的共同属性加以概括。所谓概括是指把抽象出来的事物的本质属性联合起来加以考虑的思维过程。它是把事物的那些共同的本质属性集中起来，综合为更一般事物的属性的过程。概括要以抽象为基础，它是抽象的发展。概括的范围越大，就越抽象，对问题的理解就越深刻，对事物的本质属性就掌握得越准确。数学概括可以分为以下几种类型：一是完全性概括，这种概括穷尽了所有可能的情况，所以是精确的概括;二是外推性概括,这种概括具有扩大认识范围的作用,包括不完全归纳概括(由某类的部分事物具有的特性和关系,外推到同类事物的全体而得到一般性认识的概括,可以看成不完全归纳法的应用)和类比概括(把一个特定领域的规律外推到其他领域内,从而扩大已知规律应用范围的概括,可以看作是类比方法的应用);三是上升性概括,又称直觉概括,是由对单一的某个事物的认识直接上升为一种具有普遍规律性认识的概括。

数学的概括性可以由数学的以下特点反映出来:(1)大量的定义、定理、性质贯穿着整个数学,而数学的基本内容是以定义和定理的方式陈述的,而这些定义和定理都是概括出来的;(2)大量使用的符号是数学特有的语言,这种语言是高度精练和概括的;(3)数学内容所描述的客观事物是极其广泛的。事实上,抽象与概括是密不可分的。一方面,抽象是概括的前提和基础,没有抽象就无从概括;另一方面,概括又是抽象的目的,没有概括,抽象也就失去了意义。抽象可以仅涉及一个对象,而概括则涉及一类对象;从不同角度考察同一事物会得到不同性质的抽象,即不同的属性,而概括则必须从对多个对象的考察中寻找共同的性质。在数学问题的解决方面得到的规律、方法及数学模型都是通过分析、比较、抽象、归纳等思维环节,最后进行理论概括所得的结果。

1.2.3 分析与综合

认识客观事物,首先要剖析事物的各个方面、各个部分及其联系,弄清各个部分的性质、结构、功能及其在整体中所起的作用,然后再进行全面的、总体的考虑,找到事物的本质特征及其规律,这是认识事物的一种基本的思维方法。所谓分析法,是指将研究对象的整体分成各个部分、方面、因素及层次,并分别加以考察的思维方法;所谓综合法,是指把研究对象的各部分、各个方面和各种因素联系起来加以研究,从而在整体上把握事物的性质和规律的一种思维方法。

在数学问题的解决过程中,总是在分析的基础上综合,然后在综合的指导下分析后再综合,这种循环往复的辩证的交替运动,构成了数学思维的发展过程。因此,在随学而导的教学过程中,要灵活运用分析与综合这两种基础的思维方法。

总之,数学中分析与综合之间相互依存、互相渗透、相互补充,推动了思维过程的发展。在数学教学活动中,整个数学认识过程是分析与综合的统一。

1.3　数学思维形式

数学思维形式是思维活动过程中体现出来的各种思维程式，由于思维在其存在方式、发展过程方向和舒展方式上的不同，决定了思维的种类十分繁多。这里，结合小学数学教学实践，着重介绍数学思维活动中常见和常用的几种思维形式：逻辑思维、直觉思维、发散思维、聚合思维、形象思维和创造性思维。

1.3.1　逻辑思维

所谓逻辑思维，是指按照一定规则进行的思维。在数学思维过程中，对概念的理解要求准确无误，推理要步步有“据”，严格周密，证明过程要求无懈可击，不允许有任何含糊之词，逻辑思维是在数学认识过程中最基本、最重要的一种思维形式，是数学思维的主体。

逻辑思维的基本形式有概念、判断和推理，抽象与概括、分析与综合、特殊化与一般化、归纳与演绎、类比等是逻辑思维的基本方法。这里主要对三种基本形式作概括性介绍。

1. 概念

列宁曾说过：概念是人脑的高级产物。概念是运用科学的抽象方法，概括了一类事物的本质属性而形成的，是一种理性认识。而数学概念，则是对客观事物的数量关系、空间形式或结构关系的特征的概括。例如，一些原始概念：点、线、面、集合等是用描述性语言定义的；长度、面积、体积等是用公理法定义的；三角函数是用关系式定义的；圆、代数式的值等是用发生式定义的；等等。这些概念的产生都是具体原型抽象的结果，因此概念具有抽象性和概括性的特征，它反映了人们对事物本质的认识。

数学概念反映了数学逻辑思维的确定性，表现为概念的内涵和外延。概念的内涵是指概念所反映对象的一切本质属性的总和；概念的外延是指概念所反映对象的全体。例如，在“平行四边形”这一概念的内涵中，包含着一切平行四边形所共有的本质属性：平面内的凸四边形，两组对边互相平行。而它的外延是所有平行四边形的集合，其中包括菱形、矩形和正方形。再拿“菱形”这一概念来看，它的外延不包括全部平行四边形在内，而只包括了部分平行四边形，因此这个概念的外延相对平行四边形缩小了，而内涵增加了“四边相等”，即由于增加了新的属性，它的内涵扩大了，而外延却缩小了。由此可见,概念的内涵越大,则其外延越小,反之亦然。这个规律称为"概念的内涵与外延的反比例关系",或称反变关系。概念的确定性,就是指上述两方面都要确有所指,这是逻辑思维的基本要求。因此,数学概念在逻辑思维中的意义就是把人们对于某一类对象的模糊笼统的感性认识上升为清晰限定的理性认识,数学学习活动中,深刻理解概念的内涵与外延是数学思维活动展开的基础与前提。

2. 判断

数学中的判断又称命题,它是用语言、符号或式子表达数学判断的语句,表现为对客观事物有所肯定或否定的思维形式。数学命题和数学概念一样具有逻辑的确定性,这种确定性表现为数学命题都有其真值。换言之,对于数学命题,真、假二者必居其一,这是逻辑思维的基本要求。

真实的数学命题有两种形式:一是公理,或称公设,是不加证明而承认其正确性的数学命题,是数学逻辑体系的基础;二是定理,它是根据公理、定义或已知的真命题,经过逻辑证明确认其真实性的命题。常见的判断方法有:一是通过感知而得到,如"这个三角形是钝角三角形";二是通过思维活动而得到,即由严格的逻辑推理获得,这种判断也称为逻辑判断,在数学推理中大量使用;三是直觉判断,即根据不十分充分的直觉推理做出,当然这种判断有时不一定是正确的,但这种形式的判断在数学发现活动中有广泛的应用,同学们在做选择题时,常常使用这种判断方法。

3. 推理

推理是从一个或几个已知判断推出一个新判断的思维形式,数学推理是由已知的数学命题得出新命题的基本思维的形式。如果推理是通过逻辑的方法进行的,这个推理就称为逻辑推理;如果推理是通过直觉的方法得到的,就称为直觉推理。推理之所以属于逻辑思维,在于这种推理要遵循逻辑思维的基本规则:

(1) 同一律:在同一思维过程中,每一概念或判断必须是确定的,前后一致的。

(2) 矛盾性:在同一思维过程中,两个互相矛盾的概念或判断不能同时为真。

(3) 排中律:在同一思维过程中,两个互相矛盾的概念或判断必有一个是真的。

(4) 充足理由律:在推理过程中,一个判断被确定为真,必须有充足的理由和依据。

上述四条规则是确保思维活动具有逻辑性的保证,同学们在学习过程中经常会犯上述规则的错误,及时纠正这些错误,对于提高逻辑思维能力有很大的帮助。

数学推理是数学问题解决的主要形式和常用方法,是数学求解和数学证明的核心。数学求解,就是依照数学问题的条件,运用数学定义、公理、定理、性质等,选择合理的解题方法,达到解题目标的一系列推理过程。由于求解问题的结果(结论)尚未给出,在推理过程中需要构造或引入一些数量关系,但必须遵循相关的逻辑规则,如目标明确、依据真实、解法合理,同时还要注意推理过程所使用的命题之间的相互关系(如充分性、必要性、充要性等),做到推理有理有据。数学证明,就是根据题设条件、公理、定义、定理、性质等,来确定数学命题真实性的一系列推理过程。数学证明的对象(数学命题)的条件与结论是已知的,因此,证明具有明确的目的性和方向性。

1.3.2　直觉思维

1. 直觉思维及其本质

按照逻辑二分法,可以将人类思维形式分为逻辑思维与非逻辑思维两种。逻辑思维是遵循严格的逻辑规则,经过一步步的推理做出科学结论的思维形式。但有些结论并不是依据严格的逻辑推理过程得到的,而是依靠直觉或预感得来的。在数学教学中,一定有这样的经历:对于某一问题,可以不假思索地很快发现解决问题的途径和方法;或是对探索了很长时间仍未能解决的问题,突然一下子想到了解决方案,有一种恍然大悟的感觉。由于不能明确地意识到结论得来的过程和步骤,大有"知其然,不知其所以然"之感,这种缺乏严格推理和思考过程的思维形式,就是直觉思维。其实,所谓直觉思维,是指思维对感性经验和已有的知识进行思考时,不受某种固定的逻辑规则约束而直接领悟事物本质的一种思维形式。它表现为对客观事物的本质及规律性的联系做出迅速的识别、敏锐的洞察、直接的理解和整体的判断,它不同于一般思维活动之处,在于它浓缩了对思维对象的信息的加工过程,是思维过程的简约,是一种非逻辑思维。直觉思维作为人类的一种基本思维形式,有广泛的应用。比如,医生对疾病的诊断,指挥员对战场形势的判断,教师对学生的评价等,无一不具有直觉思维活动的特征,并体现出直觉思维的功能。因此,直觉思维是一种普遍的心理现象,也是任何一个正常个体所具有的一种基本思维形式。

一般来讲,直觉的出现是依赖于一定的知识背景的。知识越渊博,经验越丰富,直觉思维的成效就越高。丰富的知识经验,有助于人们把握事物之间隐蔽的共性和内在联系,发现其中的规律,找到解决问题的方案。之所以有深邃的直觉,是因为主体对有关知识有过坚实而充分的蓄积和消化,并且具有大量的经验。如果没有一定的知识经验作为基础,任何直觉思维都不可能形成和取得成效,只能是胡乱猜测,主观臆断。

2. 直觉思维的特性

直觉思维是有一定跨度和指向性的思维形式,它是一种快速但不是在自觉控制之下进行的积极主动的心理现象,是常规思维的"跳跃"或逻辑程序的"中断"的一种思维表现形式。因此,它具有以下几个主要特性:

一是经验性,直觉是在一定知识、经验的基础上形成的,是经验的积累和升华。爱因斯坦曾指出,直觉依赖于"对经验的共鸣的理解"。这个见解极为深刻。二是直接性,直觉是对客观事物及其内在规律性的认识,而不注重论证这种本质或联系,它总是以跳跃式的方式直接领悟事物的本质,既体现出逻辑性,更体现出非逻辑性,明显地表现出直接的特征。三是跳跃性,直觉思维并不按常规的逻辑规则前进,它虽然在一定程度上有逻辑的分析和综合,表现出整体的确定性与细节上的模糊性,越过了许多中间环节,但它把握住了个别的、最重要的环节,体验不到逻辑过程的浓缩和简化。四是或然性,直觉判断的结果不一定都是正确的。这是由于主体的知识经验及其联想存在模糊性所致。五是偶然性,直觉是事先难以做出预料的。它的出现同各种偶然因素的触发,偶然改变思路或各种戏剧性情节密切相关。

3. 直觉思维能力的培养

历史上的数学巨匠,无一不肯定逻辑是证明的工具,直觉是他们创造的工具。即使在数学证明中,也离不开直觉思维。美国著名心理学家布鲁姆指出:直觉思维预感的训练,是正式的学术学科和日常生活中创造性思维的容易忽视而重要的特征;机灵的预测、丰富的假想和大胆迅速地做出试验性结论,这些是从事任何一种学科的思想家极其珍贵的财富。在数学学习的过程中,如何培养直觉思维能力呢?可以从以下几个方面人手:

一是重视对数学基本问题和基本方法的掌握,使自己能够准确把握问题的实质。扎实的基础是直觉思维能力的前提,思维者在感知问题的基础上,凭借过去的经验以及相关知识,通过联想的方式做判断。一般地,经验越丰富,基础知识越扎实,方法选择的能力就越高,直觉判断的准确性越大。

二是注重对数学问题的基本量或自由度进行分析,使自己对探索解决问题的途径产生直觉意识。在数学问题中,有些量是可以独立取值的,而其他量则是这些量的函数,前者称为基本量,后者称为非基本量,基本量的个数称为自由度。注意对数学问题的基本量的分析,可以提高解题的预见性。

三是注重整体分析,提倡块状思维。数学问题的解决有时须从宏观上进行整体分析,从思维策略的角度确定解题的总体思路。平时在学习中经常有这样的体会,当基础知识的掌握已达到一定熟练程度之后,思路和方法的选择就会非常快捷。这时,要养成简缩推理过程的习惯,从整体上把握解题的方向。

四是要大胆猜测,养成善于猜想的思维习惯。猜想是寻求解题思维策略的重要手段,在解决问题的过程中,善于大胆猜想,有利于数学直觉的形成。在数学学习的过程中,不仅要注重思维的严密性和结果的正确性,而且要重视思维的探索性和发现性。

1.3.3　发散思维

一些数学问题的解决,往往需要从不同的角度、不同的方面去思考和探索,相应地,要求思维的方向也是多方位的。运用这种思维方式,可以开阔思路,在较短的时间内把众多的知识联系起来,思维的方向呈多方向辐射状态,这就是常说的发散思维,也称求异思维、放射思维、扩散思维。

所谓发散思维,是指从某个问题出发,运用已有的知识经验,从不同的方面、不同的角度进行多方位的联想、思考,寻求多种方案,探索多种解法的一种思维形式。

美国心理学家吉尔福特认为,发散思维有如下三个特征:一是流畅性,指心智活动畅通无阻,灵敏迅速,能在短时间内表达众多的概念,这是发散思维的量的指标;二是变通性,指思维活动能够随机应变,触类旁通,不受某种固定的思维模式的局限;三是独特性,指从以前未有的新角度、新观点去观察和分析问题,思维方法新颖独特,能够提出超常的独立见解。

可见,发散思维是一种不满足于现状,寻求变异的创新思维方式。流畅性是发散思维的基础,它可从具体问题所提供的信息出发,推想出信息之间的多种不同的组合变通性和独特性,这是发散思维的关键和本质所在。它们通过对已知信息进行转换和改造,从而扩散、派生出各种新的信息,它们可以推广原问题,引申旧知识,发现新方法。因此,创造能力更多地来源于发散思维之中。我国著名数学家徐利治教授高度肯定发散思维在数学创造活动中的作用,他认为数学上的新思想、新概念和新方法往往来源于发散思维。按照现代心理学家的见解,任何一位科学家的创造能力可用如下的公式来估计:创造能力 = 知识量 × 发散思维能力。由此可见,在一定知识量的前提之下,创造能力与发散思维能力成正比。那么,在数学学习过程中,如何培养和发展发散思维能力呢?

第一,要通过一题多解,培养思维的流畅性。知识是思维的基础,广博的知识是发散思维流畅性的前提。在掌握了一定的基础知识、基本方法之后,对一些典型的数学问题,要选择不同的解题方向,采用不同的方法来解答,这样可以沟通各部分知识的内在联系,达到举一反三的目的。

第二,通过广泛的联想,培养思维的变通性。联想是根据研究对象或问题的特点,联系已有的知识和经验进行想象的思维方法,联想是一种自觉的、有目的的想象,是由当前感知或思考的问题,想起相关的另一问题,或由此再想起其他事物的心理活动。在解决数学问题的过程中,针对数学问题的内容特点展开联想,从不同层次、不同侧面揭示事物的本质,可以排除思维定式的消极影响,使思维适应变化的条件,达到变通灵活的目的。

例如,"10 - 1 = ?"。在2000年语文高考作文中,河北省一位考生给出了奇妙的答案:

"如果是树上的10只鸟,被枪打掉了1只,这里的10减1就不一定是9,而可能是1只鸟也没有。

如果是鱼缸里的10条金鱼,死了1条,问还剩几条金鱼,那么10减1还是等于10。

如果是夜里点燃的10支蜡烛,被风吹灭了1支,问到天亮还有几支,那么答案是1,因为其余的蜡烛被燃尽了。

如果是桌子的10个角,砍掉了1个角,那么10减1也不一定是9,因为还可能是11个。"

好了,如果现在再问10减1等于几,你还会只想到9吗?你还有其他答案吗?

这里,作者将10减1这一抽象的数学问题还原到生活的实际情境,运用联想、想象,产生了众多的答案。如果囿于纯数学领域,只能得到一个答案,之所以有10减1不等于9这样的观点,是作者善于观察、联想和想象的结果,是善于联系实际的结果。在数学学习的过程中,当思维在某一方面受阻时,应该马上扭转思路、展开联想,实践证明,思路广、变通快往往是善于联想的结果。

第三,通过大胆猜想,培养思维的独特性。猜想是依据已有的思维材料和知识做出符合一定经验与事实的推测想象的思维方法。对于一些数学规律、发现来说,猜想是一种重要的思维方法,猜想的形成是对所研究的对象或问题,通过联系已有的知识经验进行分析、选择、加工和改造的过程。数学猜想包括解题主导思维方法的猜想、结果的猜想以及对问题的整体猜想。数学猜想的途径是在数学学习或问题解决时展开的尝试和探索。大胆的猜想,往往会产生独特的见解、新颖的方法和出人意料的结果。

第四,要加强逆向思维训练。逆向思维是发散思维的一种重要表现形式,它是相对于正向思维而言的一种思维形式。诸葛亮“草船借箭”的故事,就是运用逆向思维的一个范例。在数学中,逆用定义、定理、公式、法则都是逆向思维的具体体现。

1.3.4　聚合思维

1. 聚合思维及其特性

与发散思维相反,在问题解决的思维过程中,常常遇到这样的问题:从众多答案中选择一个正确的答案;从众多条件中推证一个结论;由多个已知条件产生一个结果。这些问题的解决都是从多到一的思维,常称为聚合思维,也称集中思维、求同思维、辐合思维和收敛思维。在小学数学教学中,所谓聚合思维是指从已知条件和一定的目的出发,寻求一个正确答案的一种思维形式,它广泛地应用于数学问题解决过程中。例如,现在各类试题中的选择题,就是一个典型的聚合思维问题,它要求思维者从问题提供的各种信息出发,运用某种思维方法,选择一个正确的答案。又如,解题思路的确立过程,要求在其思维过程中对众多的已知条件所表示的数系或空间形式,探求解题线索和解题思路,以确定问题解决的方法等,这些都广泛地运用到聚合思维。因此,对于一般数学问题的解决,聚合思维是最重要、最基本的一种思维方式。

一般而言,聚合思维有明确性、定向性、程序性和深刻性等特点。明确性是指对所要解决的问题都有一个明确的结果,这样有利于思维者运用已有的知识经验和思维水平进行积极主动的探索,呈现出对问题解决的专注性。定向性是指聚合思维的问题都有明确的目标,它具有强烈的指向性,常常习惯于用固有的方法或模式对问题进行分析和思考,反映出思维过程的渐进性和联结性,它的消极之处在于有可能使思维者受已有经验和知识的支配,使思维产生惰性,或受思维定式的负面影响,对一些非常规的问题的解决束手无策。其优势在于,聚合思维的定向性可以解决大量常规的数学问题,利用聚合思维可以提高解题速度。程序性是指聚合思维力求使思维过程程序化,在问题解决过程中,聚合思维在许多情况下总是依据一定的逻辑顺序展开的,习惯于用相同的方式来解决不同的问题,对于基础性的数学问题,利用聚合思维可以提高解题速度。深刻性是指从不同形式的现象和问题中发现共同的因素。由于聚合思维是一种求同的思维形式,在广泛运用的基础上,思维者必然会产生对这种思维方式的深刻理解,会在问题解决过程中发现问题之间的内在联系性。

2. 聚合思维能力的培养

聚合思维在数学学习和数学思维过程中有着重要的作用,尤其表现在基础知识及基本技能的训练之中。通过聚合思维训练,有助于思维的条理化和严密化,为创造性思维的形成奠定了基础。因此,在思维训练过程中要注意以下两个方面的训练:

一方面,要进行思维的定向训练。思维的定向训练是指通过对已知条件的综合分析、展望结论的要求或形式结构而形成明确的解题思路的训练,一般地要求思维者凭借自己的知识经验以及对一般解题规律的掌握,能够运用所学的知识进行解题,或灵活运用通性、通法最大限度地去探求解题思路。

另一方面,要进行思维的变向训练。思维的变向训练,是指克服思维定式的消极影响,改变思维的方向而进行的另一种训练聚合思维能力的方式,它体现了思维的灵活性。教学实践中,思维的定向训练是重点,思维的变向训练是定向训练的发展,只有两者结合,才能有效地提高聚合思维能力。

3. 发散思维与聚合思维的关系

值得注意的是,虽然发散思维与聚合思维是两种不同的思维形式,但它们往往共存于同一思维过程之中。离开了聚合就谈不上发散。同样地,离开了发散也谈不上聚合。事实上,在进行聚合思维的过程中,往往有方法选择的过程,这种选择过程本身就含有发散的成分;在发散思维过程中,也存在条件之间的组合且向一个目标探寻的过程,这一过程正是聚合的过程。因此,它们之间的关系是相互对立、相互依存、相互补充和相互促进。当前数学教育中,有时会过分夸大发散思维的作用,贬低聚合思维的作用。其实,聚合思维不是单纯的逻辑思维,也不是单纯的习惯性思维,它在创造性思维过程中有着重要的作用。发散思维和聚合思维在思维过程中同等重要。

那么,在数学教学过程中如何合理、有效地利用聚合思维和发散思维呢?数学家张乃达先生曾指出:宏观中求聚合,微观中求发散。这是一个非常重要的观点。一般地,针对每个概念、公式、定理或典型的数学问题,通过联想、类比、想象等方式进行发散思维训练,可以提高思维的灵活性和独创性,在对基本技能、基本方法的训练中,通过探求和揭示数学问题的共同规律,提高抽象和概括能力,进而从方法论的角度加深对解题规律、方法的认识,以提高聚合思维能力。聚合—发散—聚合的过程,是数学能力不断发展的过程,也是逐步形成数学观念的过程。在数学认识的活动中,只有在聚合和发散的矛盾运动中,思维才能得到发展与提高。

1.3.5 形象思维

1. 表象和数学表象

表象是指我们以前知觉过的,而现在在脑子里再现的一些对象和现象的印象。数学表象则是指从事物的形体物象中通过形式结构的概括,而得到的一般性形象。比如,车轮、圆环、圆盘等各种各样的圆的形象,在头脑中可以形成个别的表象,而从表示这些不同的圆形实物中可以概括出一般圆的特征形象,这种特征形象就是一种数学表象。数学表象一般可分为两类:图形表象(几何表象)与图式表象(代数表象)。图形表象是与几何图形的形状相一致的脑中示意图,如长方体、圆锥、抛物线等词语概念会唤起人们头脑中的长方体、圆锥、抛物线的形象;图式表象是与数学式子的结构关系相一致的一种模式形象。

表象思维在数学学习活动中是普遍存在的。几何学习中要求对基本的图形形成正确的表象,能够抓住图形的形象特征与几何位置结构,辨识不同关系的各种表象,从而给问题解决提供重要的信息。在代数学习中,要掌握各种数学符号、表达式等所蕴含的数学意义。因此,数学学习活动中发展表象思维是很重要的。一般地,能够由实物、模型、关系式抽取其空间形式,形成整体形象;由数学表象的外化,能够反映出相应的实物、模型或关系结构,并能够作出草图或示意图;根据给定条件(文字或符号)能够画出(或作出)图形(或图式)。

2. 形象思维及特征

形象思维,就是运用头脑中积累起来的表象进行的思维。数学中的形象思维,是指对数学表象进行加工、整合,并形成新的数学形象的一种思维方式。它具有以下三个特征:

一是形象性,也称直观性,是指表象中重现事物形象具有一定程度的客观相似性,我们知道,用图表示数学内容能化抽象为具体,简化问题解决的难度。二是概括性,是指表象所包含的内容是同类事物主要特征的综合。形象思维用形象材料进行概括,反映事物的基本特征和本质。三是跳跃性,是指形象思维的运行没有严格的规则,不需要充足的理由,不受逻辑规则的约束,能够形成思维的跃进。总之,数学中的形象思维与逻辑思维不同,形象思维的主要形式是表象、联想和想象,其结果具有一定的创造性。逻辑思维的主要形式是概念、推理、判断和论证,其结果具有确定性。

3. 形象思维的培养

著名科学家钱学森指出:形象思维应该是当前研究思维科学的一项最重

要的任务，数学教育家徐利治教授认为：形象思维有可能使数学研究和数学教育获得新的动力。因此，培养和发展形象思维能力是思维训练的基本任务之一。我们知道，形象思维是以表象、直觉和想象为其基本形式，以观察与试验、联想与类比、猜想等形象方法为基本方法和思维方式。它还渗透于逻辑思维过程之中，如果没有形象思维的参与，逻辑思维不可能很好地展开和深入，也不能使思维较好地发散，同样也直接影响直感的形成。形象思维可为数学解题提供明确的思路和方法，可以形象地揭示数学知识的内在联系与本质，有助于理解和应用抽象的数学知识。那么，如何培养学生的形象思维呢？

第一，运用数学表象，发展数学直感能力。直感是指运用表象对具体形象的直接判别和感知，数学直感是指在数学表象的基础上对有关数学形象的特征判别，直感是形成直觉的基础，是直觉整体形象判别的一个侧面。一般来说，数学中的图形、图像及图式，具有形象直观的特征，常常可以作为形象思维展开的支撑点，使抽象的问题具体化、形象化，从问题的实际情形出发，通过合理、恰当的联想、想象，构造出便于沟通题目内部联系的数学表象，是运用直感解决问题的基本途径。

第二，依据数学特征，发展想象能力。想象是指在头脑中对已有表象经过结合和改造，产生（或创造）出新的表象的思维过程。数学中的想象是合情推理的基本成分，它与逻辑推理不同，是一种不严格的推理，其结果不一定正确，需经严格的论证。数学想象有着不同的表现形式，按其深度划分，可分为联想和猜想；按内容特点来分，可分成图形想象和图式想象。图形想象是以空间形象直感为基础的，是对数学图形表象的加工和改造，图形想象应与逻辑推理相配合，才能保证思维结果的正确性。从教学实践看，图式与图形是事物数学特征的两个相互联系、辩证统一的两个重要方面，图式是数量关系的引申，又是图形的抽象和概括。反过来，图形是数量关系的形象表现，又是图式的直观显示，因此，图式想象与图形想象是密切联系的，但各自又有自己的明显特点：图式想象以数据结构作为形象思维的材料进行分析和思考，图形想象以形状位置作为形象思维的材料进行转化。

形象思维不仅可以帮助人们认识数学、掌握数学规律，而且有助于发现数学问题、推动数学的发展。数学家通过想象创造了“想象的数”——虚数，开创了复平面；创造了“想象的数量”——微积分，奠定了研究变量的科学。

1.3.6 创造性思维

所谓创造，是指揭示新规律、获得新成果、建立新理论、创造新方法、发明新技术、研制新产品、解决新问题。因此，创造涉及的范围极其广泛，包括各方面的创新。从这个意义上讲,创造性思维是指人们在创新活动过程中的思维,即只要思维的结果具有创新性,那么它的思维就是创造性思维。

然而,由于创新与人们的知识层次、年龄、结构有很大的关系,小学生与中学生的创新,中学生与大学生、研究生的创新,一般学生与科学家的创新,这些都是不相同的。美国心理学家马斯洛(A. H. Maslow)把创造性分为两种:一种是"特殊才能的创造性"。另一种是"自我实现的创造性"。前者是指科学家、发明家、艺术家等杰出人物的创造性,后者是指在个体发展上的意义,是自我潜能开发的创造性,其判断标准是以个体的某一生理年龄所具有的一般智能为标准,但对于其自身来说其思维结果是前所未有的。由此可见,尽管人们的知识水平不同、解决问题的难度不同、创新的"程度"不同,但对思维主体来说,其创新是一致的。在这个意义上讲,中小学生的创造性思维(广义)是指对思维主体来说是首次发现的和超出常规的,不一定是指第一次产生的、前所未有的,因此是常人都可能具有的。许多心理学书中的创造性思维是指思维成果在人类认识史上是第一次产生的、前所未有的,且具有重大的社会价值或经济效益的。这是指上面所述的第一种类型的人才的创造性。如果从中小学开始要求广大同学们具有科学家一样的思维成果,显然是违背人类认识发展的规律的,因此,创造性思维应该是有层次的。我们认为,创造性思维的分层定义,符合人类认识发展的规律,有利于激发广大小学生的创新热情,为提高自身素质提供理论上的保障。此外,创新是逐步提高和形成的,不可能一蹴而就,只有在平时的学习过程中不断创新和积累,才可能成为杰出人才的创新。

数学创造性思维是创造性思维的一种,它是众多思维的高度综合,是极为复杂的心理活动过程,它具有以下特征:

一是首创性,这是数学创造性思维的首要特点,也是作为创造性思维的根本特征,它以新的观点观察事物,力求用新观点、新方法去探索数学关系和数学结构,追求解决问题的方式、方法或结果的新颖独特。二是突破性,主要是指数学创造性思维突破常规、寻求变异,从多方面寻求答案与推广,突破了原问题的范围与传统的思路。三是灵活性,表现为思维活动多变,不受思维定式的限制,能及时改变原有的思维进程和方向,善于联想,寻找到解决问题的新途径。四是简捷性,是指思维过程的简缩性和快速性,它常常省略众多的思维环节,加大思维前进的跨度,直接把握问题的实质,是一种压缩形态的思维过程。

1.4 数学思维品质

人类的思维,就其发生和发展来看,既服从于一定的共同规律,又表现出人与人之间的个性差异。在数学思维活动中,我们经常可以发现有的同学思维敏捷,思路宽广,有独创性;而有的同学思维较慢,思路狭窄,抓不住问题的关键。这种个体差异,体现在思维的智力特征方面就是思维的智力品质,又称思维品质。根据数学思维的特点,数学思维品质主要表现为深刻性、灵活性、广阔性、创捷性、批判性和独创性。

1.4.1 思维的深刻性

思维的深刻性是指思维的抽象程度和逻辑水平以及思维活动的深度。它集中表现为思考问题时,不迷恋于事物的表面现象和外部联系,而是深入地从本质上看问题,能够抓住事物的内在规律和实质,预见事物的发展进程。

在数学学习中应从以下几方面来培养思维的深刻性:一是深刻理解概念,揭示其本质。我们知道,概念具有较高的抽象程度和逻辑水平,着力揭示概念的本质属性,深刻理解其内涵和外延,有助于培养思维的深刻性。二是通过联想,培养思维的深刻性。联想是思维的翅膀,它可由此及彼、由表及里,既传递信息,又获取信息,是解题中不可缺少的心理现象。在数学解题中,通过数形的联想,可以透过现象看本质,揭示某些被掩盖着的数或形的特征。三是从特殊到一般,培养思维的深刻性。思维的深刻性还表现在不满足于个别的、特殊的结论,而注意从特殊探索一般,从而探求问题内在的规律性。四是多方位发散,培养思维的深刻性。在数学复习中,针对某一典型问题,多方位探讨,深入研究,力求抓住事物的本质,找出内在联系,从而更加深刻地认识问题。

1.4.2 思维的灵活性

思维的灵活性一是指思维活动的灵活程度,主要表现为思维的起点与方向灵活,能从不同的角度和方向,运用多种方法来解决问题;二是指思维过程灵活,能从分析到综合,从综合到分析,全面而灵活地做出“综合地分析”,概括、迁移能力强,能自觉地运用各种法则和规律等。数学教学中思维灵活的培养主要体现在以下四个方面:

第一,通过细心观察,培养思维的灵活性。观察是一种有目的、有计划、比较持久的知觉,是认识事物的最基本途径,也是了解问题、发现问题和解决问题的前提。任何一个数学问题都包含一定的数学条件和关系,要实现问题的顺利解决,就必须依据题目的具体特征,对题目进行深入的、细致的、透彻的观察,然后认真思索,找到内在的联系,这样才能确定灵活的解题思路和方法。

第二,通过联想培养思维的灵活性。联想是实现问题转化的有效方式,对于一些较难的问题,由于与其基础知识、基本方法的联系是不明显的、间接的,有时是较复杂的,这就需要通过联想,以选择合理的方法,达到灵活运用知识解决问题的目的。

第三,合理转化问题,培养思维的灵活性。G. 波利亚在《怎样解题》一书中说过,数学解题是命题的连续变换,可见解题过程是通过问题的转化完成的。怎么转化呢? 一般地讲,就是把复杂的问题转化成简单的问题,把抽象的问题转化成具体的问题,把未知的问题转化成已知问题。因此,在解题时,通过对题目综合认识之后,就要寻求转化关系或转化方式。

第四,通过解题发散,培养思维的灵活性。解题发散常表现为一题多解、一题多变、一题多用,通过这种实践,可以汇聚大量的知识信息,拓宽思维的领域,克服思维定式的消极影响,这对于发展思维的灵活性具有极为重要的作用。

1.4.3 思维的广阔性

思维的广阔性是指思维活动的广泛程度,它表现为以下几个特点:思路宽广,能多方面地思考问题,多角度地研究问题;既能抓住问题的细节,又能纵观它的整体;善于通过对数学问题的特征、差异和隐含关系等进行分析、联想之后,合理地解决问题并能推广;善于将知识概括和归类,形成知识结构等。思维的广阔性是多角度、多层次的主体思维的表现,我们应从以下几方面培养思维的广阔性:

一是通过多角度、多方向去思考问题,培养思维的广阔性。通过多角度、多方向思考问题,有利于发现事物内在的联系性,有利于思维能力的发展。二是从一般到特殊,培养思维的广阔性。从一般到特殊,是数学问题解决过程中的一种试验手段,它可以揭示新的信息,提供解题思路,是数学问题解决和数学发现活动中常见的程序。三是通过一题多解,培养思维的广阔性。一题多解是通过用不同的方法解决同一数学问题,表现为从不同角度思考问题,从不同的方位探索问题,通过一题多解,有利于发散思维能力的发展。四是通过推广问题,培养思维的广阔性。推广问题是思维的一种纵向运动,从特殊的、具体的问题出发，通过归纳、猜想及验证，得到一般性结论，体现了思维发展的广度和深度，有利于发展思维的广阔性。

1.4.4 思维的敏捷性

思维的敏捷性是指思维活动的迅速程度，它反映了智力的敏锐程度。敏捷是以准确为前提，只有掌握扎实的基础知识、熟练的基本技能以及基本的思维方式，才能把握问题的实质，形成正确、快捷解决问题的能力。善于把问题转换、化归、使用数学模式、运用直觉思维等都是思维敏捷性的重要表现，思维敏捷的人在问题解决过程中能够适应变化的条件，迅速地做出正确的判断或找到问题解决的方案。在数学教育中，应从以下几个方面来培养思维的敏捷性：

一是在概念的应用中，培养思维的敏捷性。在数学问题解决过程中，通过对已知条件、结论进行分析和综合认识之后，灵活运用概念，可以快捷地解决问题。二是通过应用性质、定理等，培养思维的敏捷性。性质和定理都是从一些具体的数学现象中抽象出来的具有一般规律的数学客观事实，灵活运用这些规律，可以快捷地解决问题。三是利用数形结合的方法，培养思维的敏捷性。数形结合的思想方法是数学中最重要的方法之一，通过数与形的合理转化，可以巧妙地转化有关数学问题。四是注重数学直觉，培养思维的敏捷性。数学直觉思维是人脑对数学对象、结构以及关系的敏锐的想象和迅速的判断，表现为对数学对象的某种直接的领悟或洞察。在问题解决过程中，思维速度快、过程短，思维过程并不按常规的逻辑规则进行，而是直接从整体上把握研究对象的本质。

1.4.5 思维的批判性

思维的批判性是指思维活动中善于严格地估计思维材料和精细地检查思维过程的智力品质，它表现为善于独立思考，不盲从，不轻信；善于提出疑问，能够及时发现错误、纠正错误；善于总结经验教训，进行回顾和反思；善于调控思维的方向和进程，进行解题思路和方法的自我评价；善于辨别正误，进行严密的思维，寻求最佳方案等。具有这种思维品质的人，在解决问题的过程中能不断地验证所拟定的假设，获得独特的解决问题的方法。这样，不仅可以强化思维的严谨性，而且对于发展创造性思维能力是十分重要的。它主要体现在以下四个方面：

第一，对已有数学表述能提出自己的看法，不盲从附和。在数学中，由于前人对问题的理解和看法以及问题解决过程中方法选择存在一定的错误，因此在学习过程中,要善于思考、善于发现其中的错误。第二,要有评价解题思路是否正确的意识。用批判性的态度去分析解题过程,及时发现其中的不足,不断地加以改正和完善,这是思维批判性的体现。第三,能全面、合理地利用已知条件,在关键之处能及时、迅速地自我反馈。及时反馈,能使思维过程常有主动性,减少盲目性,达到思维活动的自我调节,即及时地调节思维过程、修改思维的方向和解决问题的手段,从而提高思维活动的效率。第四,能够主动地进行解题后的反思。解题后的反思是指对解题过程进行回顾,对解题方法进行概括,其实质是解题学习的强化过程。通过对问题的探索,能由表及里,洞察数学对象的本质联系,强化对数学知识和方法的认识,促进创造性思维能力的发展。

1.4.6 思维的独创性

思维的独创性是指思维活动的创新程度。它表现为思维不循常规、不拘泥于常法、不落俗套、寻求变异,即思维方式新颖、独特,别出心裁。它又常以广泛联想、推广、引申及转换等数学思维方法为基础,较多地寓于发散思维和直接思维之中,是人类思维的高级形态,是智力的高级表现形式。教学中,应该从以下几方面来培养思维的独创性:

第一,注意发散思维的运用,培养思维的独创性。发散思维是一种具有创新的思维形式,它能够从不同的角度、不同的方向去思考问题,通过重组已有的信息和记忆系统中的信息,形成联想,产生新的信息,从而与目前的问题产生多种有意义的联系,可以找到独特的问题解决方案,产生良好的思维效果。

第二,注重直觉思维的运用,培养思维的独创性。数学直觉思维是人脑对数学对象的直接领悟和洞察。要提高数学的综合能力,形成良好的数学思维品质,就必须具有一定的直觉思维能力,正如徐利治教授所说:直觉思维能力是在学习数学的过程中逐渐培养起来的。具有直觉思维能力的人,在数学问题解决过程中能够直接领悟其本质,快速地解决问题。

第三,注重基础知识、基本思想方法的运用,培养思维的独创性。基础知识、基本思想方法在数学问题解决过程中是最重要、最常用的,合理运用这些知识,可以巧妙地解决一些数学问题,有益于培养思维的独创性。

第四,通过推广、引申命题,培养思维的独创性。在学习了某个命题或解答某个问题之后,在原命题的基础上再重新组织或构造一个新的命题,称之为推广问题。推广问题是思维的一种纵向运动,当一种命题得证,立即深入一步,能从特殊到一般,从偶然探求必然,做出具有突破性的结论,可见推广问题是一种创造过程,对于培养和发现能力是大有益处的。

1.5 低年级学生数学思维的培养

教育家赞可夫指出:在各科教学中要始终注意发展学生的逻辑思维,培养学生的思维灵活性和创造性。《全日制义务教育数学课程标准》(以下简称《数学课程标准》)把发展学生智力和培养学生能力放在首位。心理学研究表明:5—6 岁是儿童思维发展的第三个飞跃期,如果抓住此时期进行训练,将得到事半功倍的效果,为学生的终身学习打下坚实基础。对低年级学生进行有目的、有计划的长期培养与训练,有利于整个小学阶段中学生数学思维能力的充分发展。

1.5.1 注重激发兴趣,促进思维发展

"兴趣是最好的老师"。因为兴趣是主动学习的动力,是思维的动力。教育心理学家皮亚杰说,所有智力方面的工作都依赖于兴趣。可见兴趣对智力的开发是重中之重。低年级学生刚入学,对什么都感到新鲜,教师应抓住这一点,深挖教材,活用教材,积极引导和激发学生学习数学的兴趣,促进思维的发展。

首先,课堂上的课题引入应尽量创设情境,激发兴趣,发展形象思维。对低年级的学生来说,故事、游戏、生活场景都是他们最容易接受的学习形式。通过有趣的场景引入课题容易吸引学生的注意力,使他们觉得仿佛进入了故事情景中,不由自主地产生了强烈的探究欲望。例如,教学"用 8 的乘法口诀求商"这节课时,我是这样设计的:

(多媒体展示)在愉快的音乐声中,快乐的动物旅游团一行 32 个人来到了森林饭店。森林饭店的主人猫咪笑呵呵地告诉导游:"我们饭店里还有 5 张空桌子,请随便坐。"导游猴子一听急了:"才 5 张桌子,我们这么多人坐得下吗?"猫咪一听也不知该怎么办好了,它转向屏幕,向小朋友求救:"聪明的小朋友,我这里每张桌子坐 8 个人,他们 32 个人能不能坐得下呢? 你能帮我解决这个问题吗?"学生展开讨论,教师巡视指导;然后交流解题思路,最后指出:可以先算一算 32 人要坐几张桌子,算式是:$32 \div 8$。

这节课,通过有趣的卡通故事引入课题,很好地吸引了学生的兴趣。在讨论中学生初步地感受到了要解决的问题。这个学生暂时还不能马上解决的问题给学生设置了一道障碍,在求知心理与问题之间制造了一种"不协

调”,把学生引入到一种与问题有关的情境中,使学生产生了强烈的探究欲望,思维的源泉被打开。

其次,现实生活是孕育数学思维的沃土。数学教学应该联系生活、贴近生活,使学生体会数学与生活的联系,体会数学的价值,增强对数学的理解和运用数学的信心,从而激发学习兴趣。教师可以把教学内容附着在现实的生活背景中呈现,让学生在这种情境中尝试解决问题,获取知识;同时增强其学习数学的主动性,发展思维能力。例如,教学“钟表的认识”一课时,课件创设情境如下:

画面 1:电影院门口《小鬼当家》的海报场景。画外音:星期天的晚上 7 点整,电影院播放《小鬼当家》。小明可高兴了,因为今天晚上他要和妈妈一起去看电影了。画面 2:小明在家的情景,客厅墙上的时间指向了 6 时 57 分。师:小明看了看时间,会对妈妈说什么呢? 生 1:妈妈快点吧,电影就要开始了。生 2:妈妈快点吧,来不及了! 生 3:妈妈,快到 7 点了! 画面 3:到了电影院门口,小明抬头看了看钟楼(钟面显示 7 时零 3 分)。师:小明又会对妈妈说什么呢? 生 4:妈妈,电影已经开始了。生 5:都过了 7 点了,都怪您做事慢慢吞吞的。生 6:妈妈,我们迟到,不能进场了……师:还能进场,只是开头精彩的部分已经看不到了。

教师适时对学生进行做事情要遵守时间的教育。接着教师再引导学生观察这三个钟面时针和分针的位置,得出:“快到 7 时”和“刚过 7 时”可以说成“大约 7 时”。这个很生活化的情境问题引起了学生的共鸣。这里教师既没有“告诉”也没有引导,学生已经自觉地对时针和分针的位置进行观察,认识到“大约 7 时”就是很接近 7 时,知识不知不觉地在学生的体验中生成。学生处于“我要学”的积极的心理状态。

正如卢梭所说:你要记住的是,不能由你告诉他应当学什么东西,要由他自己希望学什么东西和研究什么东西;而你呢,则设法使他了解那些东西,巧妙地使他产生学习的愿望,向他提供满足他的愿望的办法。

1.5.2　注重动手操作,促进思维发展

小学生学习数学是与具体实践活动分不开的。“手是脑的老师”,重视动手操作是发展学生思维,培养学生数学能力最有效的途径之一。新教材的特点之一是重视直观教学,增加了学生的实践活动和动手操作内容。为此,操作活动成了课堂教学过程中的一个重要环节。低年级教学更是如此,在操作实践活动中获取知识,是每节课的核心。例如,教学“数的组成”一课时,我让学生先摆小棒:8 根小棒分成两堆,该怎么分呢? 小组合作,看哪个小组分法

多,哪个小组夺走红旗。

同学们个个兴趣盎然,动作飞快,边摆边说边记,有的还在争论。这样一来学生的思维得到了充分发展,语言表达能力也得到了锻炼。通过自己努力掌握了知识也很高兴。再如,教学"9加几"时,我先让同桌两人一起摆小棒,边摆边说自己是怎么算的;然后请同学说想法,全班交流。有的说一个一个数出来;有的说9不数,从9开始往后数几;有的说从另外一堆里拿1个给9就变成10了,10再加旁边的几;还有的说从9里拿出几个给旁边的一堆组成10,再加9剩下的几就是十几。老师将他们的想法都写在黑板上,组织讨论,看哪一种方法最简便,算得快,从而得出凑十法最好的结论。

苏联教育家苏霍姆林斯基说过:手和脑之间有着千丝万缕的联系,手使脑得到发展,使它更加明智,脑使手得到发展,使它变为思维的工具和镜子。通过学生亲自操作,不仅能使学生获得知识更容易,记得更牢,而且有利于提高学生的逻辑思维能力。

1.5.3 注重知情交融,促进思维发展

苏霍姆林斯基指出:学校里的学习不是毫无热情地把知识从一个头脑装进另一个头脑,而是师生之间每时每刻都在进行着心灵的接触;师生间情感的好坏直接影响着教学效率,教学是在知识线和情感线相互作用下完成的。心理学研究表明:和谐的氛围、良好的心境可以使联想活跃、思维敏捷,可以激发创新意识,热情是进行创造活动的心理动力,能充分调动和有效地组织智力因素。因此,课堂教学中,教师应精心设计教学环节,努力营造自主学习的课堂氛围,引导学生用新的思路和新的方法解决问题,充分发挥学生的潜能。

例如,教学"小明前边站有五人,后面站有三人。一共有几人站队?"这道思考题时,一上课,我装作冥思苦想的样子,不作声。学生摸不着头脑,觉得很奇怪,问:"老师,你怎么了?"我赶忙说:"同学们,你们能和老师一起帮小明算出这道难题吗?"老师请同学们一起算题,学生感到很兴奋。于是学生个个兴趣盎然,给老师出主意、想办法,互相讨论起来,发表各自的想法。老师参与其中,适时点拨。至此,知识的学习和师生间的友爱之情相互交融,极大地促进了学生学习的主动性和思维的发展。

1.5.4 注重语言训练,促进思维发展

语言是思维的工具,人们借助语言才能对事物进行抽象概括,思维的结果和认识活动的成就又是通过语言表达出来的。所以,发展学生的思维必须

相应地培养和提高学生的语言表达能力,以促使思维更加完善和精确。

教学中教师要鼓励、引导学生在感性材料的基础上理解数学概念,或通过数量关系,进行简单的判断、推理,从而掌握最基础的知识。这个思维过程,教师可以根据教材特点组织学生用语言表达出来,这有利于教师及时纠正学生思维过程的错误,也有利于提高学生的逻辑思维能力。数学教师要鼓励、指导学生发表见解,并有条理地讲述自己的思维过程,让尽量多的学生能有讲述的机会。教师不仅要了解学生说的结果,也要重视学生说的质量,这样坚持下去,有利于培养学生的逻辑思维能力。例如,教学"8加几"时,我让学生先边摆边说想法,然后指名说出计算的过程,要求语言清晰、表达清楚。学生尝到了成功的甜头,感到无比兴奋,会更有表现的欲望,探究的动力也更加强烈,思维也得到了发展。当有的学生说出与别人不同的想法时,我更是加以表扬和鼓励,使学生的求知欲更为强烈。

1.5.5 注重合作交流,促进思维发展

古人云:学无友则孤陋寡闻。合作学习能最大限度地促进自己和他人的学习。学生通过相互讨论、启发、帮助、协作,各抒己见、大胆设想、大胆探索,能极大地激发学习兴趣。合作学习不但可以培养学生团结合作、沟通与交流的能力,而且有利于激发和促进学生思维的发展。低年级学生从小就要学会合作交流,这样有利于学生的健康成长,有利于学生智力的发展。我在教学一年级图画应用题时,先让同学们小组合作,互相说明图意,研究算法,哪组的算法多,哪组夺得红旗。在合作交流和讨论的过程中,学生的发言可以激起听者广泛的联想,通过互相补充、互相提示、互相激励,学生的思维之间产生了碰撞,激发了学生对知识内容更深的理解,也使思维得到了扩展。在对其他同学的思路进行分析和思考时,提出自己的判断和看法,使自己的理解更加丰富、全面。同时,学困生在与小组同学的交流中,能力也得到了提高。最后,我还让学生自己画图编一道应用题,在小组中互相交流解答。学生不仅掌握了知识,合作能力、思维能力也进一步得到提高。

1.5.6 注重设计开放性题,促进思维发展

课堂开放性是《数学课程标准》对教学改革的主要标志。开放性试题可以促进学生更深入地思考所学知识,有利于扩大学生的思维空间。新教材很注重开放性题目的编排,如例题的解答,既让学生写出过程,又让他们说出不同的想法和算法,非常注重学生求异思维的培养。

在教学第二册"解决问题"这节课时,电脑出示"小精灵聪聪"带领同学

们去公园玩的场景,吸引了学生的注意力。我让学生观察图上的小朋友给大家带来了什么问题。学生回答后,我说:"同学们,你们敢和图上的小朋友比一比吗?看谁的问题提得好、提得多、解决得对。"同学们个个兴趣盎然,一下就提出了八九个不同的问题,并得出了正确的解答。等到第二个场景时,学生竟提出十几个不同的问题,解决问题的速度也加快了。放开学生的手脚,让他们尽情地想象,尽情地说出自己的发现,尽情地享受成功的快乐,将会极大激发他们的数学思维,学习数学的热情也会不断攀升。

总之,在数学教学中,教师要努力创设和谐的、开放的教学情境,激发学生的兴趣,给学生创造一个广阔的思维空间,就一定能促进学生创新思维的发展。

1.6　中年级学生数学思维的培养

《数学课程标准》指出:数学是人们对客观世界进行定性把握和定量刻画,逐步抽象概括从而形成方法和理论,并进行广泛应用的过程。我们也一直认为:数学是思维的体操,数学的学习可以让人"思而知之",可以让我们的学生更智慧、更敏锐。走进我们的数学课堂,问题情境的精心创设、教学方式的匠心独运、教学手段的巧妙运用,这些都是令人欣喜的改变。但细细咀嚼,总觉得我们的数学课堂多了些生活味,少了些数学味;多了些形式的热闹,少了些思维的碰撞。随着课程改革的不断深入,作为一线的数学老师,我们应该注重学生数学思维能力的培养,使数学课堂教学更加专业化,让我们的学生徜徉在思维激荡的海洋里。

1.6.1　设计"层层递进、富有思考价值"的问题,让学生的思维成为点燃的火把

学生的思维是一个十分内隐和复杂的心理过程。课堂教学中,教师过多地讲授解题思路、传授思维经验对学生思维的锻炼和发展没有直接的作用。学生进入课堂,就像一束等待点燃的火把,教师的作用就是给学生一个火种,这个火种就是触发人思维的问题。因此,教师必须千方百计地设计层层递进、富有思考价值的问题,让学生的思维被激发,引起学生最强烈的思考动机和最佳的思维定向。我在教学四年级下册"找规律"时,提出的题目是:要求学生用两个木偶和三顶帽子进行搭配,一共有几种搭配方法,并设计了这样几个层层递进,富有思考价值的问题:

问题一：

师：请你们用两个木偶搭配三顶帽子，你们准备用什么方法搭配？

生：可以用连线方法。

师：那你们就在纸上连一连吧。（学生面面相觑，不知该怎样做，因为纸是空白的）

问题二：

师：哎！老师忘了画图片了，现在怎么办呢？请同学们分组商量。

生：我可以把两个木偶和三顶帽子画下来，然后进行连线。

生：我可以把两个木偶和三顶帽子用字来代替，然后进行连线。

生：我可以把两个木偶和三顶帽子用 1，2，3，4，5 表示，然后连线。

生：我可以把两个木偶和三顶帽子用 A，B，C，D，E 表示，然后连线。

生：我可以把两个木偶用两个“◇”，三顶帽子用三个“○”表示，然后连线。

问题三：

师：同学们真了不起，想了这么多办法，你们认为谁的方法最好呢？

老师精心设计了一系列能激发学生思维的问题：老师忘记画图片（给学生的学习制造了合理的障碍），不能连线（使外部知识和内部知识经验条件恰当冲突）；从而引起学生产生用符号或图形表示的愿望，因为学生有了最佳的思维定向，所以他们会自觉地去思考。

1.6.2　组织“拾级而上、富有积极意义”的操作，让学生的思维变为指尖的智慧

思维源于动作，智慧出自指尖。列宁在《哲学笔记》中指出：由生动的直观到抽象的思维，再由抽象的思维到实践，这是认识的真理，认识过程的第一阶段是生动的直观。直观操作可以让学生调动各种感官参与知识的形成，提高学生思维的积极程度，让学生自然而然地进入到思维的进程中，了无痕迹地提升他们的思维水平。

在教学“11—20 各数的认识”时，我发现学生对“十个一就是一个十”较难理解，于是设计了“买糖块”的操作活动。

先将学生分成 4 人一组，每组有散装的糖块 20 颗、整卷的糖块 3 卷。教师提问：现在老师要向学生买 10 块糖，看谁拿得最快我就买谁的。有学生快速地数出 10 块糖，有学生直接拿出 1 卷。教师提问：你怎么想到拿 1 卷的？1 卷是多少块呢？学生回答：10 块糖一块一块地数太慢了，一般都是整十包装，所以我拿了 1 卷。教师说：那我们一起来验证一下吧。接着让学生一起

数一数,验证学生的想法,学生在操作中体验了1卷(1个10)就是10块(10个1)的道理。然后教师再请学生迅速拿出12块糖、14块糖进行练习。接着教师提问:如果要请你们拿出12根小棒放在桌子上,怎样摆放才能使我们大家一眼就看出是12根呢?有了刚才买糖块的操作经验,学生很快发现,只要把10根小棒捆起来放在一边,剩下的2根放在另一边就可以了。这样的操作过程,有发现式的操作,有选择性的操作,有验证性的操作。随着教师对操作要求的不断深入,学生的思维水平也在不断提升。

1.6.3 进行"合乎情理、富有启迪作用"的引领,让学生的思维变得有序和高效

课堂教学中,学生认识新知识的时候,最初的想法可能是无序的、零乱的、肤浅的,这就需要教师卓有成效的引领,帮助学生对思维进行整理,让学生的思维水平有明确的走向,让他们的思维水平有策略化的发展,从而改善学生的思维品质。下面是我在教学"用两块不同的三角板画角"时的片段。

师:老师这里有两块不同的三角板,你能摆出各种不同的角吗?

先让学生独立地摆一摆,然后把摆好的角画下来,

生:我摆了135°的角,我是用90°+45°。

生:我摆了150°的角,我是用90°+60°。

师:现在不急着上台演示,先在4人小组里交流一共能摆出几种不同的角,分别是怎样摆出来的,能否摆得不遗漏、不重复。

师:哪个小组愿意上台介绍你们组的摆法?

生:我们先取90°,60°,30°的一块三角板,用90°的角与另一块三角板相拼,得到90°+90°=180°的角,90°+45°=135°的角。

生:我们先取90°,60°,30°的一块三角板,用60°的角与另一块三角板相拼,得到60°+90°=150°的角,60°+45°=105°的角。

生:我们先取90°,60°,30°的一块三角板,用30°的角与另一块三角板相拼,得到30°+90°=120°的角,30°+45°=75°的角。

师:同学们的方法都不错,这样有序地摆就可以不遗漏、不重复了。

生:我们还可以先取90°,45°,45°的一块三角板,与另一块三角板的各角相拼,方法同上。

生:我也可以从大到小或从小到大把这些角排列起来,这样就更有序了。

生:刚才我们都是用两个三角板相拼的,我还可以把三角板叠起来,拼出15°的角。

教材上只要求让学生摆出各种角,但笔者充分挖掘教材内涵,进行了有

意义的引导。学生起初的想法是无序和零乱的，经过小组的交流和老师的引导，学生思维进行了相互补充和有序整理，能不遗漏、不重复地摆出所有的角，这是思维策略的提升，更是思维品质的升华。

1.6.4　建立“卓有成效、富含平等民主”的互动，让学生的思维迸发美丽的火花

新课程强调，教学过程是师生交往、积极互动、共同发展的过程。在这个过程中，教师与学生分享彼此的思考、经验和知识，交流彼此的情感、体验与观念，丰富教学内容，求得新的发现，从而达成共识、共享、共进，实现教学相长和共同发展。课堂教学中，教师努力建构师生间“卓有成效、富含平等民主”的互动，让学生的思维在互动中完成思维的碰撞，迸发思维的火花。例如，数学活动课上我让学生完成习题：修一条长 1800 米的水渠，8 天修了全长的$\frac{2}{5}$，用同样的速度，修完剩下的还要几天？

我先让学生独立解答，一会儿，学生纷纷完成了，下面是学生交流的全过程：

生 1：用剩下的米数 ÷ 每天修的米数：$1800\times\left(1-\frac{2}{5}\right)\div\left(1800\times\frac{2}{5}\div8\right)=12$（天）。

生 2：有道理，我觉得可以先求出总天数再减去已修的天数：$1800\div\left(1800\times\frac{2}{5}\div8\right)-8=12$（天）。

师：你们的方法很不错，有没有更简单的方法？（在老师的指点下，同学们又进行了热烈的讨论，教室里一下又热闹起来，有学生说他发现了新方法）

生 3：，我可以不用 1800 米，而把这段路看作单位“1”，这样就更简单了，列式为$\left(1-\frac{2}{5}\right)\div\left(\frac{2}{5}\div8\right)=12$（天），解题思路和第一种解法相同。

生 4：也可以这样想：$1\div\left(\frac{2}{5}\div8\right)-8=12$（天），解题思路和第二种解法相同。

生 5：因为 8 天与单位“1”相对应，可以先求出总天数再求剩余天数，列式为$8\div\frac{2}{5}-8=12$（天）。

师：比较一下，怎样做更简单呢？

学生兴奋地讨论着，眼眶里闪烁着智慧的光芒。同伴间的相互交流、老

师的适时点拨、师生的互动都是充分的。正因为有这样卓有成效、富含平等民主的互动,学生的思维才会迸发美丽的火花。

真正关注学生思维、积极启迪学生思维的教师会发现,思维被激活的数学课堂令人心仪、心动。教师无时无刻不感受着学生思维的曼妙、奇异与鲜活。学生与教师的思维相互启迪、碰撞、补充,也常会提升教师的思维水平,叩击教师的心灵。徜徉在师生思维激荡的海洋中是教师的一种幸福,是一种最高境界的精神享受。

1.7 高年级学生数学思维的培养

高年级的数学教学,除了给学生传授知识、技能以外,更重要的是按照学生的思维特点,有意识地对他们的创新能力和发散思维进行培养。知识的学习过程是思考的过程,也是训练思维的手段。学习知识和训练思维密不可分,它们是在小学数学教学过程中同步进行的。科技的进步促进了数字化社会的产生,为适应社会的需求,教学也应跟上时代的步伐,适当运用多媒体技术辅助教学,提高课堂教学效率。学习资源可以共享,从而扩展视野、拓展思维空间。一些学习软件可以让学生自主动手操作实验,体现了多媒体的强大功能,不仅趣味横生,而且为思维培养提供了实验的平台。

1.7.1 从具体的生活原型入手,提炼数学知识,促进思维发展

“数学源于生活”,然而课本上的数学知识往往是以一个例题、一个定理等形式出现,内容比较抽象,加之学生的生活经验缺乏,抽象思维能力较差,学习时比较吃力。学生学习抽象的知识,是在多次感性认识的基础上产生飞跃,感知认识是学生理解知识的基础,直观是数学抽象思维的途径和信息来源。运用多媒体技术辅助教学,可以为学生展示丰富的生活原型,从而帮助学生的思维得到提升。

在教学“角”这部分知识时,为了使学生获得关于角的正确概念,我首先给学生用课件展示实物和模型,如三角板、五角星、张开的剪刀、物品各个面上的角等,从这些实物中抽象出角。接着用多媒体演示,将两条线的一端相接,做成动画效果,旋转其中的一条线,直观地说明由一条射线绕着它的端点旋转可以得到大小不同的角,从运动过程中得到角的概念,并为引出平角、周角等概念做好准备。与传统课相比,这种教学形式更简捷,更容易理解。当然,这里并不否定学生动手操作的重要性。

1.7.2 从新旧知识的联系入手，积极发展学生思维

数学具有严密的逻辑系统。旧知识的掌握为新知识的学习“奠定了基础，旧知识的复习为新知识的探究提供了方式方法。比如，在教学横截面是梯形的直柱体”时，先回忆“圆柱体体积公式”的推导过程，并且运用多媒体课件演示。在小组探究之前，可以先看“圆柱体体积公式的推导”这一内容的教学软件，让学生谈谈感受，使学生明确可以将手中的学具转化成长方体来求体积，转化时要注意必须使两个圆柱体的高不变，底面圆进行转化，这为接下来学生小组的探究做了重要的铺垫，便于学生模仿操作及说理。

1.7.3 直接讲授，直观演示，促进思维

某些数学问题不容易讲清楚，而利用计算机展示，可以更容易揭示知识的形成及变化过程，加深学生对知识的理解和应用，有利于培养学生的观察能力。例如，在教学“梯形面积的计算”时，为了让学生更深刻理解梯形面积计算公式的推导过程，利用计算机辅助教学系统，在屏幕上向学生展示解题过程。

方法一：演示一个一般梯形，固定梯形的一个顶点旋转180°，然后平移被旋转的梯形，使两个同样大小的梯形拼成一个平行四边形，然后引导学生观察平行四边形的底和高与梯形有什么联系，最后根据平行四边形面积计算公式推导出梯形面积计算公式。

方法二：演示一个等腰梯形，用割补法，沿梯形的一条高剪开，使其中的一个图形沿一个顶点旋转360°，然后使其中一个图形翻面，使两腰重合，拼成一个长方形，引导学生观察长方形的长和宽与梯形有什么联系，根据长方形面积计算公式推导出梯形面积的计算公式。

方法三：演示一个直角梯形，用割补法，从腰（非直角边）的中点向下底作一条垂线，沿垂线剪开，剪出一个小三角形，绕腰的中点旋转180°，就拼成了一个长方形，长方形的两条长就是梯形的上底加下底的和。同学生讨论，根据长方形面积计算公式推导出梯形面积的计算公式。

图形演示十分形象、直观，给学生留下深刻的印象，有效地培养和提高了学生的观察能力、发现能力。这种新奇、生动、有趣的学习情境也激发了学生的学习兴趣，调动了学生学习的积极性。

1.7.4 猜想结论,动手并验证,促进思维

当解某些数学问题得到结论时,不确定是否正确,需要进行实验验证。计算机应用软件的使用为学生提供了实验的平台。例如,要验证"三角形的内角和是 180 度"这一知识点时,让学生在老师提前准备好的几何画板中,拖拽其中一个顶点,使这个三角形成为直角三角形、钝角三角形、锐角三角形,并分别计算出不同三角形的内角和,以此证明,三角形的内角和的确是 180°。

总之,多媒体辅助教学,不仅让学生了解、理解和掌握数学知识更为直观、形象,更注重教给学生学习的方法,培养学生思维能力和良好的思维品质,这是全面提高学生素质的需要。

第2章　构建智慧课堂

2.1　教学设计，运筹培智

2.1.1　教学设计的基本含义

教学设计是运用系统方法对各种课程资源进行有机整合，对教学过程中的各个部分进行整体安排的一种构想。即为达到教学目标对教什么、怎样教以及达到什么结果所进行的策划，这是一种系统设计，是实施和评价学与教全部过程的方法。

2.1.2　新课程数学教学的基本理念

教学设计必须符合新课程基本理念，设计必须能促进学生主动学习，使每一位学生都得到发展。新课程的基本理念有：(1)教学过程是师生交往，共同发展的互动过程，教师是活动的组织者、引导者、参与者；(2)让学生参与教学是课程实施的核心；(3)提倡自主、合作、探究的学习方式；(4)课程要面向学生的生活世界和社会实践；(5)教学活动必须尊重学生已有的知识与经验；(6)新课程改革的主旋律是培养学生的创新精神；(7)教师是课程的创造者与开发者：(8)评价的本质功能在于促进发展，如何在设计中体现新课程理念。

2.1.3　课堂教学设计必须确立正确观念

课堂教学改革放在首位的不是财也不是物，而是教育观念和教育教学方式的改变。尤其是教育观念，它起着指导和统帅作用，有什么样的教育思想和观念，就有什么样的课堂教学和效果。因此，教师在备课前必须对以下三个问题做出回答：数学教学的目的是什么？学生是怎样进行数学学习的？怎样的课是一节好课？对这些问题的不同回答就反映不同的数学教学的价值观、学生观和课堂教学的效率观。传统教育以知识教育为中心，把拥有知识的多少作为判断人才优劣的标准，教师的备课就以教材为中心，把传授知识作为主要任务。现代教育以人为本，课堂教学必须以学生的发展为本，教师要真正把“以学生为本”的理念体现在课堂教学过程中，必须明确以下三个观念：

1. 如何看待数学教学

随着时代的发展，人们对数学教育的价值观发生了深刻的变化，数学教育已从以获取知识为首要目标转变为首先关注人的发展。《数学课程标准》明确了数学教学的总体目标是：通过义务教育阶段的数学学习，学生能够获得适应未来社会生活进一步发展所必需的重要数学知识(包括数学事实、数字活动经验)以及基本的数学思想方法必要的应用技能；初步运用数学的思维方式去观察、分析现实社会，去解决日常生活中和其他学科学习的问题，增强应用数学的意识；体会数学与自然及人类社会的密切联系，了解数学的价值，增进对数学的理解和应用数学的信心；具有初步的创新精神和实践能力，在情感态度和一般能力方面都得到充分发展。从这一总体目标中，我们可以清晰地看到：数学教育已不再是以“传授数学知识”为中心了，而是更加关注在数学教学的过程中思维方式的变化、问题解决能力的培养和良好的情感和态度的形成等。

2. 如何看待学生的数学学习

建构主义理论认为，学习不是知识由教师向学生的传递，而是学生主动建构自己知识的过程。学生并不是空着脑袋走进教室的，在日常生活中，在以往的学习中他们已经积累了丰富的经验，小到身边的衣食住行，大到宇宙、星体的运行，从自然现象到社会生活，他们都有自己的看法。而且，有些问题即使他们还没有接触过，没有现成的经验，但当问题一旦呈现在他们面前，他们往往可以基于相关的经验，依靠他们的认知能力，形成对问题的解释。所以，课堂教学是一种师生双边参与的动态变化的过程，学生和老师各自扮演不同的角色。学生是学习的评价，是课堂上主动求知、主动探索的主体；教师是教学的主人，是学习过程的组织者、引导者和合作者。教学不能无视学生的原有经验，即使是一年级的学生，他们在学习新知识之前，也已有了一定的生活经验和实践积累。以此为依据的数学教学应该是：从学生的生活和知识背景出发，向他们提供充分的从事数学活动和交流的机会，帮助他们在自主探索的过程中真正理解和掌握基本的数学知识与技能、数学思想和方法，同时获得广泛的数学活动经验。

3. 如何看待课堂教学

好的教学标志是能够促进有效学习的。也就是说，教师的“教”应该为学生的“学”服务，教师教的效果要体现为学生学的效果，衡量一节课成功与否的标准就是看学生有无进步或发展，而不是看老师有没有教完内容或教得认真不认真。如果学生不想学或学了没有收获，即使老师教得再辛苦，再认真，也是无效或低效教学。在有效的课堂教学中，学生的“双基”应该是扎实的，思维应该是活跃的，情感体验应该是积极的。这样的课堂教学无论对学生的后继学习，还是持续发展能力的培养都会产生积极的影响。

2.1.4　课堂教学设计应遵循的原则

课堂教学设计是一项系统工程。备课，通俗地讲就是教师在上课前所做的一系列准备工作。从教学设计的角度来讲，就是教师依据数学学科和学生的特点，认真钻研教材、分析教学任务、分析教学对象，从而对教学材料进行再组织，设计出教学方案的过程。尽管这一系列活动的具体任务完成的方式各不相同，但都需要遵循以下原则：

（1）主体性原则。教学的任务是解决学生现有水平与教育要求之间的矛盾。教师在课堂教学中起到调节学生与教材之间的关系的作用。教学设计的目的是为了支持学生的学习过程，营造良好的学习环境。实际上，学生知识的获得、能力的提高、行为习惯的养成，归根到底是学生学习的结果。

（2）目标性原则。教学目标在课堂教学中起定向作用。教学目标既是教学的出必点，也是衡量教学效果好坏的标准。教学设计很重要的一点就是能帮助老师顺利地实施教学目标。

（3）针对性原则。课堂教学设计是针对具体教学目标和教学对象而精心制定的。教学对象千差万别，教学内容也各有千秋，教学设计需要体现这些差异性、具体性和针对性，才能收到事半功倍的良好教学效果。

2.1.5　课堂教学设计的主要策略

教师在准备教学时，按教学设计的一般程序必须要解决下列问题：教学起点的分析、教学目标的确定与阐述、教学材料的处理与准备、教学行为、教学组织形式、教学手段的撰写等。

1. 深入了解学生，找准教学的起点

什么是起点能力？学习者对从事特定的学科内容或任务的学习已经具备的有关知识与技能的基础，以及对有关学习的认识水平、态度等，就称为起点行为或起点能力。它是影响学生学习新知最重要的因素。正如美国教育心理学家奥苏贝尔所说:如果我不得不把教育心理还原为一条原理的话,我将会说,影响学习最重要的原因是学生已经知道了什么,我们应当根据学生原有的知识状况去进行教学。

值得注意的是,现在学生的学习渠道拓宽了,他们的学习准备状态有时远远超出教师的想象,许多课本上尚未涉及的知识,学生已经知道得清清楚楚了。那么如何才能了解学生的情况呢?教师不妨先了解下列问题:(1)学生是否已经具备了进行新的学习所必须掌握的知识和技能?(2)学生是否已经掌握或部分掌握了教学目标中要求学会的知识和技能?没有掌握的是哪些部分?有多少人已经掌握了?掌握的程度怎样?(3)哪些知识学生自己能够学会?哪些需要教师的点拨和引导?上述问题可以在课前了解。

2. 制定明确、具体的课堂教学目标

教学目标是科学活动的出发点与最终归宿,是评价教学活动的重要依据。我们在制定教学目标时,必须辩证地处理好教材的知识结构与学生的认知水平之间的关系。要从知识与技能、过程与方法、情感与态度以及价值观等方面做出统一的考虑。课堂的教学目标应尽量具体明确、可操作,当然,并不是所有的教学目标都必须在一课时或几课时内去完成。例如,数感、符号感、空间观念、统计观念、应用意识、推理能力与交流、合作、竞争意识的培养和形成,是要通过教学活动的全过程才能逐步实现的。从目前课堂教学的实际情况来看,大多数教师制定的课堂教学目标是明确具体的,要求也提得恰如其分。

知识与技能目标历来都很明确,过程与方法目标也已经成为改善学生学习方式的一个重要组成部分,情感与态度目标和以前我们强调的非智力因素相类似,在数学教学活动中要激发学生学习数学的兴趣与自信心,让学生体验成功与挫折,培养学生具有独立思考、自觉评价与反思的良好习惯,这些都是完善学生人格素质所不可忽视的。例如,“两位数减一位数的退位减法”的教学目标就可以阐述为:要求全体学生会正确计算两位数减一位数的退位减法。大多数学生在探索口算方法的过程中,思维的灵活性得到发展,并感到数学学习是有趣的。

3. 客观分析教材,优化教学内容

教学内容的选择与确定,应尽可能做到学生经验、数学知识和社会发展三者整合。数学教学内容对学生来说,是外在的、陌生的,需要教师通过教学对它加工后,才能更好地为学生所接受和掌握。首先,教师要根据教学目标选择和确定相应的教学内容,既要注重密切联系学生的生活经验,以及社会科技发展的现实,还要注意到知识的准确性和科学性。其次,应根据学生的认识规律，注意知识呈现的具体顺序，即先出现什么，再出现什么都应有一定规律。再次，还应根据教学内容的需要设计相应的练习，通过有针对性、有层次的练习，实现知识的形成、巩固与应用的目的，并能结合教学内容，自然地、有机地、合理地渗透数学学科的思想和思考方法。教师要具有驾驭和处理教材的能力，同样的教学内容，完全可以选择不同的呈现顺序，实现不同的教学效果。

4. 教学过程要成为师生间交往互动与共同发展的过程

教学过程是在教师有目的、有计划、有步骤的组织下，围绕着教学目标有序地展开的。在教学过程中，各个教学环节要紧密联系、环环相扣、过渡自然，应该形成一个能促进师生之间、学生之间交往互动、共同发展的过程。教师要利用各种教学资源，创造性地使用教材，设计出适合学生发展的教学过程。要注意学生的个体差异，使学生能够亲自经历学习过程，体验成功。教学过程中要做到信息渠道畅通，反馈及时，各教学环节的时间分配比较合理，教学容量合适，教学密度、教学节奏得当。学生在参与学习过程时，教师要关注学生的参与程度，对数学学习是否有兴趣和自信心；要关注学生合作交流的意识与情感，态度的发展，学生是否主动地与同学合作，是否认识到自己在集体中的作用，是否愿意与同伴交流自己的想法；要关注学生的各种数学能力的发展，思维过程是否合理、灵活，能否用数学语言表达自己的思考过程；等等。让学生根据自己的生活经验和知识背景，以自主探索与合作交流的方式，理解数学，认识数学，发现解决问题的策略，体会数学与现实生活的联系。经过精心设计的教学过程，层次清楚，每个教学环节的教学目的明确，既关注学生知识与技能的理解和掌握，也关注他们的情感与态度的形成和发展；既关注学生数学学习的结果，也关注他们在学习过程中的变化和发展。教学过程是复杂的、动态的，要及时反馈，适时地调整和改善教学进程。

5. 动手实践、自主探索、合作交流是学生学习数学的重要方式

数学课堂教学应当是一个生动活泼、主动且富有个性的学习活动空间。我们要从根本上改变单一的、枯燥的、以被动听讲和练习为主的学习方式，让学生在动手实践、自主探索、合作交流中去思考、质疑、辨析、释疑，直到豁然开朗，使数学学习真正成为学生的主体性、能动性、独立性不断生长、张扬、发展、提升的过程。当然，这并不是说就不要认真听讲了，不要做课堂练习和课后作业了，这些仍然是重要的数学学习方式。

6. 充分估计教学过程的复杂性，构建非直线型的教学路径

课堂教学应该是一个动态的、复杂的过程，因为作为教学对象的学生是一个个活生生的个体，他们带着自己的情感、意志、态度投入课堂学习，也正因为如此,课堂上随时都有可能发生“意外事件”。教师在备课时应非常注意借鉴别人的经验,广泛地收集材料,在筛选材料的基础上形成教学方案。教师要在把握环节目标的前提下,对每个环节设计多个具体方案,力求构建出非直线型的教学路径,以便对付教学过程中各种各样的意外事件。

结语:教学设计的对象是学生,教学设计的成效如何取决于对学生情况的了解程度。如果从实验的角度来分析教学设计,那么课堂中的学生情况就是自变量,教学内容的组织、教学方案的选择、教学环节的调整等都必须随着学生这一自变量的变化而变化。正因为这样,课堂教学设计的总体思路应该是从了解学生的情况出发,而不是从备课教材出发,任何教学活动都要以满足学生的需要作为出发点和归宿。值得注意的是,以学生发展为本的教学设计过程中,并不意味着教师责任的减轻和教师作用的降低,相反,是对教师提出了更高的要求。如果忽视了如何发挥教师主导作用的设计,学生的学习将会成为没有目标的盲目探索,讨论交流将成为不着边际的漫谈,教学过程将会事倍功半。因为,课堂教学是一个动态的、复杂的过程,学生毕竟只是成长中的个体,他们的学习离不开教师的点拨和引导。

2.2 课堂导入,激趣启智

在小学数学教学中,如何创设和谐的教学氛围,有效地构建愉悦的教学情境,使教学内容能触及学生的心灵深处,引导学生把学习新知的压力变为探求新知的动力,这是提高课堂教学效率的重要手段。

导入新课,是课堂教学的重要一环。“良好的开端是成功的一半”,在课的起始阶段,迅速集中学生的注意力,把他们的思绪带进特定的学习情境中,对一堂课教学的成败起着至关重要的作用。

2.2.1 智慧课堂必须探究导入艺术

随着新课程改革的不断深入,学生学习方式的改变,数学课堂导入方式也在不断发生变化,教师应不断更新教学理念,精心设计课堂导入。

目前小学数学教学中在课堂导入上还存在着很多不合理的现象。例如,许多教师为了提高教学质量,不重视教学中的导入环节,认为导入太浪费时间,不如抓紧时间讲授书本知识或加强练习;有些教师虽然也很关注导入,可形式过于单一且呆板,如回顾已学过的相关知识和内容,并从这些预备知识中转入本节课的学习;也有些教师一直都很注重课堂导入环节,但是“事倍功半”的现象却屡见不鲜。基于对上述情况的分析,摆在我们面前的任务就是以吸引学生的注意力、激发学生的学习兴趣、调动学生学习的主动性为出发点,根据学生的个性特点、数学的学科特点来设计课堂导入,旨在提高课堂教学的情趣,吸引学生的注意力,创建良好的教学氛围。

2.2.2　课堂导入的理论依据及意义

新课程理念下的数学教师是学生数学学习活动的组织者、引导者与合作者,教师的作用在于让学生热爱数学,积极主动地参与数学学习活动。而课堂导入是小学数学课堂教学必不可少的环节,是在讲解新知或数学教学活动开始之时,教师有意识、有目的地引导学生进行数学学习的一种方式,是课堂教学的起始环节。

理想的导入是教师经验、学识、智慧、创造的结晶,是师生情感共鸣的第一个音符,也是课堂教学艺术的重要组成部分。因此,教师在课堂导入时,应注重内容美,要能唤起学生的兴趣,激发其求知欲,从而使学生感受数学美,使学生在情感上产生愉悦,从而引起共鸣,使他们在愉快的课堂氛围中全身心投入数学学习中。同时,良好的新课导入更是展示教师教学艺术的“窗口”,是教师对教学过程全盘周密安排的集中体现,融汇了教师运筹帷幄、高瞻远瞩的智慧,闪烁着教师的教学风格。因此,运用合适的导入方法,可有效地开启学生思维的闸门,激发联想,激励探究,为一堂课的成功铺下了基石。

2.2.3　课堂导入的研究目标和内容

1. 研究目标

(1) 通过研究,更新教师的教育观念,提高教师课前的预设能力和课堂教学的调控能力。

(2) 通过研究,探索如何从贴近学生生活、调动学生兴趣、寻找知识间的连结点、摆脱教材制约等方面,来创设有效的课堂导入方法。

(3) 通过研究,促使教师养成反思习惯,在科研和教改的过程中提高自身的业务素质和专业素养。

2. 研究内容

(1) 大量收集小学数学课堂导入典型案例并进行全方位的分析。

(2) 根据小学生的特点,针对具体的教学内容,设计有效性的导入;结合“同课异构”分析,讨论课堂导入设计的不足和成功之处,并选取其中部分内容,形成个案分析。

(3) 探讨多种形式的课堂导入,提高课堂教学效率。加强案例收集,及时反思,并在网络平台上与同行分析交流。

2.2.4 探究多种形式的导入方法

1. 讲故事导入

学生都爱听故事,在上新课之前讲一个小故事,使课堂气氛轻松活泼,容易激发学生学习新课的兴趣。讲授新课时,结合课题内容先适当引入一些数学史、数学家的故事,或者讲述一些生动的数学典故。例如,在讲圆的知识前,可以讲述我国古代数学家刘徽、祖冲之为圆周率做的贡献,培养学生热爱祖国、热爱民族的高尚情操。在讲"素数、合数"时,可以介绍我国数学家陈景润与"哥德巴赫猜想"的故事。

2. 实物直观导入

这是小学低年级数学最常用的导入法。可以通过让学生观察一些实物,诱发其直观思维,进入新课。例如,在教学"认识人民币"一章的第一节"元、角、分的认识"时,可以采用实物直观导入法。教师可先拿出几张人民币和几枚硬币给学生看,了解实物后再开始教学。在小学数学"几何的初步认识"教学时,像正方形、长方形、三角形、圆、扇形、长方体、正方体等都可以采用实物直观导入法,这样可以让学生一目了然。

3. 创设情境导入

有些概念、性质等基础知识比较抽象,不易理解。教师可以创设情境,使学生产生直观形象的感性认识。情境创设不仅要在课堂问题中设置,在导入新课时也是不可缺少的。例如,教学"行程问题"时,可以这样导入:先问学生,你们喜欢看表演节目吗?然后把课前准备好的"相遇问题"课件给学生看,同时叫两名同学从教室两端相对而行,此时让学生观察他们所走的方向,相遇后提问"现在出现什么情况?他们走的路程是多少?",通过看表演,让学生对"同时""相向""相遇"几个概念有了初步了解,而后进入新课。

4. 实践操作导入

动手操作符合小学生好动的特点,可吸引小学生将注意力集中到有意义的教学活动中来。"实践是创新的源泉",学生具有活动实践的天性和创造成功的欲望,教师应该大胆放手让学生"多动",尽量让他们在"做中想,想中学",亲身经历各种探索活动。在充分准备的前提下,教师精心组织学生凭借已有知识操作学具来导入新课。例如,教学"认识等腰三角形"时,可组织学生进行实践操作(测量几种不同三角形的每条边,并做好记录),尽量让学生自己去讨论和发现各自测量的结果有什么特点,教师则因势利导,逐步引入新课,同时还起到了变抽象为直观、化难为易的具体作用。

5. 巧设游戏导入

英国教育家斯蒂文斯曾指出：玩耍和娱乐是开发孩子智力的第一有效方法。爱做游戏是孩子的天性，将游戏有机地运用于课堂教学，利用游戏的无意注意的特性，有利于学生形成正确的学习方法和良好的学习习惯，也符合素质教育的要求。比如，教学"20以内的进位加法"时，在课前可设计"凑十法找朋友"的游戏，组织学生在游戏中自由交流、自由活动、自由表达，营造轻松有趣的学习氛围，也同时突破了教学难点。

6. 实际表演导入

《数学课程标准》中提出：尽量向学生提供充分从事数学活动和交流的机会，帮助他们在自主探索的过程中真正理解和掌握基本的数学知识和技能、数学思想和方法，获得广泛的数学活动经验。在课堂上让学生上台表演，更为学生探索数学模型创设了贴近生活的情景，也能将单纯的符号、繁琐的公式、抽象的原理形象具体直观化。例如，教学"相遇问题"时，教师可先组织学生上台实际表演，充分地让学生形象直观地理解"两地""相向""同时""相遇"等术语，然后导入新课就显得非常自然了。

7. 借助媒体导入

课堂中运用现代信息技术，使声、色、形发生交替变化，向学生展现具体、形象、直观的视音材料，能充分调动学生的多种感官参与学习，也是一种很好的课堂导入法。比如，教学"平行四边形的面积计算"时，采用多媒体创设一种动画情景，渗透"割补法"将其转变成学生熟悉的长方形，进而导入新课，引导学生交流讨论，探究新知。

2.2.5　及时总结课堂导入的有效性

1. 激发学生的学习兴趣

引人入胜的开头能强烈地激发学生的学习热情，其主要原因是使学生对教学内容产生了特殊的认识倾向，即发生了兴趣。兴趣是人们从事各项活动的内驱力之一，它会明显地提高人的活动效能。如果学生充满欢乐，心情舒畅，当然就会使他们的学习兴趣不断提升，使认识逐渐深化。

2. 促进学生智能的发展

用附和和满足学生的需求的"刺激"作为课的起始，能增加学生欢乐之感的情绪体验，能鼓舞学生深化学习，这是一种强大的推动力。教师通过寓教于乐，发挥情感的调节功能，可以直接促进学生的智能发展。一方面，从掌握知识、技能与发展智能的关系上看，掌握知识、技能，并获得高效率，需要智能的较好发挥；而在掌握知识、技能，获得高效率的过程中，又进一步发展了原有的智能水平。另一方面，从个性发展的过程上看，智能与其他个性心理一样，也是通过心理过程和心理状态逐渐形成和发展的。当一个人经常处在快乐、积极的情绪下，不断发挥自己智能操作的潜力，使感知、记忆、思维等认知过程优化，由量变到质变，从而促进智能水平的逐级提高。另外，教师通过寓教于乐，使师生情感交融，发挥情感的动力功能，为智能发展提供了更多的实践机会。

小学数学课堂导入的方法很多，形式多样，教师应在新标准、新理念的指导下，因地制宜，精心设计科学的新方法，以期提高我们的教学质量和教学水平。

对于课堂导入中存在的问题也必须及时改进。比如，有些课堂导入虽具有趣味性和发散性，学生兴趣也很高，但一旦控制不好，会有一种收不回来的感觉。例如，学生遇到自己感兴趣的话题，可能会在课上交流比较热烈，耽误新课的学习时间；有些学生会在讨论中偏离了本节课的内容。凡此种种，都需要教师在教学中合理掌握，及时引导学生，使他们的交流内容符合本节课的主题。

2.3 情境创设，激情开智

学生认知、探究的欲望，直接影响着学生学习的主动性、积极性，这种欲望主要源于学生内在的冲突与好奇。如果学生现有的认知与现实之间发生冲突，学生的猜测与实验结果产生冲突，那么学生就可能产生强烈的探究热情；如果学生的想法与事实发生冲突，那么他们就有可能自发地修正自己的观点；如果学生之间的观点发生冲突，那么他们就可能产生争论的冲动。能否成功引发上述冲突，这是一个课堂教学艺术的问题。一方面，教师要顺着学生的思路组织教学，学会“将计就计”；另一方面，教师要创设有利于学生内在冲突的情境，提供相应的素材。

2.3.1 放手尝试，引发认知与现实之间的冲突

学生现有的认知水平有一定的局限性，当他们利用现有的知识、技能去解释或解决一些实际问题时，就可能遇到一些困难，这种困难实际上是学生现有的认知水平与现实之间的一种冲突。教师如果能够放手让学生去解决一些新问题，学生在遇到冲突时就可能产生研究问题的强烈愿望。

例如，在教学“试商调商”时，学生已掌握了用四舍五入法试商，教师可以

让学生尝试计算 425 ÷ 23。学生用四舍五入法去试，试的结果是余数比除数大，这与计算法则中规定的余数一定比除数小不符，这时学生对“为什么余数会比除数大?”“遇到这样的问题该怎么办?”这样两个问题产生强烈的探究欲望。学生的猜测是建立在现有认知水平及生活经验基础上的，因此猜测有时是合理的，有时免不了带有一定的片面性。

如果在猜测之后，学生通过动手实验，发现自己的猜测与实验结果之间有矛盾时，自然会产生强烈的探究欲望。例如，学生认识了圆锥后，猜测圆锥侧面展开后是一个圆形，因此只要量出顶点到底面圆周上任意一点的距离就可以求出它的侧面积了。当学生动手剪开圆锥后才发现圆锥侧面展开后是一个扇形，与自己猜测的结果不同，引起了学生强烈的探究欲望。有学生通过仔细观察发现，要求圆锥的侧面积还必须知道扇形与所在圆的面积比，也就是底面周长（弧长）与圆周长的比。

2.3.2　因势利导，引发想法与事实之间的冲突

当学生得出的结论或所持的观点在逻辑上不太严密时，教师可以指正，也可以提出自己的想法，让学生对两种方法进行比较，学生在比较中会领悟得更为主动和深刻，这对培养学生思维的严密性也有一定的作用。

例如，在研究圆柱与圆锥体积关系时，大部分学生得出了圆柱体积总是圆锥体积 3 倍的结论。有位老师遇到这样的情况后，没有马上提醒学生，而是因势利导，顺着学生的思路提供材料。教师拿出了两个不是等底等高的圆柱和圆锥，学生通过观察，自然发现原来的想法不太准确，从而体会到只有在等底等高的情况下，圆柱体积才是圆锥体积的 3 倍。

又如，在教学“三角形的认识”时，许多学生认为三条线段一定能够围成一个三角形。如果教师及时指正，学生就失去了一次独立思考的机会；如果教师能够将计就计提供三根小棒，其中较短的两根长度之和短于较长的一根，然后让学生动手摆一下，学生自然会发现不能围成一个三角形。在此基础上，学生会不断地修正自己的观点。

2.3.3　组织交流，引发观点与观点之间的冲突

冲突常产生于和谐的课堂氛围之中，产生于积极思维的状态之中。提倡合作交流是引发冲突的最好办法。冲突产生的本身就是民主课堂氛围的反映。有了观点之间的冲突，才能产生争论的欲望。

学生观点之间的冲突一般有下列两种情况：

一是正反两方面观点之间的冲突。不同的个体由于其认知水平和感性

经验不同,有可能产生相反的观点。在好胜心驱使下,学生或者会努力证明自己的观点是正确的,或者会想办法批驳他人的观点。这样,两种不同观点之间的冲突,可以激起学生强烈的参与欲望,也可以锻炼学生的推理论证能力。

二是因观察角度或思考角度不同,学生中可能产生不同的想法,有些同学因不理解对方而产生争论。通过这样的争论,有利于拓宽学生的思路,有利于学生之间的相互欣赏与借鉴。

无论哪一种争论都需要学生在敢讲、会讲的基础上产生。学生敢讲既需要足够的自信心,也需要民主和谐的课堂氛围;学生会讲既需要一定的口头表达能力,更需要逻辑思考能力。课堂上只有经常组织学生进行讨论和交流,才会产生更多的争论。

总之,学生内部的矛盾冲突,可以给学生的自主学习提供源源不断的原动力。

2.4 师生互动,激辩生智

课堂教学存在着一个比较突出的问题,就是教学的高耗低效,即学生学得苦,教师教得苦,但教学效果却不理想。探究"有效课堂"的教学将成为一种教育的必然,无论是在教育理念还是在教学方法等方面都对教师提出了新的挑战。新理念下的有效课堂教学,应该是通过良好的师生互动促使"感悟"与"对话"共舞,"激情"与"智慧"齐飞。

课堂是师生双方交往、对话、沟通和探究的互动舞台,是学生探究知识、获得发展的场所。《基础教育课程改革纲要(试行)》中指出:教师在教学过程中应与学生积极互动,共同发展,要处理好传授知识与培养能力的关系,注重培养学生的独立性和自主性,引导学生质疑、调查、探究,在实践中学习,促进学生在教师指导下主动地、富有个性地学习。在实践中,要处理好互动中形式与实质的关系,构建起轻松和谐的数学课堂"学习共同体"。

2.4.1 建立民主、平等的新型师生关系

数学课堂教学活动中,教师和学生都是独立的个体,两者在人格上是平等的,这是教师与学生之间产生互动、交流、合作的基本前提。但课堂中真正的师生互动不会自然产生,它有赖于建立在师生之间平等、尊重、理解的基础上,要实现师生的交往互动,教师首先要构建民主、平等、和谐的师生关系,教

师要彻底摒弃“师者为尊”的传统意识,给学生充分尊重。只有教师尊重学生的个性特点,教学民主,才能使学生在一种和谐、宽松的精神状态下学习,从而使师生形成一个真正的“学习共同体”。

例如,在讲述“圆柱和球”时教师提出问题:“是不是会滚动的就一定是球?”甲同学说:“这不一定,圆柱也会滚动呀!”这时教师不要轻易表明观点,在学生继续思考后,教师因势利导地归纳出:会滚动的不一定是球,圆柱和球有一个共同点,它们都会滚动。教师按上述方式处理,既尊重了学生的自尊心,又不包办代替学生自己的学习行为,使学生从实践中得出结论,也形成了一种无拘无束、平等融洽的教学气氛。

2.4.2　明确互动目标,增强互动的有效性

课堂教学重视互动的作用是必要的,但互动一定要讲究有效性。学生是互动教学的主体,所以有些教师就把互动教学等同于“放羊式”的师生对话,把互动理解为能和学生“打成一片”。在课堂教学中多让学生讨论,多让学生做游戏,学生对这样的“轻松学习”兴趣也很大,积极性很高,所以课堂气氛相当活跃,组织交流都很好,但学生对自己应该学到什么,学会了什么,并不是十分清楚。许多学生课后对相关的知识、问题的结论并不知道,更没有主动去思考,课堂设计的目标没能实现。这样的课堂教学不仅没有贯彻新课程改革的精神,连传统课堂中学生对“双基”的掌握目标都达不成,可说是得不偿失。

又如,在实施合作学习时,有的老师不考虑必要与否,也未做充分准备,很随便地就让前后排学生围坐在一起展开讨论,这样的合作学习,没有做到独立学习在前,合作交流在后,表面上看似热热闹闹,实质上对学生的思维没有多大触动,只是流于形式的讨论而已。

以上这些教学互动,有教学互动之名,无教学互动之实,只关注互动的形式,而忽视互动的内容,这样的教学互动其目的性是不明确的,效果也不会理想。因此,明确互动目标是实现有效互动的前提。在课堂教学中,我们要从确定的教学目标中思考有效的互动策略,通过教学主体间的互动交流来实现特定教学目标。

有效的师生互动应该有“经历”知识发生和发展过程的特点。现代教学观认为,学习不仅仅是学习知识、掌握技能,学习也是一个以知识学习过程为载体,经历体验知识形成和发展的过程。

《数学课程标准》指出:过程与方法同样是学生学习的主要内容。例如,在“分米、厘米、毫米的认识”这一节的教学中,需要有效地引导学生经历对长

度单位之间进率的认识。我让学生把课前搜集到的感兴趣的粉笔、磁带、磁卡等物品放到桌上量一量,然后问:“你量的物品是什么? 长多少?”学生纷纷发表自己的意见。我又问:“你是怎么量的?”“我把粉笔的一头对准 0 这点,再看另一头对在哪里就可以了。”我继续问:“你又是怎么看的?”“一个大格代表 1 厘米,一个小格是 1 毫米。这里有 7 个大格,2 个小格。”其他的学生鼓掌表示同意。接着其他同学展示,我继续引导:“看来大家对这两位新朋友已经认识了,那你能不能找出它们之间的关系呢?”学生交流讨论后反馈。有的说:“都是长度单位。”有的说:“1 厘米是 10 毫米。”“你从哪里看出来的?”我继续引导学生,同时借助投影仪演示介绍:“一大格是 1 厘米,一小格是 1 毫米,一大格里有 10 个小格,所以 1 厘米里有 10 毫米。”

2.4.3 创设有效互动的教学情境

兴趣是小学生积极主动参与学习和活动的心理导向,是推动他们进行学习活动的内在动力。教学中,教师要善于抓住学生学习过程中的“兴趣点”,让它成为师生展开有效互动所必需的动力。此外,教师创设和谐有效的教学情境,也能促使学生知识情感的内化,实现师生的有效互动。例如,在教学“三角形的认识”这节课时,有的教师设计了这样一个互动的学习过程:教师说:“我们已经认识了三角形,并且知道三角形根据角的不同可以分为锐角三角形、直角三角形、钝角三角形。现在你能猜出老师手中拿的是什么三角形吗?”这时,教师将手中三角形的大部分挡住,只露出一个角。有的学生说:“我猜是锐角三角形,因为我看到了一个锐角,我猜另两个也许是锐角。”有的学生说:“我猜是钝角三角形,我看到的虽然是锐角,另外两个可能一个是锐角,另一个是钝角。”学生争执不休,各有各的道理。学生对这个环节兴趣颇浓,参与的积极性相当高。因为“猜一猜”这样的活动,它不仅有助于活跃课堂气氛,激发学生的学习兴趣,而且在“猜”的过程中,学生不仅要说出是什么三角形,还要说明理由,这一过程无疑加深了学生对锐角三角形、直角三角形、钝角三角形特征的认识。这样的师生互动才是真正有效的。

2.4.4 运用有效的互动策略,促进动态生成

1. 关注动态生成

动态生成是对教学过程中生动可变性的概括,它是对我们过去教学过程中强调的预先设定性、计划性、规定性的修正和发展。一个真实有效的教学过程必然是师生间和学生间积极互动、动态生成的过程。教师要善于运用各种有效的互动策略,促进数学课堂教学的动态生成。在数学教学实践过程

中，当师生围绕教学内容展开真情互动时，学生求知的欲望会被激发，这时，师生间的互动对话就可以催发、生成许多教学契机。教师要善于抓住并加以利用，从而使课堂教学充满活力。

例如，一位教师在教学“三角形面积计算”这节课时，教师问：“你们想知道三角形面积的计算方法吗？”突然，一位学生站起来说：“我知道，三角形面积＝底×高÷2。”教师说：“你怎么知道的？”学生说：“我从书上看到的。”教师：“那么三角形的面积计算公式是怎样推导出来的呢？”学生：“我知道，把一个平行四边形沿着对角线剪开，分成了两个等底等高相同的三角形，每个三角形的面积是平行四边形面积的一半。”教师：“那你知道为什么要沿着对角线剪，如果不沿着对角线剪可以吗？”该生摇头。教师：“不要紧，下面我们就一起来动手试一试。”这时课堂气氛又活跃了，学生又投入到新的探索中。这样，原定让学生探索结论的教学变成了让学生验证结论的教学。

因此，对于课堂教学动态生成的资源，需要教师敏锐地加以捕捉，合理地放大，否则契机稍纵即逝。对有价值的信息资源应及时纳入课堂临场设计的范畴之中，适时调控，充分利用，激活课堂教学，促进课堂的有效动态生成。

2. 关注问题情境

传统的课堂教学中往往视学生为容器，泛讲、滥讲、一讲到底的现象客观存在，忽视了课前的教材分析和教学预测。一些基础差的学生跟不上，一些学习好的学生受到抑制，从而造成学生在课堂中的不愿动。另外，由于教学环境的封闭性，学生被囿于课堂，唯参考书、标准答案是尊，活动空间、思维空间是封闭的，视野是狭窄的，从而导致师生不能互动。在课堂上创设特定的问题情境，可激发学生的学习兴趣，使其主动参与教学过程。要有效实现教学互动，在问题情景的设计上要注意以下几点：问题要“精”，具有典型性；问题要“巧”，能深化主题；问题要“新”，能启发学生以新视角去观察、分析；问题要“活”，答案适度的开放性可引导学生的思维发散。

3. 实行科学提问

根据学生特点来设计问题，实行科学提问：在内容上要融合新旧知识，学生必须经过认真思考才能获得；在难度上应恰处学生的“最近发展区”；在方式上应循序渐进，由浅入深；在对象上应面向全体学生，调动绝大多数学生思维的积极性。同时，要因人而异，要熟悉、了解学生所长，尝试设计有针对性的问题，帮助各种类型和层次的学生投入学习活动。对长于形象思维的同学，则巧比善喻；对长于逻辑思维的同学，则分条析理；对于好奇爱动的同学，以启发兴趣入手；对善于观察的同学，以直观教学和实验问题引入。

例如，“9加几的加法”的教学，要得到计算结果，其实并不难，很多学生都会计算,但对算理的理解则会有一定的困难。学生往往“知其然而不知其所以然”。显然,引导学生探究“理解9加几的算理有助于发展学生的思维能力”是这一节课的重点。教学中,我设计了如下的互动过程:

师生共同列出算式:9+8,然后教师问:“那么结果是多少呢?”很多学生说是17。教师继续追问:“那么9+8为什么等于17,你是怎么想的?”学生开始寻求证明自己答案的途径和方法。此时教师引导学生通过互动,展示不同的思考方法,可以是口头表达,也可以用小棒操作。小棒操作的过程正是学生比较直观地理解算理的重要过程,完全可以在师生互动的过程中自然引出。这里,教师正是利用了学生对知识的“一知半解”,设置挑战性的问题,与学生进行有效的互动,帮助学生深入地理解和掌握所学知识。

总之,师生互动是小学数学教学的必不可少的方式,教师要在理念上重视,更要在实践中处理好互动中形式与实质的关系,要以平等的师生观来指导与学生的交往过程,通过师生平等对话,构建师生互动的教学方式。

2.5 动手操作,乐探蕴智

随着教育改革的深入,我国的小学数学教学模式已有了很大改进,但仍然存在许多问题,没有真正达到我们的教学目标。小学数学教育最重要的目标就是培养小学生的数学思维,同时要做到让小学生快乐探究,启迪智慧。小学数学教育处在教育的启蒙阶段,对小学生未来的各方面的发展起着十分重要的作用。而现阶段小学数学教育的实际情况仍是过分看重结果,不关注过程,这不符合我国素质教育改革的要求,也不利于启发小学生对数学学科的兴趣。

2.5.1 小学数学教学现状和问题

1. 小学数学教学缺乏体验,缺乏主观能动性

20以内的加减法、100以内的加减法、九九乘法表……这些是小学一二年级的学生的主要学习内容,记忆是这个阶段性学习的一个主要方式。教育学家认为,小学生只有在自发地、主动地参与到各种实际活动中,开动脑筋,提出自己的设想,并努力去证实自己的想法,才能真正地获得知识,发展思维能力。以小学数学公式为例,老师在教学过程中只要求学生记住公式,而不告诉学生这些公式的来源或在生活中的具体运用。由于学生只是死记硬背,缺乏理解,往往容易将类似的公式混淆,陷入迷茫,降低学习的兴趣和热情。

现阶段,老师会用大量的习题来辅助学生记忆公式,但效果并不理想。不仅降低了学生对数学学科的兴趣,也不利于小学生数学思维的养成。这也是许多小学生厌学、怕学的主要诱因。此外,现在的小学生在课堂内外的学习主动性很差,课堂上刻板地学着老师教的内容,放学后不去主动运用,这让教学双方都很头疼。虽然有的老师会通过风趣幽默的语言或者情境引入来提高学生的学习兴趣,但也让学生产生了学习依赖感。学生在学习过程中都是被动地学,没有主动探究和良好的学习体验。

2. 小学生教学方法过于单一、教学手段比较僵化

数学本身具有较强的逻辑性和严谨性,这对天性爱玩的小学生来说会有点枯燥。如何科学、合理地运用教学方法让小学数学教学变得生动有趣,是数学教师的主要任务。在现阶段,小学的数学教材中已加入了许多生动有趣的图画和例子,以帮助学生从数学学科中取得学习乐趣,但这仍然是远远不够的。教师在教学过程中最大地激发学生的学习热情才是最重要的。现阶段小学数学已改变了"满堂灌"的课堂教学模式,教师会利用案例将数学教学带入情境创设中。但有些教师设计出来的情境并没有针对性,或者与教学进程不相匹配,使学生无法理解,"变味""走调"使情境创设流于形式,没有实际的应用价值。

例如,在"轴对称图形"的教学中,在开课伊始教师就问"蝴蝶和树叶在图形里属于一类,为什么?"同时播放了一段5至10分钟的视频。课堂里一片寂静,学生没有反应。如果这段情境引入放在中学数学教学中可能会起到开题的效果,但小学生的数学思维和分析理解能力还没有达到这一阶层,这种情境创设仍然只流于形式而没有起到实际的效果。

2.5.2 现阶段培养小学生数学思维的对策

1. 鼓励学生勤动手、多动脑

在小学教学中教师应该结合小学生的特点,设计适当的教学方式,主要有以下三个方面:

一是引导小学生积极地参与学习过程,让小学生通过观察、动手实验去学习课本中相关的知识。在课堂教学过程中,充分结合小学生爱玩的天性,设计一些数学小游戏,将数学知识贯穿在小游戏中。比如,做一些数独游戏来锻炼小学生的加减法;用具体的实物来告诉小学生为什么 $1+1=2$;把书本上的图片更加具体化,加深学生的理解等。

二是合理利用现有的新媒体手段,让学生展开想象的翅膀。微课的引入就是很好的一种利用新媒体手段教学的方式,对于学生经常混淆的一些题目可以播放视频，让学生把题目带到实际场景中，然后在从实际场景中抽离出数学模型。“数学题目—场景—数学模型”的方式能帮助学生更好地理解数学，也增加学习的兴趣。另外，利用微课也可以很好地帮助学生课后的学习，巩固课堂中学习的知识。在此基础上可以链接一些扩展性的知识，帮助小学生更好地开动脑筋，在学习现有知识的基础上去探究更深入的知识。在帮助学生学的同时也有利于减轻教师教的压力。

三是采用生活化的教学方式。教师在备课时要仔细研究教材，使教学内容贴近生活。贴近生活的教育方式可以帮助小学生在实际生活中动手动脑，寓教于生活。同时要注意结合小学生的思维特点，循序渐进，由易到难，层层深入，让小学生乐于发现生活中的知识，养成好的学习习惯。

2. 进行分组合作教学，调动小学生学习的主观能动性

分组合作教学的方式涵盖以下三点内容：一是要坚持以学生为本，进行分组合作讨论。也就是根据学生掌握的知识水平，将学生按 4 - 6 人一组进行分组，在已有的学习基础上展开讨论，进行自主的创新研究。二是要分组合作练习，巩固知识。在课堂上教师授课后，学生之间开放式的练习方式，在比较宽松的环境中交流，巩固知识，各抒己见，互相启发，可以激发学生探究的兴趣。三是建立评价机制，培养学生批判式的思维。分组合作教学方式不仅要求教师对学生做出评价，也要求学生对学生做出评价。教师和学生在评价过程中互相提高，教师引导学生树立正确的价值观，帮助学生找到适合自己的学习方法，真正做到“授之以渔”。

在分组合作教学模式中，教师要明确数学生活化和情境针对性这两大方向。此外，教师要注意掌握合适的方法：一是要进行合理分组，做到数量适当、结构得当，要让学生在积极参与的同时，也可以让更多的想法得到碰撞，激发学生思考。二是在教学中要发挥榜样的力量，善于提问和引导学生动手动脑，积极思考，帮助学生树立正确的学习价值观，站在学生的位置，观察学生的讨论和研究，进行科学引导。

随着教育改革的深入，以学生为本的教学理念和教学模式应在教学实践过程中不断与时俱进。我们必须正视传统小学数学教育中的问题，采用体验式、生活化的教学方式，鼓励小学生勤动手、多动脑；采用生动有趣的新媒体教学手段，提高小学生对数学的认知和兴趣；采用分组合作教学模式，调动学生学习的主观能动性。这是现阶段使小学生乐于学习、主动探索数学学科知识的有效方法。在教育发展的进程中，我们还应该不断努力研究、探讨更多有效的方法，遵循小学生的特点，在完成教学任务的同时更重视小学生自主学习、创新研究的能力，为实施我国的人才强国战略走好教育启蒙的第一步。

2.6　习题训练,弘用见智

2.6.1　习题训练在教学中的重要作用

按照小学数学教学的进程,习题训练可分为课堂习题训练和课后习题训练。课堂习题训练是一种突出学生实践的教学手段,把知识点的传授与学生的练习检测结合起来,有利于学生对知识点的深入掌握,对课堂教学和学生学习都有重要的作用,具体体现在四个方面:一、课堂习题训练是教师引导学生学习的主要方式。在课堂教学中,教师以习题训练为突破口,可以有效了解学生对知识点的掌握程度,进而了解学生在学习知识点中还存在的疑惑,为学生指点迷津。二、课堂习题训练有助于增强学生的学习兴趣,学生在解答题目的同时会建立自信心和增强对学科的热情,在课堂动手动脑解决问题可以调动学生学习的积极性。三、课堂习题训练是小学生探究知识的载体,学生在课堂习题训练中产生质疑、探究的冲动,促使学生形成数学思维模式。四、课堂习题训练是学生互相交流的载体,学生之间以探究问题而发生思想碰撞,有利于激发学习热情,增强学生的学习动力。

课后习题训练是对课堂习题训练的补充,是对学生独立思考能力的锻炼和对知识点的巩固和提升,通俗意义上讲,就是教师布置的家庭作业。课后习题训练的主要作用体现在两个方面:一是巩固课堂上学习的知识点;二是在巩固基础知识点的基础上做重点提升。这有助于锻炼小学生独立思考和研究创新的能力,帮助小学生开动脑筋,探究新知识。

2.6.2　习题训练在教学中常见的问题

习题训练在教学中发挥着重要作用,但在实际过程中,习题训练存在缺陷和不足,这是我们需要进行关注和改善的。

1. 习题训练只重视量的增长而不注重质的提高

“题海战术”是这一问题的集中体现。在教学过程中,为了提高考试成绩,不少老师和家长将“题海战术”视为法宝,究其原因有:一是很多教师在教育观念上还没有转变,“做题比不做题好,要想成绩好就得多做题”。这些观念在部分教师的头脑中根深蒂固,素质教育推广至今仍难以消除。二是有些教师虽然观念上已转变,认为“题海战术”不可取,但行动上消极对待,并没有改变自己的教学方法。教师普遍缺乏改革创新的精神,随大流思想严重。三是来自学生家长的压力。部分家长评价老师的依据是看学生课后作业的题量,所以很多教师迫于家长和社会的压力,不敢放弃"题海战术"。

采用"题海战术"对教师和学生都会带来极大的危害。对教师而言,它不利于教学水平的提高。教师会把学生成绩的提高寄托在"题海战术"上,忽略了课前的精心备课、课堂上的认真教学以及课后的全面总结,从而阻碍了教师教学水平的提高。对学生而言,"题海战术"带来的是身心俱疲。一方面,"题海战术"需要花费大量的时间和体力,使学生疏于锻炼,身体素质下降;另一方面,"题海战术"需要不断重复地做题,很容易造成学生厌学、怕学,极大地降低了学生的学习热情,也影响着学生的心理健康,与我们的教学目标相违背。

2. 习题训练设计不合理

习题训练的设计问题主要体现在两个方面:一是训练缺乏目的性和针对性。一些习题只是单调地重复,无法使学生从练习中领悟知识结构,加深对知识点的理解。在习题的选择上,不同的学生对知识点的理解程度不同,习题设计和选择的"一刀切"会导致一部分学生消化不了,而对另一部分学生来说则是重复的训练。习题训练缺乏对学生个体特殊性的设计。二是训练只重视解题技巧的训练,不重视培养学生的思维拓展和能力的培养,这会造成学生只会一个类型的题目,题目稍加变化或者换种形式,学生又不会了。另外,在已掌握的知识的基础上,没有进行思维发散,做题变得很机械,而不去思考和探索知识点以外的更有价值的知识。这样不仅不利于学生数学思维的锻炼,也会造成学生求知欲望的减退。

2.6.3 科学运用习题训练的优化策略

1. 教师要转变观念,认真贯彻素质教育方针,改善教学方案

首先,教师应该充分认识到"题海战术"的危害,要从根本上摒弃这种教学方法。其次,要不断地学习和培训,提高自身的教学能力和水平,合理利用习题训练,确定好教学方法,要注重习题的质量。在巩固学生对知识点的理解的同时,注重运用课后习题,锻炼学生的思维创新能力。再次,教师应该统一认识,多进行校际的交流学习,要善于选择"好题",做到"举一反三"。

2. 在习题设计上要有针对性,不能"一刀切"

一是针对不同学生设计不同的习题训练,不能简单盲目地让学生做重复的练习,应该设计有层次的题目来进行训练,由易到难,层层深入。循序渐进地学习,使得学生不再厌学,激发学生的学习热情。二是题目类型的组合要科学合理,基础题、巩固提高题、发散思维题以及研究拓展题都要有,在让学生掌握基本知识的基础上,更加注重启发学生探究知识的兴趣,培养学生独立思考的能力,逐步养成良好的数学思维。

3. 要重视实践习题的训练

素质教育改革以来,实践教学仍然没有落到实处。因此,教师在教学中应该充分、合理地利用教学资源,为学生的实践学习创造条件。可以多利用现代化的新媒体技术,多设计和引导学生做实践习题,并积极参与其中,正确引导;可以鼓励学生动手动脑,在实践中体验知识,掌握知识后再到实践中去,不做书呆子。这样也有利于学生之间的交流,启迪智慧,创新思想。

在优化学生习题训练的过程中,我们在坚持贯彻素质教育方针的同时,要不断地进行自我审视,发现问题并积极改正,使得习题训练更好地服务于教学。习题训练不能盲目,不能只追求数量,要重视习题的质量以及合理科学的运用,使学生通过合理的习题训练学得更轻松、学得更高效、学得更深入,让习题训练在小学数学教学中发挥最大价值。

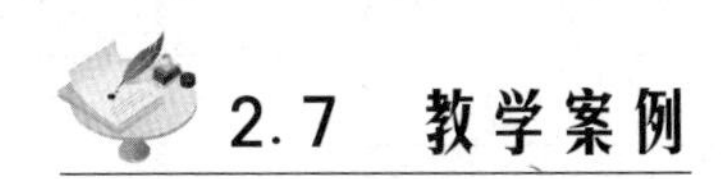

2.7　教学案例

2.7.1　“认识百分数”课堂实录与评析

【教学内容】

六年级上册教科书第 98—99 页,例 2,练习十九第 1—3 题。

【教学目标】

1. 使学生在现实的情境中初步理解百分数的意义,感受为什么需要产生百分数,会正确地读、写百分数。

2. 使学生经历百分数意义的探索过程,体会百分数与分数、比的联系和区别,积累数学活动经验,增强数学意识,进一步培养良好的数感。

3. 使学生在用百分数描述和解释生活现象的过程中,体会百分数与生活的密切联系,增强自主探索与合作交流的意识,培养学生积极思考、敢于质疑的良好学习习惯。

【教学重难点】

重点:理解百分数的意义,会正确读、写百分数。

难点:体会百分数与分数、比的联系和区别,进一步培养数感。

【教学过程】

一、由情景冲突引出两个数量比

1. 展示姚明在 NBA 中的一场比赛的画面,姚明在本次比赛中罚篮投中 14 个。

2. 展示我校篮球队队员姚小明在一场比赛中的画面,姚小明在本次比赛中罚篮投中 16 个。

提问:你们认为两个人的罚篮水平谁更高一些?为什么?

由此引发学生争议,得出:罚篮水平的高低,不能由一个量(罚中次数)决定,还要看罚篮的次数,必须由两个量决定。(板书:罚中次数　罚篮次数)

3. 出示例 1,引发探究。

例 1:学校篮球队组织投篮练习,王老师对三名队员的投篮情况进行了统计分析(下表)。

姓　名	投篮次数	投中次数
李星明	25	16
张小华	25	13
吴力军	25	18

提问:如果你是教练,根据这张表格里的数据,你能判断出哪个队员投篮的成绩好一些?为什么?

生答:在投篮次数相同的情况下,看投中的次数,所以应选吴力军。

追问:如果是以下情况(如下表),王老师又该如何选择呢?比什么,可以看出三位同学投篮水平的高低?

姓　名	投篮次数	投中次数
李星明	25	16
张小华	20	13
吴力军	30	15

同桌讨论后再交流,可能会有不同的方法。例如,谁失球的次数最少,谁的成绩就好一些;把投篮次数化成一样的,看投中的次数;或者算命中率(投中的次数占投篮次数的几分之几),这几个分数中谁大就表示谁的成绩好一些等。

引导学生比较这些方法,明确最后一种方法是最合理的,并在表格的右边增加“投中的比率”一栏(如下页表)。(板书:投中次数占投篮次数的几分之几　投中的比率)

姓　名	投篮次数	投中次数	投中的比率
李星明	25	16	
张小华	20	13	
吴力军	30	15	

让学生独立计算三名队员投中的比率。

让学生报计算结果,共同完成统计表。(出示书上完整的表格)让学生说一说,分别表示哪个数量是哪个数量的几分之几。

师:根据计算结果,你能比较出谁投中的比率高一些吗?

学生自主选择方法比较,有通分或化成小数再比较的。

评析:从学生感兴趣的话题引入,根据他们已有的知识经验判断出姚明的投篮水平不可能低于校篮球队队员,引出要比较两个人投篮的水平除了投中次数外还要考虑投篮次数,由这两个量来决定。如果两个量中有一个量相等只要比较另一个量;如果两个量都不同,必须要看投中次数和投篮次数的比,从而引出两个数量的比。用两个数量的比来评价投篮水平是科学合理的。

二、 在激烈比拼中体会百分数的简便

师:通过刚才的学习我们知道了,只要看投中的比率,就能比出投篮水平的高低。如果老师现在给你的是投中比率(出示名单),你能又快又准地选出前三位队员去参加投篮比赛吗?现在请你当教练,分两组比赛,看谁能又快又准地选出前三位队员去参加投篮比赛。

第一组

姓名	投中率
严朱豪	$\frac{2}{3}$
李天豪	$\frac{12}{14}$
陈　彬	$\frac{7}{10}$
唐烨晨	$\frac{13}{20}$
王陆予	$\frac{5}{16}$
蔡天炜	$\frac{14}{25}$
王亦舟	$\frac{7}{17}$
何羽丰	$\frac{20}{32}$

第二组

姓名	投中率
金易能	$\frac{67}{100}$
周思祺	$\frac{55}{100}$
祈震宇	$\frac{40}{100}$
董千驰	$\frac{45}{100}$
夏皓晨	$\frac{60}{100}$
沈思涵	$\frac{27}{100}$
蔡天炜	$\frac{39}{100}$
黄　峥	$\frac{68}{100}$

1. 在学生比赛之前,先激发学生的斗志,树立取胜的信心。

2. 分组比赛,决出胜负。比赛结果选第二组的同学大获全胜。但学生发现比赛并不公平,选择第二组的同学马上能比出投篮水平的高低。

3. 学生提出反对,选择第一组的同学要求公平比赛,也要求把第一组的分数通分或者化成分母都是100的分数。

如果有更多的分数在比较,是通分简便还是化成分母都是100的分数比较简便?学生明确是后者更简便。

然后老师顺着学生的意思出示分母是100的分数。学生说出投篮水平前三名的队员。

第一组

姓名	投中率
严朱豪	$\frac{66.7}{100}$
李天豪	$\frac{85.7}{100}$
陈　彬	$\frac{70}{100}$
唐烨晨	$\frac{65}{100}$
王陆予	$\frac{31.3}{100}$
蔡天炜	$\frac{56}{100}$
王亦舟	$\frac{41.2}{100}$
何羽丰	$\frac{62.5}{100}$

第二组

姓名	投中率
金易能	$\frac{67}{100}$
周思祺	$\frac{55}{100}$
祈震宇	$\frac{40}{100}$
董千驰	$\frac{45}{100}$
夏皓晨	$\frac{60}{100}$
沈思涵	$\frac{27}{100}$
蔡天炜	$\frac{39}{100}$
黄　峥	$\frac{68}{100}$

4. 学生提出疑惑:分母是100的分数中,分子怎么出现了小数?老师顺势指出:分母是100的分数中,分子是不可以是小数的,其实这样的写法是不符合规范的。所以可以写成另外一种形式——66.7%。这就是百分数,读作百分之六十六点七,揭示课题。(板书:百分数)

5. 归纳得出百分数的意义和读写方法。

提问:$\frac{66.7}{100}$(66.7%)表示的是什么意思?

它表示的是投中的比率,也就是投中次数是投篮次数的百分之六十六点七。随机板书百分数的意义。(板书:表示一个数是另一个数的百分之几的数,叫作百分数)

追问:剩下的这些分数都表示一个数是另一个数的百分之几吗?所以都可以改写成百分数吗?

学生试做,全班交流。

6. 回到例题中追问:通分以后的这三个分数能化成百分数吗?并说一说它们分别表示的是哪个数量?是哪个数量的百分之几?让学生说一说实际含义。

评析:怎样让学生体会到改写成分母是100的分数便于统计和比较,一直是执教老师的困惑。针对这一困惑,我们设计分组比赛,第一组是任意的分数,第二组是分母都是100的分数。这样的设计有三层意思:第一,比赛结果是选择第二组分数的同学大获全胜,使学生明确了只要分母相同就能一下子比出大小来。第二,选择第一组的同学想怎样也可以一下子比出大小来?可以通分或者化成分母是100的分数,而当要比较的分数很多很多时,显然要找到公分母不是一件容易的事情,所以化成分母是100的分数更便于比较,这也是我们生活中约定俗成的。第三,化成分母是100的分数后,发现分子中出现了小数,这样就自然而然地引出了百分数。通过以上环节的设计,在比赛过程中让学生深切感到把分数改写成分母是100的分数(或百分数)是最便于统计和比较的,也使学生体会到百分数的分子可以是小数,所以它的运用更广泛。

三、让"试一试"帮助学生加深理解百分比和百分率。

自主完成教材P99中的"试一试"。

(1) 学校合唱队中,男生人数是女生的45%,则男生人数是女生的$\frac{(\quad)}{100}$;男生与女生的人数比是(　　):100。(沟通百分数与分数、百分比的关系)

(2) 六年级一班学生的近视率是20%。(先让学生说一说近视率的含义,再填一填,沟通百分数与百分率的关系)

四、全课总结

谈话:今天这节课我们学了什么?百分数表示的是什么?百分数它有什么优越的地方?

五、以梯度练习从易到难巩固拓展新知

1. 读一读,写一写。

(1) 读出下面的百分数:

114%,9.8%,100%,400%。

(2) 写出下面的百分数:

写出下面横线上的百分数。(P100 第2题)

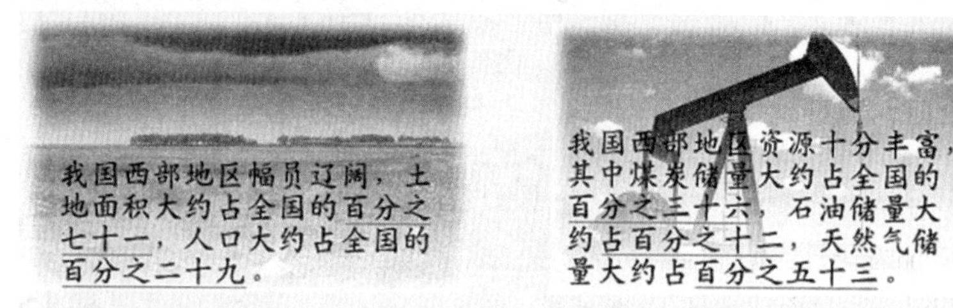

2. 看一看,练一练。

(1) P99 第1题。

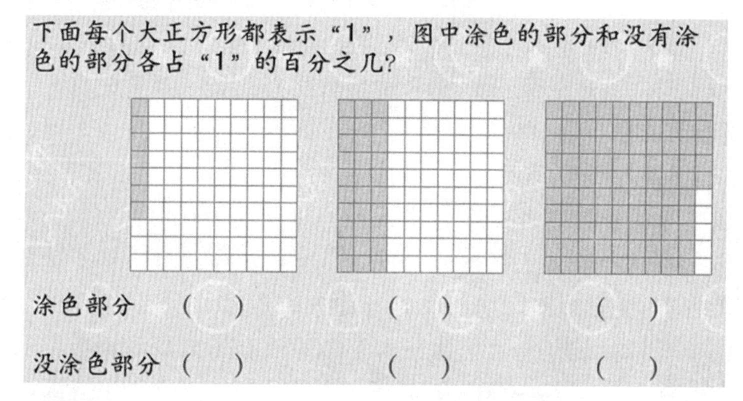

(2) 估算。

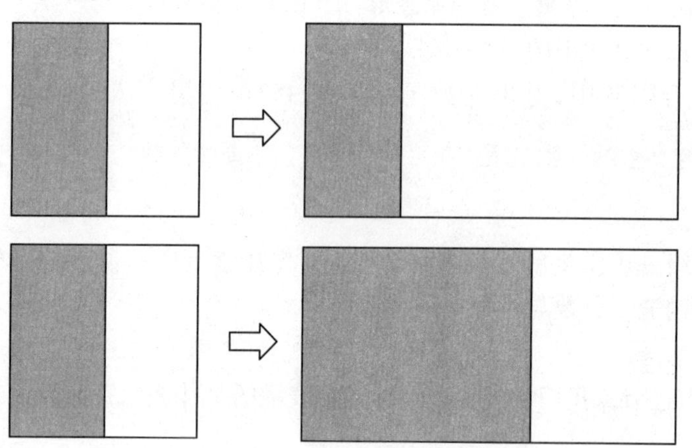

3. 想一想,说一说。

(1) 给出指定的百分数,说出百分数的意义。(P100 第1题)

(2) 课前学生收集了很多百分数,请说出百分数的意义。(自由交流)

(3) 说说成语中的百分数。

百发百中　十拿九稳　大海捞针　一举两得

4. 比一比,议一议。

(1) 下面哪几个分数可以用百分数来表示?哪几个不能?为什么?

① 一盒牛奶,小明喝了$\frac{19}{100}$千克,小军喝了$\frac{29}{100}$千克。

② 小明喝了一盒牛奶的$\frac{19}{100}$,小军喝了一盒牛奶的$\frac{29}{100}$。

出示第一题,提问:谁喝得多?为什么?

出示第二题,提问:谁喝得多?为什么不能比较?

追问:同样是分数$\frac{19}{100}$,它们有什么不一样?

讨论分数与百分数的联系与区别。

追问:哪些分数可以用百分数来表示?哪些不能?

得出结论:只有当表示一个数是另一个数的百分之几的时候,这样的分数才可以改写成百分数。(板书:可以用百分数表示)

(2) 判断:下面哪几个分数可以用百分数来表示?哪几个不能?(P100 第 3 题)

① 一堆煤$\frac{97}{100}$吨,运走了它的$\frac{75}{100}$。

② $\frac{23}{100}$米相当于$\frac{46}{100}$米的$\frac{50}{100}$。

评析:练习是数学教学的重要一环。它既是促进学生理解所学知识的重要途径,又是使学生掌握技巧的基础。设计"读一读,写一写""看一看,练一练""想一想,说一说""比一比,议一议"这些栏目,使得教学更有针对性、层次性、多样性和趣味性。

2.7.2 “求平均数”课堂实录与评析

一、自主探究，学习新知

(一) 两队人数相同,比总个数

1. 谈话:看一看这些小朋友他们在玩什么游戏?(套圈)

2. 提问:这是套圈情况的统计图,请你仔细观察这幅图,你知道了哪些信息?

(男生图数据为5,6,4,2　女生图数据为6,2,7,1)

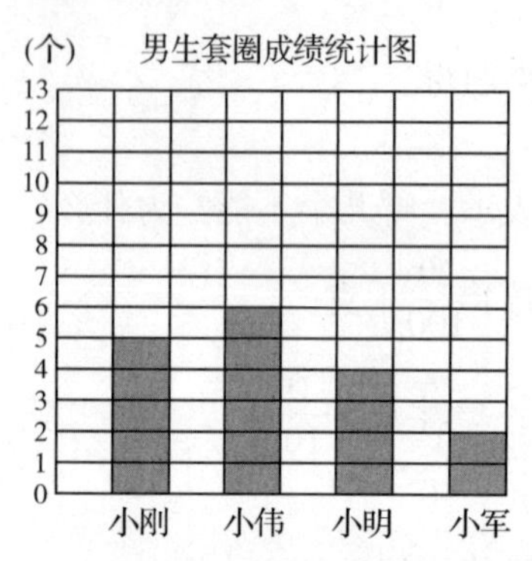

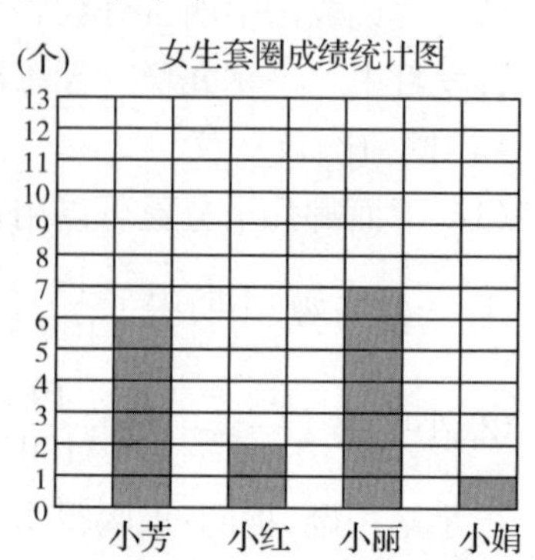

3. 提问:老师想知道,男生队成绩好,还是女生队成绩好?学生发表意见,有学生想到比总个数的方法,也有学生想到比最高分的方法,教师及时引导学生:现在比的是这两个队的总体水平,那么比什么更合适?

4. 小结:我们通过比什么可以比出哪个队成绩好?(比总个数)

看来比每个队套中的总个数就可以比出哪个队获胜,是吗?

老师边说边板书:总个数。

设计意图:在两队人数相同的情况下比较两队的比赛成绩,根据学生以往的经验,一般会想到通过比总数来判断胜负,但教学中出现了比最高成绩的情况。教师充分理解学生的感受,不同的比赛有不同的规则,学生受生活经验的影响有这样的想法很正常,教学中如果出现了这些想法,需要教师引导学生体会:一组数据中的个别数据不能反映两队的整体水平,一组数据中的个别数据不能反映其总体水平,所以比总个数比较合适。

(二) 两队人数不同,比平均数

1. 课件出示统计图。

2. 谈话:他们又进行了第二次比赛(出示统计图),现在哪个队获胜?

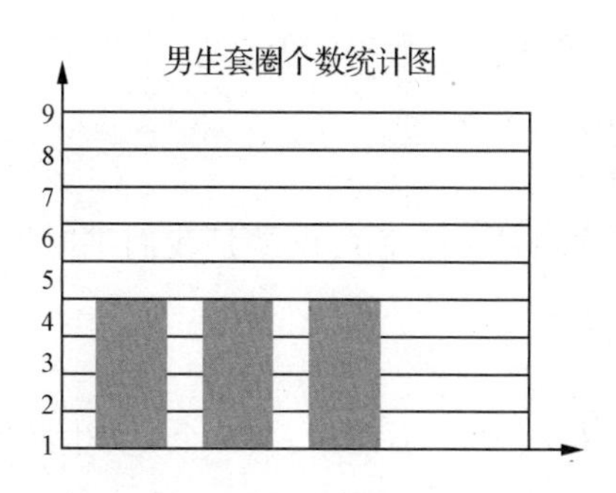

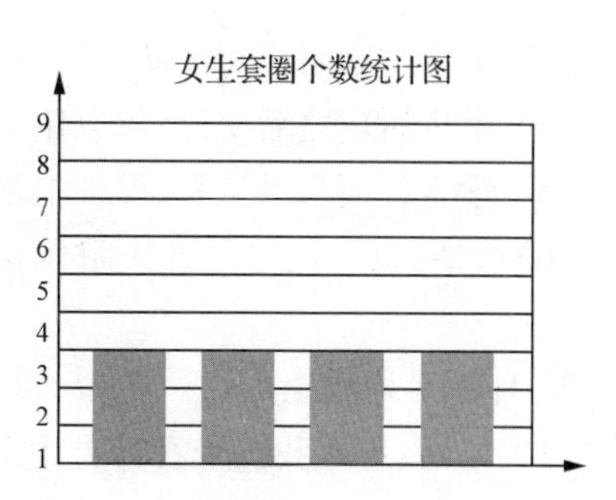

学生有不同意见：有的学生认为总数一样，两队平局；有的认为是男生队获胜；也有学生提出这样比不公平。

3. 教师追问：为什么现在比总数不公平？

4. 提问：那么在人数不相同的情况下，我们可以比什么？（比平均每人套中的个数）

教师板书：（平均）每人套中的个数。

男生队每人套中了几个？（4个），女生队呢？（3个）

哪个队获胜了？（男生队）

5. 小结：在人数不同的情况下，我们要比……学生接着老师的话说：平均每人套中的个数。

设计意图：由于受前一个情景的影响，学生很容易思维定式，得出错误的结论，在这种自相矛盾的情况下，启发学生自觉主动地思考：在人数不一样的情况下，怎么比才公平呢？这是学生发自内心想要解决的问题，抓住契机，激发了学生的心智。

（三）两队人数不同，比平均数，发现求平均数的方法

1. “移多补少”法。

（1）这是他们进行的第三次比赛。（出示第三幅统计图）

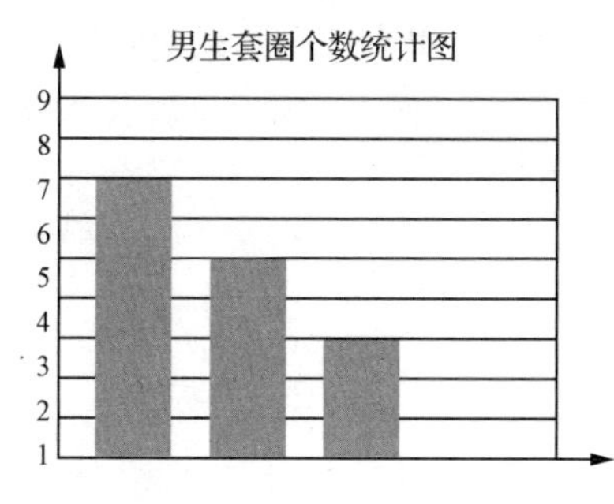

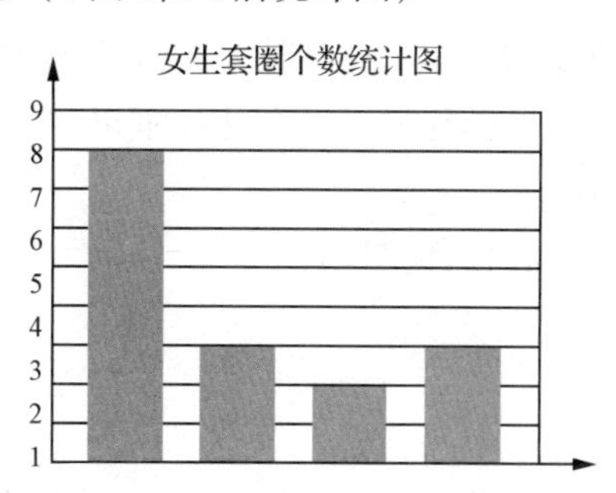

（2）谈话：现在比什么看哪个队获胜？（比每人套中的个数）为什么？（人数不一样多）

(3) 你能一眼看出每个队平均每人套中的个数吗？怎么办？

(4) 学生讨论之后交流：可以用移动的方法。

(5) 学生说明移动过程，课件上演示。

(6)谈话：我们把这种方法叫作移多补少(板书)，也就是我们平时所说的“匀”。

2. 理解平均数意义。

(1) 谈话：现在我们来看看男生队每人套中了几个？(5个)女生队呢？(4个)

哪个队获胜了？(男生队)

为什么说男生队赢了？

(2) 提问：为什么要加“平均”二字？能讲男生队每人都套中5个吗？

引导：实际上男生队有的同学套中的个数要比5个多，有的要比5个少，有的正好5个。

介绍：所以这个5表示的是男生队的平均水平(教师补充板书：平均)，在数学上，我们把它叫作“平均数”(板书：平均数)。

设计意图：通过三个情景的创设，学生能够深刻体会到当人数不同时，比较两者的获胜情况，应该比平均数更合适。通过生动、直观的“匀”，学生能够形象地理解平均数的意义。在此基础上的巧妙追问则使平均数的意义更加饱满、充满立体感。

3. “先合再分”法。

(1) 谈话：刚才我们是用什么方法求出平均数的？

(2) 出示情景图：

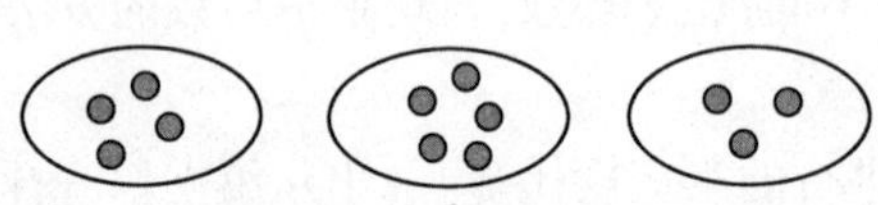

提问：你能用移多补少的方法求出平均每个盘里有几个苹果吗？

(3) 提问：下面也有几盘苹果，你能一下子移动吗？有信心吗？(学生显得非常有信心)

继续出示情景图：

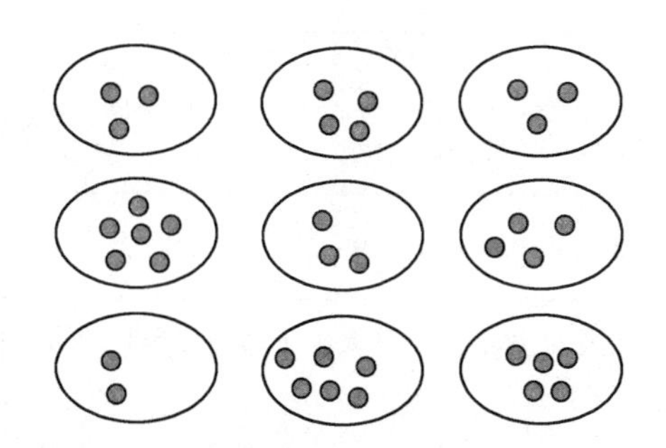

提问:为什么不能一下子移动呢?

看来,在什么情况下用移多补少的方法比较好?

那怎么办呢?

学生说可以先合起来再分(板书:先合后分)。

(4) 电脑演示先合后分的过程。

提问:能用算式来表示这个先合后分的过程吗?(学生说出算式)

教师补充:这种方法也用一个字概括,叫“算”。

4. 小结:我们已经学会用两种方法求平均数。

设计意图:巧设情景,使学生充分体会到求平均数的方法要因地制宜,使“先合后分”的一般方法来得很自然、贴切,不显突兀。

5. 理解平均数意义,认识平均数的取值范围。(重新出示前面套圈题)

(1) 你能用算的方法算出男生队平均每人套中的个数吗? 女生队呢?

学生列出算式分别求出男、女生平均每人套中的个数。

(2) 追问:为什么男生队要除以3,而女生队要除以4?

(3) 小结:如果已知总数和人数,怎样求平均每人套中的个数?

(4) 提问:男生队平均每个人套中5个,是不是每人真的套中5个? 谁超出了平均水平? 谁比平均水平低? 女生队呢? 平均数会超过全队的最高水平吗? 会不会低于全队的最低水平呢? 看来,平均数应在什么范围之间?

(5) 出示情景图:

运动员身高统计表

运动员	1	2	3	4	5	6
身高/厘米	131	136	138	140	141	142

提问:这些运动员身高的平均水平应在哪两个高度之间?

(6) 出示表格:出席今天会议的苏州市各区代表情况如下表:

地区	直属单位	昆山	太仓	吴江区	沧浪区	张家港	吴中区	平江区	金阊区	相城区	高新区	工业园区	常熟
人数	8	40	39	38	21	39	22	27	29	25	26	25	64

请估计一下平均每个地区多少人？（要求学生将估计的数据写在本子上）

等学生结束后提问：

（1）你估计的数据在 6～64 的请举手？

（2）你估计的数据在 20～40 的请举手？

（3）你估计的数据在 25～35 的请举手？也就是在 30 左右的请举手？

谁来说说你是怎样想的？

评价学生：

（1）已经确认平均数在最大数和最小数之间。

（2）这些同学观察很仔细，发现绝大多数的数据分布在 20 和 40 之间。

（3）这些同学的眼光最为精准，发现这些数据都均匀地分布在 30 左右。

出示平均数 31，表扬估计的数与平均数很接近的学生。

设计意图：充分开掘每一个素材的价值，在生动、直观的情景中使学生体会到平均数在一组数据中的位置，再次强化平均数的实际意义。

二、巩固练习，学以致用

1. 移动笔筒里的铅笔。（略）

2. 求几条丝带的平均长度。（略）

3. 求下面几组数据的平均数（口答）。

（1）2，3，4；（2）2，6，7；（3）501，507，504；（4）4，16，20，40；（5）2，4，6，8，10。

设计意图：学生在这一环节中思维被充分激活，一些学生还提出了极富想象力的算法，如在计算第三组平均数时，直接求出 1，4，7 三个数的平均数再加上 500 即可，并且在后续的求队列平均得分的情景中合理应用。

4. 游戏（三人报数）。（教师与两名同学参加，所报数字规定为 10 以内）

（1）两名学生先各报一数，教师再报一个数，其他学生口算平均数。

（2）两名学生先各报一数，教师要求三个数的平均数是 5，其他学生报出第三个数。

（3）教师先报一个 5，要求其他两名学生商量一下，报数后保证三个数的平均数是 5。

其他学生以同桌为一组进行游戏。

(4) 师:三人所报数的平均数是5,两名同学所报数都比5大,故老师报的数一定要比5(　　),为什么?

设计意图:一个紧凑的小游戏,使求平均数的知识得到极大的拓展,学生兴致盎然、思维活跃。在尽情"玩"的过程中,思维层次再跃一个新台阶。

5. 明辨是非。

谈话:三个数的平均数是5,这三个数一定都是5吗?小明懂这个道理吗?

(1) 小明身高145厘米,在平均水深为110厘米的池塘中游泳,没有危险。

(2) 三(2)班平均每人为希望工程捐款10元,每人一定都捐了10元。

(3) 平均身高为160厘米的篮球队员中,不可能有身高为155厘米的队员。

(4) 平均身高为160厘米的篮球队员中,可能有身高超过160厘米的队员。

6. 求三(1)班运动会开幕式队列平均得分。(机动)

开幕式队列评分表

评委	1	2	3	4	5	6	7
得分	91	92	93	94	92	98	94

(1) 计算平均得分。

(2) 去掉最高分与最低分,计算平均得分。

四、全课总结

(略)

总评:优选情景设疑激趣、巧设冲突衔接教学、充分挖掘学材价值、精心组织问题发问、课堂充满认知张力,这无疑是执教此课的最大特色。在不长的四十分钟内,学生对平均数这一概念的理解可谓丰富、立体、全方位、多层次。在全面、充分理解的基础上,学生解决问题的能力也得到了极大的发展,思维层次也完成了一次新的跃升。纵观全课教学,充分显示了教师对教材的深刻理解、对课堂的精彩掌控,也充分体现出课堂的简约之美、和谐之美。

2.7.3 "认识千克"课堂实录与评析

【教学内容】

教材三年级上册第28—30页,例1以及后面的"试一试"和"想想做做"。

【教学目标】

1. 结合生活情境，感受并认识质量单位千克，初步建立千克的质量观念。

2. 通过实践活动，了解用秤称物体质量的方法，提高估测能力和解决实际问题的能力。

3. 体会数学与生活的密切联系，体验学习数学的乐趣。

【重点与难点】

重点：通过多种方式建立千克的观念。

难点：在建立千克的表象基础上，能够估测常见物体的质量。

【课堂实录】

一、创设情境，导入新课

1. 出示跷跷板图。

师：同学们，你们喜欢玩跷跷板吗？看，小熊和哥哥也在玩跷跷板呢。

问：从游戏中你知道了什么？

小结：是呀，在生活中，人或物品都是有轻重的，有的轻一些，有的重一些。

2. 出示红枣和薯片。

师：这是小朋友喜欢吃的薯片，这是老师喜欢的红枣，哪袋重一些？你来猜！

问：用什么办法验证你的猜测呢？（称、掂等）

3. 掂一掂。

指定两人掂一掂。（板书：掂一掂）

4. 师：我们用掂一掂的方法知道红枣比薯片重一些，如果要知道枣子和薯片究竟有多重，我们应该用哪种方法？称一称。这时就要请谁来帮忙了呢？

评析：从跷跷板游戏中获得物体轻重的感性认识，由此比较两袋食品的轻重，引出“掂一掂”和“称一称”的比较方法，不仅合乎情理，而且能有效激活学生的生活经验。

二、沟通生活，认识常见秤

1. 提问：生活中你见过秤吗？你在哪里见过什么秤？它通常用来称什么？

2. 师：今天老师也带来了一些秤，让我们一起欣赏。（杆秤、磅秤、天平、弹簧秤、盘秤、电子秤、体重秤、电子体重秤，一边出示课件一边介绍相应的秤）

3. 师:刚才我们欣赏的都是一些常见的秤,都可以用来称物体有多重。今天我们主要来认识这种经常使用的秤:盘秤。(齐读)

4. 认识盘秤。

(1) 说明:上面的盘子叫作托盘,它是用来放要称的物品的,下面的圆盘叫作刻度盘。

(2) 师:仔细观察桌上这台盘秤的刻度盘,你都看到了什么?(学生自主发言)

(3) 师:老师把刻度盘放大了,你看到了什么?(有数字,一根指针,字母kg)

(4) 过渡:小朋友观察得真仔细!

评析:认识常见的秤时,教师相机要求学生说说“它通常用来称什么”,不仅能使他们对相关秤的作用有更清晰的认识,而且能使他们在此过程中进一步积累区分物体轻重的经验。

三、动手操作,认识1千克

师:我们已经认识了盘秤,想不想用它来称一称这袋红枣有多重呢?请你们一边称一边观察这袋红枣放上托盘之前和之后,秤面上的指针是怎样变化的?

生:放上之前指针指着0,放上之后指针指着1。

启发:从这种变化中你知道了什么?请和小组里的同学说一说。

师:刚才这位同学说的“1斤”,“斤”的确是我国常用的一个质量单位,用来表示物品有多重。老师手里这瓶水正好是1斤,现在我把它放在秤上称一称,看指针是不是指着1?怎样才能让指针指着1?(再放1瓶)现在是两瓶水,是几斤?2斤,指针正好指着“1”,那么“1”什么呢?今天我们一起来认识这个重要的质量单位——千克。称一般物品有多重,常用千克作单位(这句话板书,齐读)。千克又俗称公斤。1千克=1公斤=2斤。千克的英语是kilogram,因此用符号kg表示千克。其实刚才小朋友们已经发现了这个符号,现在知道这个符号就表示千克。

揭示:现在大家知道,这两瓶水重1千克,这袋红枣重也是1千克。如果在托盘上放2袋红枣,指针会指着几?是几千克?如果放4袋呢?也就是说指针指到几就是几千克。你能看出这台秤最多可以称多重的物体吗?

评析:“千克”虽是生活中常用的质量单位,但对于三年级的孩子来说,“千克”是一个非常陌生和抽象的概念。在现实生活中,他们听到或用到最多的质量单位是“斤”,有时是“公斤”,而不是千克。在这个环节中,有同学说“1斤”时,教师及时地抓住了课堂上生成的资源,有效地沟通了“斤”“公斤”

以及“千克”之间的关系,即“2 斤就是 1 公斤,也就是 1 千克”。“1 斤”是课堂上的生成,其实也可以是预设,因为根据学生的学习起点和生活经验,“1 斤”的出现是大概率事件。

四、动手感悟,内化 1 千克

1. 掂一掂。

师:我们知道了一袋红枣重 1 千克,那 1 千克究竟有多重呢? 每组 1 号同学和老师一样左手掂一掂,右手掂一掂,闭上眼睛,再掂一掂;然后给 2 号同学,我们轮流掂一掂,体会一下 1 千克有多重。

评析:“1 千克究竟有多重”是本课要解决的重点,学生掂的是老师课前准备好的 1 千克枣子,这 1 千克的枣子就是一个标准,是孩子们第一次接触到 1 千克。也正是在这个“掂”的活动中,孩子们的肌肉第一次对 1 千克做出了反应。

苏霍姆林斯基说过:手和脑之间有着千丝万缕的联系,手使脑得到发展。在孩子的肌肉对 1 千克做出反应的过程中,1 千克的表象也随之在其头脑中初步建立。

2. 找一找。

(1) 师:1 千克有多重,你记住了吗? 那就请小朋友露一手啦! 每组的工具箱里有好多东西,要求不能用秤称,只能用手掂,你们能找出重 1 千克的东西吗?

(2) 让学生找,轮流掂一掂、拎一拎。

(3) 同学们把找到的 1 千克的物品举起来。

(4) 组长负责,和相邻两桌交换后再轮流掂一掂、拎一拎。

(5) 逐组交流、称一称验证。

生 1:我们找到 1 千克彩虹糖。

生 2:我们找到 1 千克洗衣粉。

生 3:我们找到 1 千克黄沙。

生 4:我们找到 1 千克棉花。

师:这一小袋黄沙是 1 千克,这两大袋棉花也是 1 千克,你们信吗? (称一称)这两袋棉花和一小袋黄沙都是 1 千克,这说明了什么呢?

指出:不同的物体,虽然都是 1 千克,大小有可能是不一样的。

评析:通过“掂一掂”这个环节,学生虽说已初步建立了 1 千克的表象,但这个表象还是较为肤浅和模糊的。新课程标准指出:有效的数学学习活动,不能单纯地依赖模仿和记忆,动手实践、自主探索与合作交流是学生学习数学的重要方法。

在“掂一掂”后教师让学生从工具箱的许多物品中找出 1 千克的其他物品，找到后小组里的同学再轮流掂一掂。教学中发现，有个别组的同学依托一袋 1 千克的红枣找到了 1 千克的其他物品，更多组的同学则是通过掂直接辨别出 1 千克的其他物品。如果“掂红枣”是一种模仿和记忆性活动的话，那么在这个“找一找”的过程中，学生有方法、有比较、有辨别、有选择，这是“掂一掂”的完美补充，是更进一层的活动体验。当各组都找到 1 千克的物品后，教师要求相邻两组交换 1 千克的物品，组员再轮流掂一掂。将“找一找”最终落实到交换后“掂一掂”，这个交换掂的活动，充分利用了有限的素材，使学生增加了体验 1 千克的机会。

通过“掂一掂”“找一找”以及再“掂一掂”，学生的肌肉对 1 千克的感知更敏感更准确了，此时他们对“1 千克究竟有多重”已经形成了较鲜明的感性认识。

（6）大约 1 千克。

师：刚才有一组找到的是 1 千克红豆，有一组找到的是 1 千克大米，你们掂下来，这袋红豆和这袋大米是一样重的吗？请另外两组各派一个代表掂一掂。

师分别放在秤上称一称。

学生观察得到：一件物品称重时指针超过 1 一点，比 1 千克多一些；而另一件则指针不到 1 一点，比 1 千克少一些。

师：比 1 千克多一些或少一些，都是大约 1 千克。怎样使口袋里的大米正好变成 1 千克？（动手调整）

3. 称一称。

（1）活动说明：同学们，你们真了不起，能从这么多东西中找出 1 千克的物品。老师还给每组准备了不同的物品。第一组是果冻，第二组是小点心，第三组是牛奶，第四组是新华字典，第五组和第六组是苹果。我们已经知道 1 千克有多重了，现在要求不能称，大家能不能从篮子里取出大约 1 千克的这种物品装在口袋里呢？1 号小朋友、2 号小朋友负责装，装在口袋里后互相拎一拎。每人都拎过了吗？有的同学已经跃跃欲试了，你们想做什么呢？我们来验证一下小朋友估得准不准。

要求：每组的 3 号小朋友负责称，重了就（拿掉些），轻了就（加上些），其余同学观察指针的变化，称好之后，每个人再轮流拎一拎这一千克的物品，再次感受 1 千克有多重。4 号、5 号负责数一数 1 千克有几个这种物品，6 号小朋友负责填好作业纸准备汇报结果。请 3 号小朋友站出来，开始吧！

（2）小组活动。

（3）各小组汇报交流。

6号小朋友把记录表贴到黑板上，各组汇报，1千克的果冻有几个，牛奶有几瓶，新华字典、数学书各有几本。

称苹果小组1：那1千克的苹果大约有多少个呢？学生汇报是7个；

称苹果小组2：你们小组称的也是苹果，结果怎样呢？学生汇报是4个。

（4）启发：咦，同样都称的是1千克的苹果，一组称的是4个，另一组称的却是7个。请学生交流想法。

（5）小结：都是1千克的苹果，单个苹果重一些，数量就少；单个苹果轻一些，数量就多。

评析：我们可以用手比画1厘米或1米的长度，却无法用手势或语言来描述1千克究竟有多重。质量单位不像长度单位那么直观，不能靠眼睛观察得到，只能靠肌肉感觉来感知。掂一掂、找一找、掂一掂等操作活动让学生感受和体验了1千克的轻重。如何让孩子把这种看不见、说不清的"感觉"用语言表达出来，在头脑里形成更加清晰的、亲切的概念，也是教师在本课中努力想做到的。

教学中教师是分三个层次展开的。第一层，让学生按组从工具箱中取出大约1千克的物品装在口袋里，拎一拎。有了掂、找的感性认识后，多数学生能找出大约1千克的物品。第二层，用称一称的方法验证自己装的是否接近1千克，这是学生用理性的方法验证自己的感性认识。第三层，数一数1千克的物品分别有多少个。通过操作发现，1千克大约有29个果冻，有16块点心，有4盒牛奶，有4本新华字典，有2瓶矿泉水，有3个大苹果，有7个小苹果。这时，再让学生闭上眼睛记一记。经过估、称、数等活动，孩子们再次感受和体验了1千克有多重，收获了不一样的1千克。在他们的心里，1千克一定是丰富的，是多彩的。如果再问他1千克究竟有多重，我们有理由相信，他们会用自己的语言和经验去描述它了。比如，4盒牛奶重1千克，2瓶矿泉水重1千克等。

在"称一称"这个环节，从"动作思维"到"表象"再到"抽象思维"，这个活动中积累的经验和认识，必然使学生获得的"1千克"的概念更清晰，也更容易保持和提取。

4. 估一估。

（1）（同学们都吃过鸡蛋吧）提问猜测：你能估一估多少个这么大的鸡蛋大约重1千克吗？你是怎么估的？启发学生根据前面称果冻、称苹果的经验合理估计。

（2）引导：跟1千克果冻个数差不多，肯定比1千克苹果个数多，原来你们的估计是有方法的！

（3）提问：这些都是同学们的猜测，到底有多少个？我们一起来称一称、数一数。

（4）师生共同配合操作称鸡蛋。

（5）小结：一般像这样大小的鸡蛋，1 千克大约有 15 个或 16 个。如果小一些的鸡蛋，那 1 千克可能是 17、18 个。如果是大一些的鸡蛋，那 1 千克也许只有 13、14 个。所以估计十几个的同学都很棒！

评析：当学生积累了 1 千克的丰富认识后，教师设计了"猜猜 1 千克鸡蛋大约有多少个?"这个问题，请同学们估一估，把自己的想法和小组里的同学说一说，最后再称一称，验证自己估的情况。在交流估一千克有几个鸡蛋的方法时，学生的思维非常活跃。称小苹果的同学说，觉得一个鸡蛋比他们组的一个苹果要轻，所以个数要比苹果的个数多，大概 12 个；称小点心的同学说，觉得一个鸡蛋和一个小点心差不多重，所以猜 15 个。由于有了刚才称和数的活动经验，估 1 千克鸡蛋个数时，孩子们很自然得会参照称过的物品个数进行推算。在"估一估"的过程中学生的推理能力也得到了相应发展。

推理能力是一种重要的思维能力，数学思维的形成又离不开判断、推理。小学生是依赖自己的生活经验模仿着对事物进行初步的判断和简单推理的，所以在教学中教师要努力使学生通过操作、观察获得直观表象，让他们在表象感知的基础上进行判断和推理。

5. 说一说：大家都已经掂过、称过了 1 千克的物品，并且数过 1 千克有几个，请大家再看一看，闭上眼睛记一记。

四、估一估，认识几千克

（1）谈话并操作：拎一拎这本数学书比 1 千克怎么样？这块橡皮呢？比 1 千克怎么样？搬一个我们的凳子，比 1 千克重还是轻？大约重几千克？猜得最准的同学有奖！拎一拎我们的书包大概有多重？先估一估，跟小组里的同学说一说，最后再称一称，看谁估得最准。

（2）老师在这个口袋里装了 6 袋洗衣粉，估计一下大概有多重？如果装 60 袋呢？（30 千克）我们班有小朋友重 30 千克吗？课后可以去抱抱他。

（3）过渡：千克在我们的生活中应用很广泛，你在什么地方见到或用到过千克？下面我们就一起走进生活，解决一些关于千克的数学问题。

评析：对"大约几千克"的讨论，一方面有利于学生更好地掌握描述物体轻重的方法，另一方面也能为进一步的估计活动奠定基础。

五、运用知识，解决生活问题

1. "蔬菜区"里的数学。

我们首先来到超市的“蔬菜区”。看一下白菜、南瓜、冬瓜。

(1) 出示白菜图,提问:这是一颗大白菜,你知道它重几千克吗?

(2) 出示南瓜图,如果有学生说4千克,你们有不同意见吗?你为什么这样说?指针超过4一点点,并不是正好是4千克,当称出的结果不是整千克时,可以看它接近几千克,接近几千克就是大约几千克。

(3) 出示冬瓜图,提问:你是怎么知道它重8千克呢?这是我们比较常见的电子秤。

2. 理解“净含量”。

我们继续逛,老师看到了这袋盐水鸭。

(1) 这袋盐水鸭多重呀?你怎么知道它重1千克呢?有谁知道“净含量”表示什么意思吗?

介绍:净含量是指包装袋内物品的实际重量。

追问:如果把这袋盐水鸭放在台秤上称,指针是不是就指在1千克上呢?为什么?

(2) 提问:这袋大米实际有多重?你知道它是哪里生产的吗?

介绍:泰国也是用千克作单位的,其实美国、日本各国都是用千克作单位,千克是国际上通用的单位。但是在日常生活中,各个国家还有自己习惯使用的质量单位。比如,英、美两国使用磅,英制的盎司,我国曾采用的市斤、两等。

3. 理解“载重量”。

(1) 提问:你们乘过电梯吗?一般电梯上都有类似“载重量”这样的标志,你知道“载重量”表示什么意思吗?

介绍:“载重量”是指电梯能负担的最大重量,一旦超过这个重量,电梯就会发出报警。

(2) 想一想:以刚才这样一袋10千克的大米做标准,这个电梯最多能运送多少袋这样的大米呢?这个电梯大概能乘坐13个成年人。如果是小朋友呢?

(3) 汽车、轮船、飞机以及一些运输工具都有载重量的规定,装载的人或货物的质量在规定的载重量之内才是安全的。

(乘坐火车、飞机的旅客可以随身携带物品或者免费托运行李。乘坐火车时,成人可免费携带20千克的物品,儿童只能免费携带10千克的物品。乘坐飞机时,根据仓位的不同,分别可以免费托运行李20千克、30千克或40千克;而随身携带的物品除了有大小规定外,总重量不能超过5千克)

评析:对“净含量”“载重量”的讨论既能拓宽学生的知识视野,又能激活他们在日常生活中所积累的对物品轻重的体验。

六、总结提升，师生总结

过渡:看来生活中处处有数学。通过今天的学习,大家有什么收获？引导总结:

1. 一般物品有多重,常用(千克)作单位,千克可以用字母(kg)来表示,生活中我们经常把千克称作(公斤),1千克=1公斤=2斤。

2. 刚才我们称了许多物品,知道了一千克大约有几个。16个鸡蛋的重量约为1千克,29个果冻的重量也大约是1千克,4本新华字典的重量、16包点心、3个大苹果或8个小苹果的重量约为1千克。

3. 要知道物品有多重,可以用“掂一掂”“估一估”或“称一称”的方法。哪种方法最精确？

4. 我们称了很多物品,小朋友喜欢的薯片还没有称,我们也来称称看吧,出示秤面,薯片究竟重多少呢？我们下节课继续学习。

评析:“认识千克”一课中,学生的操作活动——“掂”“找”“称”“估”,层层递进又互相渗透,在这些活动中,学生获得了鲜明、生动、形象的“1千克有多重”的感性认识,并在此基础上抽象概括,用他们熟悉的、亲切的方式描述出了1千克的轻重。

心理学家皮亚杰说过:儿童的思维是从动作开始的,切断动作与思维的联系,思维就不能得到发展。中国有句古话:纸上得来终觉浅,绝知此事要躬行。在教学中,教师要根据教学内容和学生的认知特点,设计操作的方法和程序,让学生真正做到手脑并用,在做中学,在学中做,提高学生的思维发展水平。

七、练习讲评，及时反馈

机动:学生完成“补充习题”部分题目,集体交流订正。

2.7.4 “认识中位数”课堂实录

【教学内容】

教科书第80—81页,例3、例4,完成“练一练”及练习十六第2、3题。

【教学目标】

1. 使学生结合具体实例,初步理解中位数的意义,会求一组简单数据的中位数,能根据具体问题选择合适的统计量表示某一数据在一组数据中所处的位置。

2. 使学生能在初步理解中位数的过程中,进一步体会数据对于分析问题、解决问题的作用,感受与同学交流的意义和乐趣,逐步建立统计观念。

教学重难点:选择适当的统计量表示有关数据的特征。

【教学准备】

1. 课件;2. 学生了解自己一分钟跳绳成绩。

【教学过程】

课前活动:请班上两个力气大的学生比赛掰手腕。

一、由比赛导入,重温对“总数”“平均数”这两个统计量的认识

1. 课前老师了解了你们一分钟跳绳成绩,请这两组学生(人数相同)起立,如何比较这两个小组学生跳绳的整体水平哪个组更好些?可以比什么?(引导学生体会在人数相同的情况下,比总数或平均数都可以)

2. 如何比较这两个小组(两组学生人数不同)学生跳绳的整体水平哪个组更好些?可以比什么?(引导学生体会在人数不同的情况下,只能比平均数,这样才公平公正)

3. 教师小结:比较两组学生的整体水平哪个组更好些,如果人数相同,既可以比平均数也可以比总数;在人数不同的情况下,只能比平均数。(板书:平均数更公平)

二、学习探究

(一) 创设认知冲突,初步感悟中位数的用途

1. 如果要评价某个学生的跳绳成绩在这一组中所处的水平,你会评价吗?课件出示:

李明	林汉	黄宏	周凯	张峰	赵军	孙齐	姚平	朱刚
115	106	96	107	98	92	97	92	88

(平均数:99)

谁来评价一下张峰同学,他处于怎样的水平?你是怎样想的?

(估计学生会得出中上水平,因为张峰名列第四名,所以是中上水平,教师可结合学生回答将这些数据按从大到小的顺序排列)

2. 课件再出示:

(1) 现在谁再来评价一下张峰同学的水平,你认为是中上还是中下?你是怎样想的?

学生根据上面的判断方法一致得出:张峰成绩比平均数低,是中下水平。

(课件再出示全组学生成绩,可能学生看了数据后有反响)教师追问:你们有什么想法?学生认为是中上水平,因为张峰名列第四。

学生两种意见调整,最后统一成:虽然张峰比平均数低,但在9个人中处于第四名,所以在这组同学中处于中上水平。

(2) 教师追问:你们认为他是中上水平,那究竟是跟谁比较得出是中上水平的?

引导学生体会到是跟处于最中间的孙齐比才得出这个结论的,如有学生弄不明白,教师可追问:那姚平处于什么水平?林汉呢?直到学生发现是与最中间的孙齐比为止。

3. 教师揭示:像这样一组数据中处于正中间的那个数,我们称它为:中位数(板书)。

4. 那你会找一组数据中的中位数吗?

(课件出示:15 18 21 24 1000)

学生很快找出中位数是21。

(课件再出示:2 34 30 28 46 43 15 19 21)

学生一下子找不到,也有学生起立回答后有错,教师追问:为什么这次慢了?引导学生体会到因为数据没有排列好,要按从大到小或从小到大的顺序排列好,才能找到正中间的数是中位数。

教师追问:刚才认为排在正中间的数是中位数这句话不严密,应该是怎样的数据?引导学生体会应该是在一组有序排列的数据中,正中间的那个数才是中位数。所以要找中位数,必须先排序。

5. 巩固:继续找中位数。

(1) 0.9 1 1.3 1.2 1.4

(2) 45 48 99 52 51 16 15

(3) 4 1 5 7 8 6

当学生完成第3题有困难时,教师追问:为什么找不到正中间的那个数呢?再引导学生:现在你认为中位数是几?中位数在什么数与什么数之间?

教师追问:刚才一下子找到中位数,现在为什么要算呀?

引导学生总结:在什么情况下可以直接找到中位数?在什么情况下需要找中间两个数再算出中位数?

巩固两题:找偶数个数据的中位数。

(二) 寻求变化,在变化中寻求策略

1. 课件出示条形统计图:

小军	小汉	小明	小齐	小凯	小刚	小峰
108	106	102	101	97	96	90

(平均数:100)

问:中位数是多少?估计一下,平均数大概是多少?

2. 现在评价小明处于怎样的水平,他与什么比?引导学生发现:现在平均数与中位数很接近,小明的成绩既可和平均数比,也可和中位数比,都合理。

3. 把这组数据中的最大数108改成129,其他数据不变,追问:现在谁再来评判小明,他处于怎样的水平?引导学生发现:要判断是中上还是中下,与中位数比都合适,但与平均数比不太合适。

4. 如果把这组数据中的最大数再变大,变成157,谁来评价一下现在谁与平均数比也不合理了?在这里是谁在作怪?引导学生体会:小军的数值增加了,平均数也在提高而中位数没有变,所以小明的成绩比中位数高但比平均数低。评价像这样处在这段区域的学生的水平与平均数比就不太合理了。

5. 将小军数据再变大,追问:现在谁在变?(小军)还有谁也在变?(平均数)

6. (课件上数据回到原始数据)问:如果其他不变,将小峰的最小数90再变小(课件上连续变小两次),这时评价小凯的水平,应该和谁比?两次变化,是谁在作怪?揭示:在一组数据中,其他数据比较接近,有个别特别大或特别小的数据,称为极端数据。

7. 出示三张表:通过刚才的讨论,同学们是否发现在这种情况下与平均数和中位数比都合理,是图中哪张表?另外两张呢?引导学生体会到出现了极端数据,影响了平均数,使平均数和中位数差距变大。(板书:差距变大)

三、巩固练习

1. 给你一组数据,你能判断与哪个统计量比,比较合理吗?

(1) 课件逐一出示:

小军	小汉	小明	小齐	小凯	小刚	小峰
182	112	110	106	102	100	98

中位数:106　　平均数:115.7

(2) 课件逐一出示:

小军	小汉	小明	小齐	小凯	小刚	小峰
114	120	109	121	103	113	105

中位数:113　　平均数:112.1

(3) 课件逐一出示:

小军	小汉	小明	小齐	小凯	小刚	小峰
110	106	98	102	100	40	32

中位数:100　　平均数:84.1

2. 在教材上"练一练"。

(1) 要求学生独立求出这组数据的中位数。(中位数:84)

(2) 提问:6号同学的家庭住房情况在这组同学中处于什么位置?你觉得与哪个统计量来进行比较更合适?

(3) 猜想这组数据的平均数比中位数高还是低?

学生讨论后,小结:因为这组数据中有两个数远远小于其他的数,所以造成平均数比中位数低得多。

3. 练习十六第2题。

(1) 出示课件,让学生求出表中八架飞机飞行时间的中位数。(中位数:24.5)

(2) 提问:你觉得这组数据的中位数与平均数会比较接近还是会相差比较大?(相差较大)你是怎么判断出来的?(有极端数据)我们来验证一下。

(3) 提问:为了使中位数与平均数更接近一些,要求一架飞机不飞,你会选择让哪架飞机不飞?(A飞机)

4. 拓展延伸。

A. 歌唱比赛

(1) 出示题目,提问:你知道一般是用什么方法计算出选手的最后得分的?

(2) 为什么要去掉一个最高分和一个最低分,你能用今天所学的知识来解释一下吗?

(3) 小结:去掉一个最高分和一个最低分的算分方式比较科学、公平。

B. 跳远比赛

出示:一次跳远比赛中,小华和小明跳远成绩如下表:

小华:

次数	1	2	3
成绩(米)	4	4.4	4.3

小明:

次数	1	2	3
成绩(米)	3.9	4.6	4.1

你知道跳远比赛中裁判会判谁赢吗?

揭示:跳远比赛中一般是看最高成绩的。

小结:在实际生活中,我们往往要根据实际需要和具体数据来选择合适的统计量。比如,要评判两个组中哪个组的成绩更好些,一般是比平均数;如果要看某一人在一组中所处的水平,如果平均数和中位数比较接近,那么和中位数比总是合适的,和平均数也合适;如果平均数和中位数相差比较大,那么和中位数比还是合适的,但和平均数比就不太合适了。如果评价某人的跳远成绩,那就要看他的最高成绩了。所以要根据实际需要和具体情况来选择合适的统计量。

C. 填数游戏

(1) 老师课前了解到我班同学的跳绳成绩大都在100~110,现在有这样6个学生的成绩:

100　103　104　106　107　110

如果再加一个学生的成绩是111,那么现在的中位数是多少?

(2) 如果要使中位数变成104,要加一个怎样的成绩?

学生体会到要加比104小的成绩,如102。

(3) 如果老师加一个102,变成:

100　102　103　104　106　107　110

现在要使中位数变成103.5,还要加哪个成绩?自己感觉可以加进去的学生举手。追问:这些成绩有什么特点?

(4) 留原来6个数:

100　103　104　106　107　110

左手表示中位数,右手表示平均数,变其中一个数,将110变成180,哪个手在动?应该怎样动?或者将其中一个数100变成50,那么哪个手在动?应该怎样动?这时要评价某个人的成绩处于怎样的水平,与中位数比怎样?(都合适)与平均数比呢?有时可能合适,有时可能不合适?那怎样的成绩与平均数比不合适?谁来老师这儿指一指,这样的数在哪里?(引导学生体会:在平均数与中位数之间区域的数与平均数比不合适)

四、全课总结

今天主要学习了什么内容?怎样求中位数?什么情况下与平均数比不合适?

认识中位数教学的设计意图

中位数是统计教学中3个统计量之一，学生之前已经认识了平均数，对平均数认识理解比较透彻，但对为什么要学习中位数，在什么情况下需要使用中位数，不仅学生，连教师在认识上也有一定的偏差。有不少教师认为：如果一组数据中有极端数据，就要和中位数比，不能和平均数比，如果没有极端数据，就既可和平均数比也可和中位数比。所以如何纠正这种偏见，如何让学生、老师认识到中位数的产生需要，是值得深入思考的问题。我设计了以下五个教学环节：

一、比赛导入，感悟平均数的适用范围

由于是六年级学生，又借班上课，生怕学生比较拘谨，所以设计了课前进行掰手腕的比赛，既活跃了气氛，又让学生在比赛活动中体会任何比赛都是有规则的，比赛中裁判是要公平、公正的。

再设计了比较两组学生跳绳成绩水平，让学生复习巩固，重温对“总数”“平均数”这两个统计量的认识，通过这样的学习活动，使学生体会到：在人数相同的情况下，要比较两个组的整体水平，可以比总数也可比平均数，在人数不同的情况下，只能比平均数，比总数就不公平了。

二、设置认知冲突，初步感悟中位数的用途

富有挑战性的问题能打破学生的认知平衡，产生认知冲突，从而激起学生的探究欲望。如何让学生体会到要使用中位数，感受到学习中位数的需要，为此我提供一些材料，设置一些矛盾冲突，让学生在认知冲突中感悟中位数的作用。先出示比赛成绩比较接近的一组数据，学生按原来的认知基础，很容易想到：评价某一人在一组数据中所处的水平可以和平均数比，得出某人在一组数据中所处的水平是中上还是中下；接着只出示某个学生的数据和平均数，让学生猜这个学生在这组学生中的水平是中上还是中下，学生思维定式，教师故意煽情，学生再次和平均数比；接着教师出示整组学生成绩，引发学生的认知冲突，学生发现某一学生的成绩比平均数低但排名是第四，这时如果和平均数比就不合适了，必须要有一个新的统计量作为评价的标准，于是引导学生认识中位数，中位数的介入是学生学习上的需求。

三、经历找中位数的过程，感悟中位数的本质内涵

找中位数对学生来说不是很难的事情，但如何更好地通过找中位数既掌握找的方法，又能感悟中位数的本质内涵呢？我设计了三个环节，第一个环节:找已排序的奇数个数据的中位数,学生很容易找到,处在正中间的那个数就是中位数。第二环节:找没有排序的奇数个数据的中位数。当出示没有排序的数据时,部分学生由于思维定式,只看表面现象找到这时正中间的数,马上有学生质疑,在质疑的过程中,学生强烈地感悟到:要找中位数,必须先排序。第三个环节:找偶数个数据的中位数,在“找不到”的过程中,引导学生感悟到偶数个数据不能像奇数个数据那样找正中间的那个数,从而引导学生发现找偶数个数据的中位数的方法。欲擒故纵,教学活动一波三折,学生屡屡上当,在上当感悟再上当再感悟的矛盾情境中,激发了学生的学习兴趣,提升学生对中位数本质内涵的理解。

四、不断变化,在变化中感悟中位数与平均数的适用范围

本节课的难点就在于在什么情况下选用哪个统计量?有的老师一开始就让学生体会:有极端数据就会对平均数产生影响,所以与平均数比不合适,其实这样的想法是不正确的。我在教学中提供了动态的条形图,通过不断地变化,引导学生领悟:当数据中没有极端数据,中位数与平均数相差比较小的情况下,与平均数、中位数比都合适;当出现了极端数据,而且由于极端数据的出现,导致中位数与平均数相差比较大的情况下,与平均数比不合适,与中位数比总是合适;最后通过直观的条形图中的不断变化,启发学生在这过程中,什么在发生变化,什么始终没有变。启发学生领悟:平均数在变化,中位数不变,平均数与中位数的差距拉大,在平均数与中位数区域之间的数也随着增多,如果要评价在这个区域的数在一组数据中所处的位置,那么和平均数比就不太合适,与中位数比比较合适,这是对中位数的适用范围深层次的领悟,学生要有这样的领悟必须要有前面领悟的积累。

五、分层练习,让学生的思维有共性与个性的发展

1. 基本练习,巩固提高。

我没有按教材设计,而是改变了教材上习题的问题,将所有材料的问题都改为:评判某一数据在这组数据中所处的位置,应该和哪个统计量比比较合适?因为一组数据,要用哪个统计量比较合适,关键是看统计的需要,不仅仅是看数据是否有极端数据,而是看平均数与中位数的差距。

2. 综合练习,拓展开放。

对歌唱比赛和跳远比赛中的评判完全是结合生活实际,引导学生体验数学与生活的联系。最后的游戏是一个综合的开放性练习,先是添一个数找中位数,再是添一个数后变成指定的中位数,学生在添数游戏中进一步感悟在什么情况下与中位数、平均数比都合适,什么情况下与中位数比更合适。同时借助手势体会领悟:评断在平均数与中位数之间区域的数在一组中所处的位置,与平均数比不合适,而和中位数比比较合适。

第 3 章　渗透数学思想

3.1　数学思想的本质

数学课程改革的一个重要方向是让数学教学实现两个回归:一是让数学教学回归儿童,关注儿童的生活;二是让数学教学回归数学本身。由此可见,数学对于小学生来说,不仅是一种指向结果的“经验数学”,它还是一种着眼于数学知识获得过程的建构数学。在这个意义上,儿童视域中的数学就不应简单地等同于数学知识的汇集,不应被看作无可怀疑的真理的灌输,而应是在数学思想引领下,儿童学习数学知识的一种有意义的建构。然而反思当下的小学数学课堂,做题与练习几乎成了教学的全部,这是值得引起高度重视的现象。其实,真正的数学教学必须蕴含着思想与方法的精髓,关联着人看待世界的态度与改造世界的素质。如果我们培养的小学生只会快速解答数学题,而不知此题所包含的人文精神;只会机械地使用教师教给的固定方法,而不知感悟数学思想并从中学会多元思考,那就距离新课程教育的理念太远太远了。著名数学家柯朗曾尖锐地批评数学教育:数学的教学逐渐流于无意义的单纯演算习题的训练,固然这可以发展形式演算能力,但却无助于对数学的真正理解,无助于提高独立思考能力。因此,我们要警惕数学课堂上纯知识的工具性的技能教育,我们十分期待以思想文化润泽的数学课堂。

数学的灵魂是数学的精神和思想,那么数学的思想又是什么呢? 史宁中教授从数学学科和教育学的角度描述了数学思想的认知标准:数学产生和发展所依赖的思想,这是标准之一;学过数学的人与没有学过数学的人的根本差异,这是标准之二。邵光华教授认为:从数学教育方面来讲,数学思想应被理解为更高层次的理性认识,那就是对于数学内容和方法的本质认识,是对数学内容和方法进一步的抽象和概括。我们认为,数学思想是对某些具体数学认识过程中知识、方法的高度提炼和简明概括,并在后续的认识活动中被循环证实其适用性和正确性,带有一般意义和相对稳定的特征的东西。它呈现了数学发展中的一般规律,对数学发展起着指引方向的作用。它支配着数学的实践活动,是数学的灵魂和核心。数学逻辑结构的一个重要和特殊要素就是数学思想,整个数学学科就是从这些思想的基础出发,并按照这些思想衍生、丰富起来的。事实上,无论是数学概念的界定、数学规律的证明,还是数学问题的解决以及整个数学系统的形成,其关键核心都在于数学思想的确立。

数学思想来源于数学知识本身,又高于数学知识本身。它是对数学知识的本质认识,是从某些具体的数学内容和对数学的认识中提炼升华出的数学观点,其正确性在其后的认识活动中被反复运用,带有普遍适用意义,它是建立数学和用数学解决问题的纽带。日本学者米山国藏曾说:不论是科学专家、技术人员还是从事数学教学的教师,数学最高的追求是数学的精神、思想和方法,而数学知识只是次要的。基本的数学思想可以概括为三个方面,即“符号化与变换的思想”“集合与对应的思想”和“公理化与结构的思想”。对小学而言,数学思想大致可细分为十个方面,即对应思想、符号思想、化归思想、类比思想、分解思想、参数思想、数形结合思想、归纳思想、演绎思想和模型思想。

3.2 数学思想的渗透

数学思想总是伴随着数学知识的发生发展,数学知识与数学思想紧密地联系在一起。数学是知识与思想的有机结合,既没有不包含数学思想的数学知识,也没有游离于数学知识之外的数学思想。同时,每一种数学思想的呈现都有一定的概念、法则、公式等知识的承载,而每一种数学知识的掌握、数学技能的习得,也都有数学思想方法的潜在的渗透与影响。

我们寻找在小学数学教学中渗透数学思想的方向,首先,要从两者的割裂走向统一整合。教师需要建立一种整体统一的观点,在知识教学中引领学生感悟思想,在思想体验中反观知识的发生发展,从而获得统一联系的认知结构。其次,从狭隘走向宽泛。在小学数学课堂上,教学是面向儿童当下认知现实的选择,也是着眼其未来成长与发展的选择,即儿童成长的现实性与可能性。在教学中,教师应该有一种宏观与宽深的视域,既要关注数学思想方法在学生已有经验中生长,又要关注在知识教学过程中数学思想本身从平面走向立体的过程。例如,化归思想的教学中有具体问题向抽象问题转化,也有抽象问题向具体问题转化;有复杂问题向简单问题转化,也有未知问题向已知问题转化;有整体向局部的转化,也有正面向反面的转化;从教材的编排序列来看,不仅有形到数的转化,也有数到形的转化,还有形与形的转化;从学生的已有经验来看,不仅有简易直观的一次转化,也有纷繁复杂的数次转化。最后,从内隐走向外铄。在小学数学教学中,数学思想的形成是一个渐进的过程,它总是随着数学知识的难度加深而表现出相应的层次性。教师要有意识地让学生经历数学思想的孕育、形成和发展的过程。从学习者角度来看,可见性知识往往是可以用语言传授的知识,而内隐性知识更多的是需要儿童自身的体验,进而用量已的思维方式“再创造”的数学活动。对于内隐于数学知识教学中的数学思想教学,尤其需要教师引领学生更多地经历数学活动,从而让学生从生活世界走向符号化世界,直至“垂直数学化”。这个过程,也就是一个感悟、体验、探索到应用的过程。在这个过程中,数学思想能不断地从内隐的体验感受走向外铄的意义赋予。总之,真正的数学思想的获得不是简单地灌输和告诉,而是学生在数学活动中不断体验和感悟。换言之,这种指向于过程的真切体悟,正是儿童生命成长的思想建构。

一旦教师循着这个方向,在教学活动中渗透数学思想,那么数学教学就赋予了儿童生命成长意义的关怀。在知识与技能的教学中,学生就可以经历像数学家那样发现真理的创造过程;在过程与方法的教学中,学生就能够积累丰富的活动经验,从而提炼、感悟数学的思想方法;在培养学生数学情感与态度中,学生就能逐渐学会用数学的眼光去观察事物、用数学的方法去解决实际问题。

3.2.1　数学思想的渗透方向

问题是数学的心脏,方法是数学的行为,思想是数学的灵魂。不管是数学概念的建立,数学规律的发现,还是数学问题的解决,乃至整个“数学大厦”的构建,核心问题都在于数学思想方法的建立。结合小学数学的教学内容渗透数学思想方法,不仅能使小学生更好地理解和掌握教学内容,而且更有利于其感悟数学思想方法,初步理解教学内容的精神实质,感受数学科学的精髓,帮助他们用数学的眼光看待世界,初步学会思维,发展数学素养。因此,在数学教学中,不仅要重视知识的形成过程,还要十分重视数学思想方法的渗透。

小学数学教材中蕴含的数学思想方法主要有抽象、分类、归纳、演绎、模型等。教师教学中要明确渗透数学思想方法的意义,认识数学思想方法是数学的本质所在,只有掌握方法、形成思想,才能使学生受益终身。

1. **在钻研教材中挖掘思想、明确方法**

小学数学的教学内容包括显性的基础知识和基本技能,也包括隐性的数学思想方法。虽然教材没有给出数学思想方法的具体名称,但在知识发生、发展和应用的过程中却隐含着这些思想方法。因此,在钻研教材时,一方面要坚持整体性,要通读小学数学 12 册全部教材,深刻理解小学数学的知识体系,从数与代数、图形与几何、统计与概率、综合与实践四个方面把握小学数学教学内容,挖掘各部分内容隐含的数学思想方法,逐步推进,避免顾此失彼。另一方面要坚持独立性。在通读教材的基础上,研读教材的重心还要放在所任教的本册教材上,准确地理解和驾驭教材。教师应根据学生的认知规律和现有水平,领会教材的编写意图,同时又不受教材的约束和限制,灵活地处理教材,创造性地使用教材,将数学思想方法有机地融合在数学知识的形成过程中。在研读教材时,要多问自己怎样根据教材的编排意图适时地渗透数学思想方法,努力让数学课本上看得见的思维结果,折射出课本上看不出的思维活动过程。

例如,西安大雁塔高 64 米,比小雁塔高度的 2 倍少 22 米。问:小雁塔高多少米?(苏教版小学数学六年级上册第 94 页的例 1)

在钻研教材时,我们要知道本节课显性的内容是用方程解决相关的实际问题,探索方程的解法并进行检验。学生列方程解决问题的关键是:找出大雁塔与小雁塔高度之间的等量关系。尽管从不同角度思考可以得到不同的等量关系式,但教材选择了“小雁塔的高度 ×2 − 22 = 大雁塔的高度”来列方程,这主要是因为这样的等量关系有利于体现列方程解决问题的思考特点,即:把题中的已知量与未知量放在同等地位,能使思考过程更加顺畅和灵活,有利于学生在此过程中初步感受依据现实情境中的数量关系列方程的基本思考方法。隐性的内容是渗透形如“$ax \pm 6 = c$”这一类实际问题的方程思想和有效的数学模型思想。这个模型中的未知数或未知量通常就是所求实际问题的数值解,而方程的检验乃至对不同方程列法的进一步探索,大体可以理解为是对模型适切性的确定和完善。这样的经历对学生今后通过方程、不等式、函数等建立数学模型有着积极的意义。

2. **在探究体验中提炼方法、感悟思想**

新课标特别强调:引导学生独立思考、主动探索、合作交流,使学生理解和掌握基本的数学知识与技能,体会和运用数学思想和方法,获得基本的数学活动经验。学生在探究知识、体验知识的形成过程中思维高度活跃,多种思维在碰撞,此时教师心中应该明确:利用这样的良机对学生进行数学思想方法的渗透非常有利,同时也应明确要渗透哪些数学思想方法,增强针对性,特别要讲究层层推进、步步深入,在探究体验中提炼方法,感悟数学思想。

例如,教学苏教版小学数学三年级上册“认识几分之一”课堂实录。

多媒体课件显示画面:两个小朋友坐在地上,身旁有4个苹果,2瓶矿泉水,1个蛋糕。

师:秋高气爽,小朋友去秋游带了些什么?

生:他们带了4个苹果,2瓶矿泉水,1个蛋糕。

(教师根据学生的回答在黑板上贴出相应的图片)

师:每种食品都平均分成2份,该怎样分呢?请小朋友们取出信封中的彩色图片,同桌两人试着按要求分一下。

(两人一组合作操作,教师巡视,中间有两位同学举手询问是否可以用剪刀剪,教师笑着默许)

师:下面就请同学们说一说你们是怎样分的?

生:我是先分苹果,每人2个;再分矿泉水,每人1瓶;最后分蛋糕,每人半个。

师:其他同学也是这么分的吗?

生:我们也是这样分的。

师:那蛋糕你们是怎样分的呢?

(很多学生都高高举起一半蛋糕的图片)

师:我这里有一个大一点的蛋糕(图片),哪位同学上来为大家演示一下?

(一位学生上来操作,先对折,再沿着折痕剪。其他同学观察)

师:同学们,他分得好不好?你们都是这样分的吗?是这样分的同学把图片举起来。

(学生又高兴地举起图片)

师:看了刚才那位同学的操作,你们知道最令老师开心的是哪个环节吗?

生:图片对折一下再剪。

师:那为什么要对折一下呢?

(很多学生都脱口而出:平均分)

生:因为是平均分给两个同学吃,每人分得一样多。

师:你回答得真好!(教师马上板书:平均分)同学们,2个水瓶中的2以及1都是数学上的数,而半个怎么用数学上的数表示呢?现在发挥你们的聪明才智,创造一个办法来表示半个。

要解决数学知识的抽象性和学生思维的形象性之间的矛盾,关键是让学生在探究时动手操作,从而亲手发现新知,亲身感受学习的乐趣,感悟数学的思想。教学时,我们根据教材编写意图,利用教材主题图创设操作情境,让学生探究体验,感觉到当蛋糕不够每人一个时,自己得出每人半个的初步结论。再由学生到前面演示分蛋糕(图片)的过程,引导学生自己理解“平均分”。经历这样的数学活动过程,学生所获得的不仅是一个已由前人抽象概括而形成的数学知识,而且还能体会到形成这个知识的抽象的思想方法,激发学生的思维活动,让他们学会独立分析问题、解决问题。

3. 在知识迁移中掌握方法、运用思想

巴甫洛夫指出:任何一个新的问题的解决都是利用主体经验中已有的旧工具实现的。也就是说,各种新知识都是从旧知识中发展出来的。小学数学知识是一个整体,前后的教学内容都有内在的必然联系,新知识往往是旧知识的延伸和补充。根据心理学的迁移规律,通过对旧知识的复习,特别是对新旧知识密切联系的问题加以概括,从新旧知识的紧密联系中,抓住新旧知识的不同点,合乎逻辑地导出即将研究的问题,实现知识的正迁移,在知识的迁移过程中,让学生掌握数学思想方法,运用方法解决问题。

例如,教学“平行四边形的面积”时,我们启发学生运用割补的方法,把平行四边形的面积转化为学过的长方形的面积,这就是渗透转化思想的有效案例。实际上,在小学课本中,除了长方形的面积公式之外,其他平面图形的面积公式都是通过图形的转化推导出来的。转化的思想在小学数学教学中有着广泛的应用,将原图形通过旋转、平移、翻折等途径加以变形,可使问题化生为熟,化难为易。

4. 在循序渐进的训练中总结方法、完善思想

任何一种数学思想方法的学习和掌握,均非一朝一夕的事,它需要有目的、有意识地培养,需要经历渗透、反复、逐级递进、螺旋上升、不断深化的过程。因为在一般情况下,学生数学思想的形成要经历三个阶段:第一阶段是模仿形成阶段,这一过程主要是在数学知识的学习、获得的基础上开始的,但这时的学生一般只留意数学知识,而忽视了联结这些知识的观点,以及由此产生的解决问题的思想方法和策略,即使有所觉察,也是处于“朦朦胧胧”“似有所悟”的状态;第二阶段是初步应用阶段,随着渗透的不断重复与加强,学生对数学思想的认识开始走向明朗,开始有意识地理解在解题过程中所使用的探索方法和策略,也会概括总结;第三阶段是自觉应用阶段,这是学生数学思想的成熟阶段,到了这个时候,学生能根据具体的数学问题,恰当运用某种思想方法进行探索,以求得问题的解决。

通过设计练习这一条途径来渗透数学思想方法,不失为一个明智的选择。用设计练习的方式来渗透数学思想方法,应当属于教师的创造性劳动。

一位教师在学生学习分数加减法后,设计了这样的练习题,组织学生进行练习，既巩固了知识，又渗透了数学思想方法，一举两得：

$\frac{1}{2}+\frac{1}{4}+\frac{1}{8}+\frac{1}{16}+\frac{1}{32}=$

$\frac{1}{2}+\frac{1}{4}+\frac{1}{8}+\frac{1}{16}+\frac{1}{32}+\frac{1}{64}=$

……

$\frac{1}{2}+\frac{1}{4}+\frac{1}{8}+\frac{1}{16}+\frac{1}{32}+\frac{1}{64}+\cdots+\frac{1}{1024}=$

练习过程中，教师利用下图帮助学生理解：

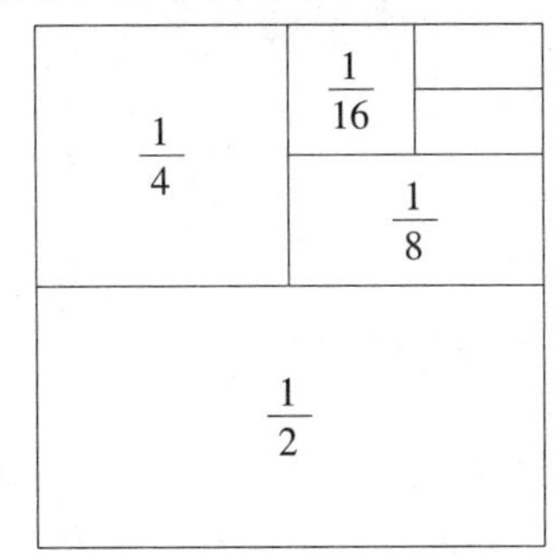

这样的练习，渗透了抽象、类比和极限的数学思想。

5. 在总结反思中领悟方法、活用思想

数学思想方法的形成，一方面是课堂上有意地渗透，另一方面还要靠学生在总结反思的过程中深刻领悟。在总结延伸某一思想方法的时候，教师要有意识地引导学生自觉地总结和反思自己的思维过程，使获得的数学思想方法更明晰、更深刻，引发学生对所学知识进行更深层次的思考：在这一思维过程中又是怎样应用数学思想方法的？积累了哪些有益的成功经验呢？只有这样的总结反思，才能使学生的思维得到良好的培养与发展，才能使学生从数学思想方法的高度把握知识的本质和内在规律，逐步体会数学思想方法的精神实质，提高灵活应用的意识。

例如，在“圆的面积”教学总结与反思阶段，不仅可以问：“你知道圆的面积计算公式吗？”“你会用公式计算吗？”而且更深入地去启发学生：“我们是用什么方法推导出圆面积的计算公式的？”学生在教师的指导下回顾知识，得出通过剪、拼把圆转化成学过的长方形推导出公式。这节课的重点不仅要让学生掌握公式，更重要的是要让学生在回顾知识形成过程的同时领悟、掌握化归的数学思想方法，为六年级学习立体图形体积的计算打下基础。

在数学教学中有意识地渗透数学思想，就能让教学拥有“思想”的脊梁，就能给数学课堂以活的灵魂。正像诗歌《快乐的思想》所点亮的明灯一样：

做每一件事，
都给它一个快乐的思想，
就像把一盏盏灯点亮。
砍柴的时候，
想着的是火的诞生，
锄草的时候，
想着的是丰收在望。

如果在数学课堂上不懈地找寻课堂教学与数学思想方法的契合点，便可以为我们的数学课堂点亮一盏明灯。在某种意义上说，谁真正在教学中关注数学思想方法的渗透，让学生把有限的时间花在数学思想方法的掌握上，学会用数学思想方法去观察、分析、解决现实问题，谁就获得了有效教学的“入场券”，这应当成为我们对小学数学教学的永恒追求。

3.2.2 数学思想的渗透策略

数学思想是数学知识的精髓，也是知识转化为能力的桥梁，如何在小学数学教学中渗透数学思想，实现数学教学向儿童和数学本身的回归呢？

1. 通过结构化的整体设计，显化数学思想

作为数学文化源头的西方，对于数学历来有这种说法：上帝是按照数学原则创造这个世界的。小学数学教材的编排也体现着结构化与系统性的特点。笛卡儿曾有这样一个解决问题的数学设想，他拟将一切问题变成数学问题，再把数学问题转化成方程问题，从而运用问题中的已知量和未知量之间的数学关系，把生活语言转化成代数语言。这正是方程思想的基础内涵与价值追求。但是，小学阶段的学生在解应用题时通常使用算术方法，排斥方程思想。因为在用算术方法解题时，让具体的已知数参加运算，算术的结果就是要求的未知数的解，学生习惯了从已知出发再到未知的思维方式。而在代数中用字母表示的未知数和已知数一样，按照运算规律参与运算，可以通过移项改变自身的位置，清晰地呈现已知和未知的数量关系。随着小学生数学学习认知心理的逐渐成熟，我们应在合适的时机渗透方程思想，只有这样，学生的数学发展水平才能持续而深入地提高。在解答稍复杂的分数应用题、工程问题、行程问题中的追及问题、鸡兔同笼等问题时，运用方程思想解答比较简便，因为用字母 x 表示未知数后，数量关系更加明显，解题思路更加清晰。在数学发展过程中，函数思想与方程思想有密切的关联，因为方程的动态变化性，函数在一定的空间域内把变量之间的关系归纳成了集合中元素与元素的对应，数学思想是现实世界中数量关系深入研究和数学本身不断发展的必然产物。对于变量的重要性,恩格斯在《自然辩证法》一书有关“数学”的论述中有过精辟的阐述:数学中的伟大分水岭是笛卡儿发现了变数,因为变数,运动进入了数学;因为变数,辩证法进入了数学;因为变数,微分与积分也很快变得必要起来。这样来看,方程思想本质而辩证地反映了数量关系的变化规律,它体现着数学鲜明的结构性和整体关联性。

又如,在乘法口算练习中有如下三组题:

8 ×6 =	40 ×6 =	300 ×900 =
80 ×6 =	40 ×60 =	30 ×900 =
800 ×6 =	40 ×600 =	3 ×900 =

一般情况下,教师在学生口算回答正确后也就不再追问,而有经验的教师会让学生先计算后比较答案,接着让学生观察所填答案并找出规律,思考答案变化的原因,在此基础上,再呈现含有除法的两组题:

45 ×8 =	1500 ÷300 =
15 ×8 =	1500 ÷30 =
S ×8 =	1500 ÷3 =

通过进一步的观察、对比和分析,学生总结出:两个数相乘或相除,当一个数变化,另一个数不变时,得数变化是有规律的。

在数学教学中,探究具体问题中变量之间的关系一般用解析式来表示,这时可以把解析式理解成方程,中学阶段的正反比例函数、一次函数、二次函数、指数函数、对数函数、三角函数等问题都可以通过对方程的研究去分析解决。小学数学教材中也有体现,如在分数应用题中,一个具体的数量往往对应于一个抽象的分率,只要找出数量和分率的对应,问题就会迎刃而解;在行程应用题中,物体运动的路程对应于其本身运行的速度与时间。学好这些函数,是继续深入学习数学所必需的,通过整体结构化的教学设计显化函数思想,不但能达到解题的要求,而且打开了解题思路,丰富了解题方法。

2. 通过数学化的过程参与,点化数学思想

数学教育家斯托利亚尔研究指出:儿童的数学思维活动水平一般分为三个层次,第一层次是数学描述,即经验材料的数学组织化,主要是儿童借助于直观观察、尝试错误、归纳和类比的方法呈现经验材料;第二层次是数学抽象,即数学材料的逻辑组织化,主要是儿童在积累的经验材料中抽象出本质属性、原始概念和公理体系;第三层次是数学理论在实践中的应用。由此看出,数学基本思想的获得需要学生参与到组织现实材料的过程,即“经验材料化”和“数学材料逻辑化”的过程,而这种过程正是数学的本质与核心不断被点化与显现的过程。

在数学概念的教学中，有些教师常常只是从告诉的角度让学生知道几个数学概念，这种简单而功利的教学非常不利于学生数学思想的形成。关注学生数学思想的生长，必须让学生充分经历概念从生活现实走向数学现实的数学化过程。

在教学“圆的认识”一课时，可引导学生利用聚化思维在反复追问中，不断去粗取精，去伪存真，从而实现数学抽象。教师先用圆规在黑板上示范画一个圆，接着让学生用圆规在练习本上也画一个圆，再引导学生观察比较两者的相同点，从而使学生知道画圆要先定点，再拉开圆规两脚，旋转一周成圆。然后，让学生观看在操场上画一个更大的圆的两段视频。片段一是体育教师以自己为中心用灰勺旋转一周画一个圆；片段二是固定绳子一端，拉直绳子，旋转一周形成一个圆。教师追问：要画更大的圆，该怎么办？再次比较这两种画圆方法的共同点，最后，让学生在头脑中形成无形的圆。先是用一根一端系着小球的绳子甩动一周，让学生想一想小球走过的路线是什么；然后让学生观察时钟上秒针旋转一周针尖留下的痕迹，再将这一层次的画法与前两个层次进行比较。在这三个层次的基础上，聚焦分析：这三种方法都画出了一个圆，它们有什么共同的地方？进而揭示出圆的三个要素：定点、定长、旋转一周。就这样，圆的非本质属性不断去除，本质属性逐渐析取，学生对于圆的特征的认识越来越清晰和深刻。

3. 通过应用化的问题解决，深化数学思想

在课堂教学之外，我们还要让学生在实践中体察和感悟数学思想。教师要以开放的教学视野引导学生走出教室，在教学实践活动中，丰富活动经验，感悟数学思想。比如，转化是解决数学问题常用的思想方法之一，表现为解决一个陌生的新问题或复杂问题时，要设法将其转化为已知的旧问题或简单的问题，即化新为旧、化繁为简、化难为易，从而顺利解决问题。比如，在教学“测量不规则物体体积”时，可让学生测量一个苹果的体积。苹果是一个不规则的物体，没有可以直接使用的体积计算公式，但我们可以通过转化使其体积等同于规则物体的体积来测量，只要把苹果放入装有水的长方体（或圆柱体）容器里，先量一量容器的长和宽（底面半径与高），再量出水面升高的高度，然后用升高部分的长方体（或圆柱体）体积与这个苹果的体积等同转化，就能顺利解决问题。一个初看很难的问题，通过转化不仅促进了学生问题解决能力的提高，还深化了学生对转化这一数学思想的认识。

3.3　渗透数学思想的着力点

所谓数学思想，是指现实世界的空间形式和数量关系反映到人们的意识之中，经过思维活动而产生的结果。就小学知识体系而言，数学思想是指那些最常见、最基本、较浅显的规律性的认识或结果，如函数思想、符号化思想、极限思想、集合思想、转化思想、数形结合思想等。我们在平时的数学教学活动中，如何将数学思想渗透于数学教学之中呢？作为小学数学教师，我们必须首先更新观念，充分认识数学思想方法在数学教育中的价值和在培养学生数学素养方面的作用，把渗透数学思想方法真正纳入教与学的目标中。同时，努力提高自身的数学素养，深入钻研教材，充分挖掘显性内容中隐含的数学思想方法，抓准数学思想方法与显性知识的结合点，精心设计教学情境，优化教学过程，采用教者有意学者无心的方式，不直接点明所蕴含的数学思想方法，自然而然地渗透，着意引导学生在数学活动中，在学习数学、理解数学的过程中逐步地感悟数学思想方法，使他们经过几年、十几年潜移默化的逐步积累，对数学思想方法的理解由浅入深、由表及里，逐步达到一定的高度，促进科学思维品质的形成，实现数学素养的提升。

3.3.1　挖掘教材中蕴含的数学思想方法

小学数学教学内容包括显性和隐性两个方面，是显性和隐性的统一体。小学数学教材不仅关注显性的基础知识和基本技能，关注重要的数学概念、数学法则与公式等结论，也十分关注知识发生、发展和应用的过程，关注学生观察、实验、分析、综合、猜测、推理、验证等心智活动过程。隐性的数学思想方法，虽然一般都没有给出具体的名称，但在知识发生、发展和应用的过程中隐含着这些思想方法。

教材在蕴含数学思想方法时，一方面，注意根据小学生的实际认知水平，通过合适的显性知识载体把最基础、最具适应性的数学思想方法融入知识的发生、发展过程中，努力使学生在获得数学显性知识的同时得到相应的数学思想方法的熏陶，对数学思想方法有一些初步的感知和认识。另一方面，通过选取一些具有丰富数学内涵且迁移性较强的问题，让学生在应用所学知识分析、解决这些问题的过程中不断丰富对数学思想方法的体验，积累对数学思想方法的初步认识。不仅如此，小学中年级的教材开始逐册安排“解决问题的策略”单元，以解决实际问题为载体，以一些数学思想方法为线索，帮助学生通过对解决实际问题过程的回顾与反思,适当提升对相关数学思想方法的感悟,进一步感受分类、转化等数学思想方法的价值,促进思维的发展和数学学习能力的提高。目前,小学数学教材中蕴含的数学思想方法主要有以下几种:

1. 归纳

归纳是通过特例的分析引出普遍的结论。在研究一般性问题时,先研究几个简单的、个别的、特殊的情况,从中概括出一般的规律和性质,这种由部分到整体、由特殊到一般的推理被称为归纳。小学数学中的有些数学问题是直接建立在类比之上的归纳,有些数学问题是建立在抽象分析之上的归纳。小学阶段学生接触较多的是不完全归纳推理,如加法结合律,我们就采用了不完全归纳推理展开教学。

例如,28个男生在跳绳,17个女生在跳绳,23个女生在踢毽子,求跳绳和踢毽子的一共有多少人?可以先求跳绳的人数,列出算式$(28+17)+23$计算;也可以先求女生的人数,列出算式$28+(17+23)$计算。这两道算式的算理是等价的,答案也相同,因此可以写成等式$(28+17)+23=28+(17+23)$。在这个实例中,学生看到的数学现象是不是普遍性的规律,这还需要在类似的情况中验证。于是,我们让学生分别算一算$(45+25)+13$和$45+(25+13)$,$(36+18)+22$和$36+(18+22)$。看看每组的两道算式是不是分别相等,两道算式中间能不能填上等号,再看看这些相等的算式有什么结构上的特点,猜想有这种结构特点的算式结果是否一定相等。通过实验发现,第一个实例中的数学现象在类似的情况中同样存在。接着,鼓励学生自己写出类似的几组算式,进行更多的验证,体验现象的普遍性。学生通过进行类似的实验,概括出加法结合律,并用字母a,b,c分别表示三个加数,写成$(a+b)+c=a+(b+c)$。这样,学生在学习加法结合律的过程中,就经历了由具体到一般的抽象、概括过程,不仅可以发现数学规律、定理,而且能够初步感受归纳的思想方法,使思维水平得到提升。

2. 演绎

演绎与归纳相反,是从普遍性结论或一般性的前提推出个别或特殊的结论。在研究个别问题时,以一般性的逻辑假设为基础,推出特定结论,这种从一般到特殊的推理被称为演绎。在推理形式合乎逻辑的条件下,应用演绎推理从真实的前提一定能推出真实的结论。

例如,学习了$(a+b)\times c=a\times c+b\times c$以后,要求学生应用乘法分配律进行$72\times(30+6)$,$32\times102$,$46\times12+54\times12$,$45\times99+45$的简便计算,在较多的计算活动中进一步体会乘法分配律的本质,提高灵活应用乘法分配律的能力。学生像这样根据已经获得的定义、定律、公式等，去解决一个个具体的问题，通过这样一些由一般向特殊的演绎，使得抽象的数学概念、规律和原理具体化，从而促进数学知识的理解和掌握，发展推理能力和思维能力。

3. 类比

类比是由特殊到特殊的推理，具有假设、猜想的成分。同归纳一样，类比是常用的一种合情推理。类比是立足在已有知识的基础上，通过两个（或两类）及以上对象之间某些相同或相似的性质，由已经获得的知识引出新的猜测，推断它们在其他性质上的相同或相似。运用类比的关键是寻找一个合适的类比对象（已经学过的知识或已有的方法经验），需要沟通不同维度知识的内在联系，它多发生在像整数的运算规律推广到分数这样由低维度向高维度知识的提升之处。

例如，在教学“比的基本性质”时，我们先通过测量几瓶液体的质量和体积的记录，求出这几瓶液体质量和体积的比值，并把比值相等的比写成等式；再引导学生观察这些等式，联系分数的基本性质想一想，比会有什么性质。学生大胆猜想，将比的前项、后项同时乘或除以相同的数（0 除外），看看比值有没有变化并进行验证。学生通过类比的方式，将分数的基本性质迁移，推广到比的基本性质，不仅使所学的数学知识容易理解，更能感受到数学知识的连续性。

4. 分类

分类是以比较为基础，按照数学研究对象本质属性的相同点和差异，将数学对象分为不同的种类。对数学对象的分类必须科学、统一，每一次划分时分类的标准只能是一个，不能交叉地使用几个不同的标准，要使分类既不重复也不遗漏。

例如，根据角的大小三角形可以分为锐角三角形、直角三角形、钝角三角形三类。再如，非零自然数，根据约数的个数可以分为质数、合数和 1 三类，以是否是 2 的倍数可以分为奇数和偶数两类。通过分类，学生可以体会和理解不同的分类标准会有不同的分类结果，从而产生新的数学概念和数学知识结构，使所学数学知识条理化。

5. 转化

数学知识是一个整体，它的各部分之间相互联系，有时也可以相互转化。转化可以将数的一种形式转化为另一种形式，一种运算转化为另一种运算，一个关系转化为另一个关系，一个量转化为另一个量，一种图形转化为另一种或几种图形，使一种研究对象在一定条件下转变为另一种研究对象。为了有利于学生学习和研究，我们注意将新知识转化成学生已经学过的知识，将较为复杂的问题转化成比较简单的问题。

例如,把小数乘法的计算转化为整数乘法的计算,把分数除法的计算转化为分数乘法的计算,把不规则图形的面积计算转化成规则图形的面积计算。实际上,除了长方形的面积计算公式之外,其他平面图形面积计算公式的推导,我们都是通过变换原来的平面图形,帮助学生把对"新"图形的认知转化成对"旧"图形的改造与提升,在"新""旧"知识的联系中寻找到解决"新"知的方法。研究平行四边形面积的计算时,把一个平行四边形通过剪拼将其转化成长方形来计算面积;研究三角形、梯形面积的计算时,我们把两个相同的三角形、两个相同的梯形分别拼成一个平行四边形来计算面积;研究圆面积的计算时,我们把一个圆平均分成16、32、64份,剪开后拼成一个近似的平行四边形,并由此想象无限细分下去,拼成的图形就接近于长方形,可以通过拼成的长方形来计算面积。这样,就将原来的图形通过剪、拼等途径加以"变形",化难为易。不仅如此,我们还专设一个单元,教学用转化的策略解决实际问题,凸显转化在数学学习中的地位,帮助学生进一步体会转化思想方法的价值。

6. 符号化

符号是人类文明发展的重要标志之一,而数学的基本语言就是文字语言、图像语言和符号语言,其中最具数学学科特点的是符号语言。实现符号化,需要经历"具体—表象—抽象—符号化"的过程。把客观现实中存在的事物和现象以及它们之间的相互关系抽象概括为数学符号和公式,不仅要把实际问题用数学符号表达出来,而且要充分把握每个数学符号所蕴含的丰富内涵和实际意义,这对于小学生来说,并不是一件容易的事,必须逐步地提高他们的抽象概括水平。

我们从一年级就开始用"□"或"( )"代替具体的数乃至变量,让学生在2+( )=10,8+□=15,□>42>□等算式中填上合适的数,引导学生联系自己身边的事物,通过观察、操作等活动,初步感受符号的意义,逐步体会用符号表示数的作用。在四年级教学"平面图形的面积公式"时,我们不仅引导学生归纳出面积计算公式,还用字母表示,引导学生体会用字母表示计算公式的简便和优越。教学"加法和乘法运算律"时,鉴于学生对符号有了比较充分的认识,就不再用纯文字的形式而直接用含有字母的式子表示这些定律,不仅使得定律的表达更加准确、简明、形象,也便于学生掌握,而且使学生感受到用字母表示定律的意义。到了五年级,学生开始正式学习用字母表示数,从研究一个具体特定的数到用字母表示一般的数,引导他们经历用字母表示数的抽象与概括过程,初步学习并理解用含有字母的式子表示数量关系，体会符号化的简洁与准确，不仅为列方程解决实际问题做好准备，更为进入中学后代数等知识的学习打好基础。

7. 数形结合

数学是研究数量关系和空间形式的科学，数形结合就是根据数量与图形之间的关系，借助形的直观来表达数量关系，运用数来刻画、研究形，把抽象的数学语言、数量关系与直观的几何图形、位置关系结合起来考虑，通过“以形助数”或“以数解形”使抽象思维与形象思维结合起来，将复杂问题简单化、抽象问题具体化，达到解决问题的目的。根据知识的特点和小学生的思维发展水平，我们主要通过线段图、长方形面积图、树形图等，把一定的数量关系形象、直观地表达出来，帮助学生从图形的直观特征中发现数量之间存在的联系，以形助数来化隐为显、化难为易。

例如，一条裤子 28 元，上衣的价钱是裤子的 3 倍，求买一套衣服要多少元？题中只有两个已知条件，其中一个条件“28 元”在解题时要连续使用两次，三年级学生在理解时有一定的困难。我们引导学生画线段图帮助理解题意，研究数量之间的关系。用线段图表示裤子的价钱，表示上衣价钱的线段就有两种画法，学生就能将实际问题中抽象的数量关系与直观的线段图联系起来思考。根据这几种画法，很容易想到求这一套衣服的价钱只要把裤子的价钱加上上衣的价钱，上衣的价钱（28 元的 3 倍）还不知道，需要先算出来。特别是根据后两种画法，学生还会想到这一套衣服的价钱就是裤子的价钱（28 元）的（1 +3）倍，探索出解决这一实际问题的不同方法。

在帮助学生从图形的直观特征中发现数量之间的关系，以形助数来解决实际问题的基础上，我们开始初步渗透数形结合的思想方法，主要是通过认识小数、分数和负数的教学，让学生在数轴上填数，在数轴上找出相对应的数，帮助他们在数与形的重要碰撞中更好地体会数轴上的点与数之间的一一对应关系，初步体会数与形的结合。通过用数对表示位置的教学，让学生在平面图上用数对表示物体的位置，说出平面图上数对所在的点表示的物体，帮助他们体会平面上的点与数对之间的一一对应关系。通过正比例图像的教学，让学生体会正比例关系的图像是一条直线，同时，利用图像根据其中一个量的值估计另一个量的值，既将抽象的数学概念、数量关系直观化和形象化，又借助形象的图像来理解抽象的正比例关系问题，努力使学生抽象思维和形象思维的发展结合起来。

在小学数学教材中，我们还适时蕴含了函数、集合、统计等现代数学思想方法。有关这方面的讨论较多，限于篇幅，本文不再赘述。

3.3.2 加强渗透数学思想方法的思考

多年教学的实践告诉我们,注重数学思想方法的渗透,在进行数学概念、公式、法则等的教学过程中,努力揭示其发生、发展与应用的全过程,并努力挖掘其中蕴含的数学思想方法因素,不但不会影响小学生数学基础知识与基本技能的掌握,反而能够帮助学生真正理解有关教学内容,促进他们更牢固地掌握基础知识,有效地形成基本技能。在小学,教学数学思想方法的形式主要是渗透,相对于显性的"双基",数学思想方法的渗透还是一个比较新的课题。虽然广大教师在教学实践中也积累了一定的经验,但就大面积而言,还重点关注显性的"双基",而不太关注隐性的数学思想方法,加之渗透的要求不够明确,与显性"双基"的教学相比渗透还需要特别注意些什么,渗透又如何进行,这都需要理论的研究和探讨,需要实践的探索和总结。

加强数学思想方法的渗透,需要意识到隐性的数学思想方法的存在,弄清楚小学数学教学需要并且可能渗透哪些数学思想方法,较为清晰地界定和刻画适合于小学生领悟的数学思想方法;需要进一步提高对渗透数学思想方法的认识,把隐性的数学思想方法真正纳入小学数学教与学的范畴;还需要有比较具体明确而恰当的渗透要求,掌握渗透的方法,不断丰富渗透的经验,以提高渗透的有效性。

当然,在具体的教学过程中,我们需要明确渗透数学思想方法的要求。数学思想方法蕴含在显性的具体知识之中,又和具体的知识紧密联系,不可分割。小学数学教材呈现的教学内容主要是沿着知识的纵向展开的,数学思想方法通过具体知识的发生、发展和应用过程来体现,一般情况下不需要也不可能明确地揭示和总结。另外,小学生的实际认知水平有限,他们理解并形成数学思想方法需要经历一个"润物细无声"的发展过程,这一过程从模糊到逐渐清晰,从初步理解到应用,需要较长时期,不可能在小学甚至初中阶段完成。况且,小学生的认识和理解水平存在着较大差异,存在着认识和理解上的不同步。小学数学教学所渗透的数学思想方法应该是适合于小学生领悟的。尽管小学渗透数学思想方法目标的设定和陈述不可能很具体,我们还是需要并且有必要较为清晰地界定和刻画在哪些内容可渗透哪一项数学思想方法,归纳、演绎、类比、分类、转化等每一项数学思想方法可以结合哪些具体知识渗透,每一项数学思想方法的渗透又怎样针对不同年级学生的认知发展水平,体现出应有的层次并提出较为明确具体而又恰当的要求。明确渗透数学思想方法的要求,我们还需要正确认识和处理数学思想方法的渗透与具体数学内容的教学之间的关系,既要防止只关注显性的"双基"而忽视隐性的数学思想方法,又要防止对数学思想方法的过分泛化,防止不顾学生的理解和接受能力而随意地提高数学思想方法的教学要求,避免加重学生的学习负担。

3.3.3　从知识中挖掘方法,从方法中提炼思想

数学思想是前人探索数学真理过程的积累,但数学教材并不一定是探索过程的真实记录。恰恰相反,教材对完美演绎形式的追求往往掩盖了内在的思想和方法,所以一方面要不断改革教材,使数学思想在教材中得到较好反映与体现;另一方面要深入分析教材,挖掘教材内在的思想和方法。对教材进行逻辑分析,除了把握教材的体系与脉络、地位与作用、重点与难点之外,还要按照"知识—方法—思想"的顺序,从知识中挖掘方法,从方法中提炼思想,使教材分析具有较高的观点。

例如,四年级下册"小数乘法"这一单元,过去的教材把它拆分为小数乘整数、整数乘小数、小数乘小数,但新教材中均把它们转化成一种方法:只要先按照整数乘法计算,再看两个乘数一共有几位小数,积就有几位小数。同样,"小数除法"这一单元也是进一步体会转化思想的好时机:除数为小数的除法都要转化为除数为整数的除法再计算。教师要把转化这种思想充分展现出来,让学生感受到转化这一思想给计算带来的方便。

再如学乘法,九九表总是要背的。五七三十五的下一句是六七四十二,如果背了上句忘了下句,可以想想 $35+7=42$,就想起来了。这样用理解帮助记忆,用加法帮助乘法,实质上就包含了变量和函数的思想:五变成六,对应的35就变成了42。这里不是把5和6看成孤立的两个数,而是看成一个变量先后取到的两个值。想法虽然简单,小学生往往想不到,教材里也没有介绍,要靠教师指点。挖掘九九表里的规律,把枯燥的死记硬背变成有趣的思考,不仅是教给学生学习方法,也是在渗透变量和函数的思想。

3.3.4　在课堂教学中加强数学思想的培养

数学教学过程,大体可分为知识发生和应用两个阶段。前者是揭示和建立新旧知识的内在联系,使学生得到新知识的过程;后者是指在对已有的概念、定理、公式、法则和方法的巩固和应用中进一步理解的过程。

课标指出,在进行概念教学时,应当让学生了解概念、结论等产生的背景和应用,理解基本的数学概念、数学结论的本质,体会其中所蕴含的数学思想和方法,以及它们在后续学习中的作用,通过不同形式的自主学习、探究活动,体验数学发现和创造的历程。因而教师在此过程中,需要向学生提供丰

富的、典型的、正确的背景材料，让学生在教师指导下，对感性材料进行分析、综合、比较、分类、抽象、概括，使之系统化、具体化。这不仅是对数学思维方法的训练，也是对数学抽象与数学模型等方法感悟的极好机会。

需要指出，有些数学的概念本身就蕴含着某种思想方法。例如，方程的概念突出了符号表示的作用，注重强化学生的符号感，渗透数形结合的思想：立体图形和平面图形的概念中蕴含着分类思想。在教学自然数、奇数、偶数这些概念时，教师可让学生体会自然数是数不完的，奇数、偶数的个数有无限多个，让学生初步体会“无限”思想；在教学循环小数这一部分内容时可让学生体会 $1\div3=0.333\cdots$ 是一循环小数，它的小数点后面的数字是写不完的，是无限的；在教学直线、射线、平行线时，可让学生体会线的两端是可以无限延长的。这些都是渗透极限思想的良机。

对于规律（定理、公式、法则等），也要重视其发生过程的教学，教师也应当善于引导学生通过感性的直观背景材料或已有的知识发现规律，不过早地给结论，弄清抽象、概括或证明的过程，充分地向学生展现自己是怎样思考的，使学生了解其中蕴含的思想方法。例如，“圆的面积”一节中的圆面积的求法：先把圆分成相等的两部分，再把两个半圆分成若干等分，然后把它剪开，再拼成近似于长方形的图形。把圆等分的份数越多，拼成的图形越接近于长方形，这时长方形的面积就越接近圆的面积了。这部分内容应让学生体会到这是一种用“无限逼近”的方法来求圆面积。用这种方法也可以推出三角形的面积。

许多数学定理、公式、法则的证明过程也蕴含着某种思想和方法，如商不变性质的教学：

先出示一组口算题练习：

$180\div90=$	$2\div1=$	$10\div5=$
$20\div10=$	$14\div7=$	$40\div20=$
$1600\div800=$	$36\div18=$	

学生通过计算，发现商都等于2，这到底是什么关系的一组算式呢？教师引导学生将算式先排序后再观察特点。这个教学例子渗透了有序思想，还渗透了函数思想。

3.3.5 搞好整理总结，进行数学思想的概括和提炼

数学思想的隶属性特点，决定了它的教学形式主要以数学知识为载体，并按分散的形式进行，这种教学形式不仅符合数学思想的自身特点，也符合学生的认知规律，学生在潜移默化的影响下逐步感受、领悟和掌握数学思想。

例如,通过对立体几何内容的复习,可对其用转化的思想进行整理和小结:①把"高维"转化为"低维"(常通过截、展、平移、旋转以降维);②把"一般形体"转化为"特殊形体"(常通过分解或扩充以特殊化、熟悉化);③把"几何结论"转化为"代数、三角目标",进一步明确立体几何的转化思想和策略。还可通过对立体几何教学中的概念类比、方法类比的小结,提炼立体几何的类比思想和方法。

3.3.6　加强解题训练,突出数学思想的指导

波利亚曾指出,"数学教学的首要任务就是加强解题训练"。他认为解题应作为培养学生的数学才能和教会他们思考的一种手段和途径。加强解题教学,一方面通过解题和反思活动,总结归纳出解题方法,并提炼上升到思想高度;另一方面在解题活动中,应充分发挥数学思想对发现解题途径的定向、联想和转化功能,突出它对解题的指导作用。为此,在解题教学中,教师要善于通过选择典型例题进行解题示范,并在解题过程中引导学生开展反思活动,突出数学思想方法对解题的统领和指导作用。

例如,在分数应用题的教学中,可以做类似下面的习题:

① 饲养场有白兔 2400 只,白兔比黑兔多$\frac{1}{5}$,黑兔有多少只?

② 饲养场有白兔 2400 只,白兔比黑兔少$\frac{1}{5}$,黑兔有多少只?

③ 饲养场有白兔 2400 只,黑兔比白兔少$\frac{1}{5}$,黑兔有多少只?

④ 饲养场有白兔 2400 只,黑兔比白兔多$\frac{1}{5}$,黑兔有多少只?

⑤ 饲养场有白兔 2400 只,黑兔是白兔的$\frac{4}{5}$,两种兔共有多少只?

通过以上计算,可以提高学生对分数应用题的理解和辨别能力,逐步掌握分数应用题的解题规律,由此引导学生发现和掌握比较的思想和方法。

数学思想在教学中的渗透,往往要经历一个循环往复、螺旋上升的过程,而且是几种思想方法交织在一起,在教学过程中教师要依据具体情况,在某一段时间内重点渗透与明确一种数学思想方法,这样效果就会好得多。

3.4 函数思想在教学中的渗透

3.4.1 小学阶段所涉及的函数

复杂问题特殊化是重要的数学思想方法。宇宙的变化规律是复杂的,为了了解宇宙,可以先从特殊的变化规律入手,这在数学上即体现为重点研究常见的、特殊的函数:初等函数。在数学中,一共有六大类基本初等函数,其余的初等函数都是经过这六类基本初等函数进行四则运算以及其他复合运算得到的。六类基本初等函数是:常值函数、幂函数、指数函数、对数函数、三角函数、反三角函数(每个函数的具体意义可以参见任何一本高等数学书)。

小学阶段所涉及的函数(在变化过程中只考虑两个变量,即一元函数)主要有:

(1) 正比例函数($y=kx$,其中 k 是大于零的常数)。例如,当商不变时,被除数就是除数的正比例函数;单价不变时,总价就是数量的正比例函数;按比(比值不变)分配时,一个量就是另一个量的正比例函数;正方形的周长是边长的正比例函数等。

(2) 和、差不变时,两个"加数"之间是特殊的一次(线性)函数关系($y=kx+b$,其中 k 是不为零的常数,b 也是一个常数)。例如,在"10 的组成与分解"中,其中一个加数用 y 表示,另一个加数用 x 表示,则它们之间是线性函数关系 $y=-x+10$。在一年级,x 的取值范围(即定义域)是 0,1,2,3,4,5,6,7,8,9,10。

(3) 一元二次函数 $y=ax^2+bx+c$,其中 a,b,c 是常数,且"$a\neq0$"。例如,正方形、圆的面积公式中,面积是边长(半径)的二次函数。

(4) 反比例函数(特殊的幂函数)。例如,当总量一定时,数量与一个单位的量就成反比例关系,可以说数量是一个单位量的反比例函数,或者一个单位量是数量的反比例函数;当两个数的乘积不变时,一个因数是另一个因数的反比例函数等。

(5) 按照"复利"计算的本息,y 是存款年限 x 的指数函数,即 $y=A(1+a)x$,其中 A 为本金,a 为存款年利率。当然,在小学阶段,只计算有限的几年,如存款一两年后,如果年限过大,则计算起来非常麻烦。

3.4.2　函数思想在小学数学教学中的渗透

在小学阶段没有出现“函数”这一概念，但在整个小学阶段的数学学习中无不渗透着函数的思想。可以这样说，凡是有“变化”的地方都蕴含着函数思想。

1. 什么是函数思想

在变化中把握规律并根据规律做出预测，不仅仅是重要的数学思想，更是人类生存的基本原则。函数的核心即是“把握并刻画变化中的不变，其中变化的是‘过程’，不变的是‘规律’（关系）”。学生愿意去发现规律并能够将规律表述出来的意识与能力，就是函数思想在教学中的渗透。

具体来说，函数思想体现在以下五个方面：第一，认识到这个世界是普遍联系的，各个量之间总是有相依相存的关系，即“普遍联系”的思想；第二，于变化中寻求规律（关系式），即“模式化”思想；第三，在规律中追求“有序”“结构化”“对称”等思想；第四，感悟变化有快有慢，变化的速度有时是固定的，有时是变化的；第五，根据规律判断发展趋势，预测未来，并掌控未来，即“预测”的思想。

在小学阶段渗透函数的思想，可以使学生了解到一切事物处于不断变化的过程中，而且在变化过程中互相联系、互相制约，从而需要了解事物的变化趋势及其运动的规律。这对于培养学生的辩证唯物主义观点，提高他们分析和解决问题的能力，都有极其重要的意义。在小学数学教学中有意识地渗透函数思想，也可以为学生后续学习奠定良好的知识基础与经验准备。

2. 函数思想在数学教学中的渗透

函数思想在小学阶段强调的是渗透，让学生感受到“于变化之中寻求不变，并把握规律的重要性”。小学阶段并不要求学习形式化的函数定义。渗透函数思想，要把握以下两条基本原则：一是创设变化的过程，让学生感受到函数思想；二是激发学生探究的本性，于变中把握不变，满足人的好奇本性。

在小学数学教学中渗透函数思想主要体现在以下四个方面：

(1) 探索规律：对“模式”的初步认识

2001年出版的《数学课程标准》（实验稿）把“探索规律”作为渗透函数思想的一个重要内容，“探索规律”实际上就是培养学生的“模式化”思想，发现规律就是发现一个模式，并能够用多种方法表达模式的特点。

《数学课程标准》中第一学段要求：发现给定的事物（事物、图形、简单的数列）中隐含的简单规律。第二学段要求：探求给定的事物中隐含的规律或变化趋势，同时还要求“探索并理解简单的数量关系”“探索和理解运算律”

"探索具体问题中的数量关系和变化规律"等。例如,各种图形按照某种规律(边数的变化、周划性排列)的排列;按照颜色的变化规律的排列;数列的排列规律(简单的等差数列、等比数列)等。启发学生探索规律进而感悟:对于有规律性的事物,无论是用数字还是字母或是图形都可以反映相同的规律(模式),只是表达形式不同。

探索规律还体现在以下四点:

① 数数中的规律。学生可以一个一个地数、两个两个地数、五个五个地数,十个十个地数。既可以"正着"数,也可以"倒着"数。无论怎样数数,都可以让学生体验、发现并描述出在数数过程中的规律。

② 计算中的规律。"20 以内加法表""九九乘法表"中都蕴含了丰富的规律。例如,在"20 以内加法表"中,横着看格子中的数有什么规律?竖着看呢?斜着看呢?再进一步要求学生把两个数相加的和是 10 的格子涂上相同的颜色,再把两个数相加的和是 8 的格子涂上另一种颜色,看一看有什么规律。再根据图判断,出现同一种颜色的格子最多的和是多少?最少的是多少?另外,同样地在"和不变""差不变""积不变""商不变"等条件下,两个数之间也具有丰富的关系。实际上,一个数就是另一个数的函数。

③ "百数图"中的规律。在"百数图"中也蕴含着丰富的规律。在"百数图"中除了可以探究数的排列规律外(横着、竖着、斜着),还可以进一步探究每行中相邻两个数的关系,每一列中相邻两个数的关系,甚至每两行与每两列中相邻四个数之间的关系,这些关系可以先用语言表述,然后可以让学生尝试着用字母表示。

④ 基本几何图形的变化也蕴含着规律。例如,以三角形作为基本图形,其他几个基本几何图形都可以经过三角形变形而得到,并且它们的面积也有密切的关系。在三角形面积公式中,上底不是 0,而是某个具体的数值,则三角形就变为梯形,相应的梯形的面积 =(上底 + 下底)× 高 ÷2。同理,其他几个图形的面积公式也可以这样变化得到。

(2) 基本数量关系:对"关系"的体验。

下面这三种数量关系中也蕴含丰富的函数思想:

第一种:周长、面积、体积公式。

第二种:其他数量关系,如总量、单价与数量;工作量、工作效率与工作时间;路程、速度与时间等。

第三种:正比例、反比例。通过具体问题认识成正比例、反比例的量;能根据给出的正比例关系的数据在有坐标系的方格纸上画图,并根据其中一个量的值估计另一个量的值;能找出生活中成正比例和反比例量的实例。

值得注意的是，当已知两个量单纯地计算出另一个量是多少时，这仅仅是计算问题。在此解决过程中并没有蕴含函数的思想，因为没有变化过程，这只是一个简单的算术问题。

例如，一张长为 15 厘米、宽为 8 厘米的长方形纸，在四个角处剪掉边长是 1 厘米的小正方形，然后折成一个长方体，求这个长方体的体积。

这个问题就是一道简单的计算题，没有蕴含函数的思想。但是如果该问题变为下面这个问题时，在解决该问题的过程中就蕴含了丰富的函数思想：

一张长为 15 厘米、宽为 8 厘米的长方形纸，在四个角处剪掉边长是 x 厘米的小正方形，然后折成一个长方体。当 x 大约是多少厘米时，所得到的长方体的体积最大？

(3) 用字母表示数：对抽象函数的初步理解。

在第二学段的知识目标中，要求学生能在具体情境中感悟规律，并逐步学会用字母或者含有字母的式子表示规律。例如，在数青蛙的只数、眼睛的只数、腿的条数学习中，青蛙的“只数”与青蛙的“嘴的张数”“眼睛的只数”“腿的条数”等之间的关系；教师创设的“魔盒”中“输入的数”与“输出的数”之间的关系等。

(4) 统计图中函数思想的渗透。

统计图尤其是折线统计图，运行图本身就是函数的图像。根据统计图可以对变化有深入的理解。可以说，函数思想无处不在，只要有变化的地方，就蕴藏着变化的规律，也即隐含着函数关系。

3.5　数形结合思想在教学中的渗透

数形结合是重要的数学思想，也是解决数学问题的有效方法，但审慎观之，却发现有很多教师对数形结合的认识有误区，有的数形结合至多只是利用形象的直观模型来理解抽象的数学概念之间的关系，有的则根本没有渗透数形结合思想。

那么，小学数学教师对数形结合思想的理解与运用存在哪些误区？数形结合思想的内涵是什么？其发展脉络与价值是什么？在小学数学教学中，有哪些知识点可以渗透数形结合思想？

3.5.1 借助"直观模型"理解抽象数学内容是渗透数形结合思想吗?

借助于直观、形象的模型理解抽象的数学概念以及抽象的数量关系是小学生学习数学的重要方法,但这一方法与数学意义上的数形结合方法的内涵不一致,它至多只能是数形结合方法的雏形。

例如,在"有余数除法的认识"教学中,很多教师在教学中经常设计这样的教学活动:有 13 个奖品(或者其他物品),每个小朋友分 4 个,能分给多少个小朋友?先让学生动手操作,分"模拟"奖品来理解算理,然后利用"圈一圈"活动进一步理解算理,借助于"形"来理解抽象的算式中每个数与运算符号的意义,建立"形"与有余数除法算式之间的联系,渗透数形结合思想。

在教学"数学四则运算意义"时,教师会创设与此类似的教学活动,而且明确指出该活动的另一个目的就是渗透数形结合思想。可以说,上述教学活动对于学生理解除法,尤其是余数的意义非常重要,动手操作与"圈一圈"是非常有价值的数学活动,但在上述活动中并没有渗透数学意义上的数形结合思想。

再如,利用"集合图"理解概念之间的关系也不是渗透数学的思想方法。数学概念之间有着千丝万缕的联系,建构数学概念之间的联系,即画"概念图"是学习数学的重要方法。例如,有的老师在教学"因数与倍数"这个单元时,教师画了一张"集合图"来帮助区分、理解概念之间的关系,同时老师也强调说这是渗透数形结合思想。其实,这仍然不是数学意义上的数形结合思想,与此类似的案例还有很多。既然这些不应该看作数形结合思想,那什么是数形结合思想呢?小学数学教学中能否渗透数学结合思想吗?这是值得探讨的问题。

3.5.2 数形结合思想的内涵

"数"与"形"是数学研究的两个基本对象,利用数形结合方法能使"数"和"形"统一起来,借助于"形"的直观来理解抽象的"数",运用"数"的形式来细致入微地刻画"形"的特征,直观与抽象相互配合,取长补短,从而顺利、有效地解决问题。

"数形结合"一词正式出现是在华罗庚先生撰写的《谈谈与蜂房结构有关数学问题》的科普小册子中,书中有一首小词:数与形,本是相倚依,焉能分作两边飞;数无形时少直觉,形少数时难入微;数形结合百般好,隔离分家万事非;切莫忘,几何代数统一体,永远联系,切莫分离!这首词形象生动地指明了数形结合思想的价值，也揭示了数形结合思想的本质。在这里，“数”主要指数、数量关系式、运算式、函数关系式、方程等，其核心是抽象的代数式、函数解析式、方程。“形”则主要指几何图形与直角坐标系下的函数图像，对于几何图形，我们考虑的是几何图形的形状与大小，如有几条边、几个角、各边之间的位置关系、边的长度与所围图形的面积等度量特征。对于函数图像，我们考虑的是图像的发展趋势、增长（下跌）的快慢、弯曲程度等。

理解抽象的数、数量关系与函数关系式不能脱离直观的图形与图像，同时对几何图形的认识与理解也不能离开从数量上刻画图形的大小、形状。例如，边长是4厘米、面积是14平方厘米、两条边成45度角等都是运用“数”来刻画图形的度量特征。对函数图像也需要做细致入微的分析。例如，每一点处的坐标是多少、斜率是多少，两点之间的长度是多少等都能通过抽象的公式计算出来。通过“数”与“形”的结合，我们对事物规律的把握，既容易又细微、深刻。因此，数形结合的方法就是把数学问题中的运算、数量关系等与几何图形与图像结合起来进行思考，从而使“数”与“形”各展其长，优势互补，相辅相成，使逻辑思维与形象思维完美地统一起来。

3.5.3　数形结合思想在小学数学教学中的渗透

虽然在小学阶段不讲数轴，不讲直角坐标系，不讲函数图像，但数形结合思想在小学数学教学中仍有很多渗透点。

1. 用好“数尺”“数线”或数轴，感知数与形的结合

由于学生对直尺非常熟悉，因此，可以将直尺抽象为“数尺”，即将“数”有规律、有方向地排列，使抽象的数在可以看得见的“数尺”（没有刻度，只有自然数）上形象直观地表示出来，将数与位置（还没有“点”的概念）建立一一对应关系，既有助于理解数的顺序、大小，又有助于理解数列的规律。另外，“数线”与数轴的区别在于“数线”没有画出方向，“数线”与数轴的运用不但能够比较数的大小，而且将“数”与直线上的“点”建立了一一对应的关系，并且任何两个点之间都存在无数个点，即任意两个数之间都存在无数个数。

同时，数轴不但将抽象的数直观形象化，而且也有助于理解运算，将运算直观形象化。例如，加法就是在数轴上继续向右“数”，或者看作是向右平移若干个单位，减法就是在数轴上先找到被减数，然后再向左“数”，或者看作是向左平移若干个单位；乘法就是在数轴上几个几个地向右“数”，或者把一个“线段”拉长几倍；除法就是在数轴上先找到被除数，然后向左几个几个地“数”，如果恰好数到0，就是除尽，数了几次，商就是几。当不能恰好数到0时，就产生了余数，数轴有助于形象化地理解“有余数除法”。

2. 借助线段图，直观形象地理解抽象的数量关系

线段图是理解抽象数量关系的形象化、视觉化的工具。通过画线段图能使抽象复杂的数量关系变得简单，将抽象的数学问题直观化；借助线段图，变“看不见”为“看得见”，学生能清晰、直观地看到问题的本质，将复杂的解题过程化繁为简。在学习“异分母分数加减法”时，仍可运用数与形的结合。例如，计算$\frac{1}{3}+\frac{1}{4}$。首先要进行通分，学生如何理解异分母分数加减法为什么要通分，我们可以借助几何画板软件将思维过程形象化、视觉化，即教师充分利用分数的直观图，将数与形结合起来，引导学生体会只有平均分得的份数相同，也就是分数单位相同，分子才能相加减的道理，直观地理解通分的必要性及异分母分数加减法的算理。因此，利用数形结合的方法，使学生表象清晰，记忆深刻，对算理的理解透彻，既知其然又知其所以然。事实上，这也是形象思维与抽象思维协同应用的一种过程，其教学效果显而易见。

3. 渗透“直角坐标系”思想，初步感知函数关系与图像的结合

学习用“数对”表示“位置”时，将座位平面图抽象为比较形象的“直角坐标系”，建立“数对”与平面上“点”之间的一一对应关系，是学生进一步理解数形结合思想的又一载体。在此过程中，学生初步体验到，有了坐标系后，整个平面就结构化了，可以用一对有顺序的“数”来唯一地确定平面上的一个“点”，数与形再一次结合。有了对直角坐标系的初步认识，学生在学习“正、反比例关系”时，就可以把具有这种关系的两个量在直角坐标系中表示出来，借助于形象的图像，来加深理解图像的函数关系，直观感知两个量的相依相存关系。当两个量成正比例关系时，一个量增加另一个量也随着增加，并且是线性增加；当两个量成反比例关系时，一个量增加，另一个量反而减少。根据图像可以直观地看出两个量变化的极限状态，一个量趋于无穷，另一个量趋于零。

3.6 “转化”策略在数学问题解决中的应用

“转化”是人类解决问题经常采用的一种方法，它就是在解决问题的过程中，多次将问题进行变形，使原来比较难解决的问题，转化为熟知的或已经能够解决的问题，从而使问题得到解决。在数学上，通常也把这种方法或思维方式称之为“化归”。正如匈牙利著名数学家P. 路莎所指出：对于数学家的思维过程来说是很典型的，他们往往不对问题进行正面进攻，而是不断地将它变形,直到把它转化为已经能够解决的问题。他还用以下比喻生动地说明了转化的实质:假设在你面前有煤气灶、水龙头、水壶和火柴,你想烧出开水,应当怎样去做?正确的回答是:在水壶中放上水,点燃煤气,再把水壶放在煤气灶上。接着路莎又提出了第二问题:如果其他条件都没有变化,只是水壶中已经放了足够的水,这时你又应当如何去做?这时,人们往往会很有信心地回答说:点燃煤气,再把水壶放到煤气灶上。但是路莎指出,这一回答并不能使他感到满意。因为,更好的回答应该是这样的:只有物理学家才会这样做,而数学家们则会倒去水壶中的水,并声称我已经把后一个问题转化为先前的问题。

因此,学习数学的一个重要方法就是善于使用转化方法,把不会的问题转化为会的问题,将复杂的问题转化为简单的问题。在实践中,转化的方法在解决数学问题时经常用到,学生应该如何掌握这一重要策略呢?教师在教学中如何实现这一方法的教学呢?下面以实例来分析如何使学生掌握"转化"这一重要方法。

案例:求圆的周长中以曲化直方法的渗透(片段)。

1. 摆正多边形,体验无穷

(1) 用小棒摆一个三角形,这是一个什么三角形?再摆一个正方形、正六边形、正八边形呢?是这样的吗?

(2) 观察思考。

仔细观察,有什么想法?(等待)

想象一下,如果摆一个正120边形,会是什么样?

大树围栏照片。(几位工人师傅的作品)

他们是怎样做到的呢?

能求出这些正多边形的周长吗?(边长×边数)

(随着边数越来越多,正多边形越来越像圆,它的周长也越来越接近圆的周长)

2. 一刀剪圆,体验极限

(1) 一张正方形的纸,一把剪刀,不借助其他工具,请你只用一刀剪出一个圆来。

(教师巡视、收集作品、发纸)贴黑板上展示3个。

(2) 欣赏作品。

为什么这个比那个更"圆"呢?

(沿直线剪的居然比沿曲线剪的更"圆",对折的次数越多就越"圆")

(3) 要是折很多很多次,想象一下,打开后会怎样呢?能实际操作吗?

借助电脑来演示吧！是这个意思吗？（画板课件演示：割周）

演示文稿中显示出：割之弥细，所失弥少，割之又割，以至于不可割，则与圆合体，而无所失矣！

（通过设计动手活动，使学生再次经历正多边形逼近圆的过程，感受研究曲线的方法）

3. 体会割圆思想，总结周长公式

（1）通过以上两个活动和这段话，现在你有什么想法？

（用求正多边形周长的方法来得到圆周长的近似值，通过比较，再次体会研究曲线的“以曲化直”方法）

比较这种得到周长数据的方法与实验测量有什么不同？（仍然是近似值，但可以更精确，用计算代替实验操作）

目前你认为这种方法有什么困难？

（分的份数越多就越精确，精确度可以控制了，还不具备计算正多边形周长的知识）

（2）介绍割圆术、祖冲之。

通过教师讲解，学生阅读，认识圆周率及圆周长计算公式。圆的周长（C）与直径（d）的比值，是一个固定不变的数，是一个无限不循环的小数，我们称之为圆周率，用希腊字母 π 来表示。

（3）总结周长公式。

有了这个关系，我们就可以利用它来计算圆的周长了。

3.7 教学案例

3.7.1 “用数对确定位置”教学实录与评析

【教学内容】

苏教版《数学》五年级（下册）第15页的例1，“练一练”，练习三第1—3题。

【教学目标】

1. 使学生在具体情境中认识列、行的含义，知道确定第几列、第几行的规则，初步理解数对的含义，会用数对表示具体情境中物体的位置。

2. 使学生经历由具体的座位图抽象成用列、行表示的平面图的过程，提高抽象思维能力，发展空间观念。

3. 使学生体验数学与生活的密切联系,进一步增强用数学的眼光观察生活的意识。

【教学重点】

能用数对确定位置。

【教学难点】

掌握确定第几列、第几行的规则。

【教学策略】

情景结合,引导学生自主探究、合作交流。

【教学过程】

一、谈话导入

师:今天老师很高兴能认识同学们,通过今天这节课的学习,我想和我们班所有的同学都成为好朋友。首先我想认识的这位同学坐在第2组第5个位置上。(板书:第2组第5个)你们猜他是谁?(请点到名的同学站起来)

生1:是某某某。

师:说说你是怎么想的。

生1:从左往右数第2组,从前往后数第5个,所以是某某某。

师:还有谁想要说的?

生2:是某某某。我是从右往左数第2组,从后往前数第5个,所以是某某某。

生3:是某某某。我是从前往后数第2组,从左往右数第5个,所以是某某某。

生2:是某某某。我是从后往前数第2组,从左往右数第5个,所以是某某某。

……

师:由于同学们的想法不同,得到的结果也不一样。看来要想确定一个人的位置,必须要有一个标准才行。(板书:标准)那么今天我们就继续来学习确定位置。(板书:确定位置)

评析:"座位"是一个学生感兴趣且生活中经常遇到的问题,从学生身边谈起,让人觉得很自然,很亲切。通过学生找到不同的对象让他们初步感受到:要确定位置首先要有一个标准,即寻找到确定位置的方法。

二、讲解知识

(一) 认识第几列第几行

1. 认识列。

师:其实刚才老师想要认识的第2组第5个同学是这位同学。(老师请

从左往右数是第2组,从前往后数是第5个的同学站起来)谁能告诉大家老师是怎么想的?(指名学生上台站在老师的角度来讲)

生:老师是从左往右数确定第2组,从前往后数确定第5个,所以老师想要认识的同学是某某某。

师:是的,一般来讲,在老师和同学们面对面的情况下,以老师为观察者,老师最左边的这一竖排是第1组,我们又可以叫作第1列。(板书:列)

师:现在请第1列的同学站起来!

第1列的同学站起来。

师:请第3列的同学举举手!

第3列的同学举举手。

师:请第5列的同学向后转一圈!

第5列的同学向后转一圈。

师:谁是班长?请站起来,你在第几列?

生:我在第4列。

生:谁是数学课代表?请站起来,你在第几列?

生:我在第7列。

2. 认识行。

师:现在第几列我们已经确定了,那么第几个老师又是怎么来找的呢?

生:从前往后数的。

师:对!第几个我是从前往后数的!现在老师请每一列的第1个同学站起来!

每一列的第1个同学站起来。

师:站起来的这些同学就是第1行。(板书:行)

师:请第3行的同学举举手。

第3行的同学举举手。

师:请第5行的同学站一站。

第5行的同学站起来。

师:谁是语文课代表?请站起来,你在第几行?

生:我在第5行。

师:谁是英语课代表?请站起来,你又在第几行?

生:我在第2行。

3. 认识第几列第几行。

师:班长,麻烦你再站起来,你在第几行?

生:我在第3行。

师:那你在第几列第几行?

生:我在第4列第3行。

师:你呢?(随便问一学生)你在第几列第几行?

生:我在第(　)列第(　)行。

师:请第4列第3行的这位同学站一站!

学生站起来。

师:请第3列第6行的这位同学也站一站!

学生站起来。

师:通过刚才的学习,我们知道根据第几组可以确定第几列,根据第几个可以确定第几行。(指着板书)那么请同学们想一想,我们是怎样来规定第几列的?(指名学生上台站在老师的角度来讲)

生:以老师作为观察者,从左往右数确定第几列。

师:第几行又是怎么来看的?

生:从前往后数确定第几行。

师:哦!确定第几列一般从左往右数,确定第几行一般从前往后数。那么刚才的这个第2组第5个谁会用第几列第几行来表示?(修改板书)

生:第2组第5个可以写成第2列第5行。

师:同桌可以相互说一说,你所在的位置是第几列第几行?

学生相互交流。

评析:举举手、点点头、拍拍手、笑一笑等非常巧妙的小游戏设计让学生手、脑、口并用,既轻松愉快地明确了行和列的概念,又激发了学生参与的热情,让学生感受到数学就在身边,对数学产生亲切感,提高了学习兴趣。

(二)认识数对

1. 出示直观图。

师:今天老师也带来了一些同学和我们一起来上课,请看银幕。(课件出示例题主题图)请问小军坐在第几列第几行?

生:第4列第3行。(板书:第4列第3行)

师:第4列你是怎么看的?

学生上台指一指。

师:第3行你又是怎么来看的?

学生又指一下。

师:小红呢?

生:第2列第2行。(板书:第2列第2行)

师:小芳呢?

生:第6列第3行。(板书:第6列第3行)

2. 出示圆圈图。

师:为了清楚地表示他们的位置关系,我们还可以用圆圈图来表示。请看银幕。(课件出示圆圈图)刚才我们已经知道小军是坐在第4列第3行,谁能上来指一指他的位置?

学生上台指一指。

师:小红呢?

学生上台指一指。

师:小芳呢?

学生上台指一指。

师:(指着银幕)这个圆圈的位置可以怎样表示?

生:第(　)列第(　)行。

师:(随便指一个圆圈)这个呢?

生:第(　)列第(　)行。

3. 总结数对的意义。

师:同学们,其实像第2列第5行我们还可以写成这样一种形式(2,5),在数学上我们把它叫作数对,读作数对(2,5),2和5之间用逗号隔开,并且加上括号,跟老师一起来读一遍:数对(2,5)。

师:那么第4列第3行用数对怎样来表示呢?(板书(4,3))(齐读一遍)

师:这个呢?(板书(2,2))(女生上来写,男生读一遍)

师:这个呢?(板书(6,3))(男生上来写,女生读一遍)

师:数对前面的数字表示的是什么?

生:第几列。

师:数对后面的数字又表示的是什么?

生:第几行。

4. 练习。

"练一练"的1、2。

评析:由生活中的例子、直观平面图、圆圈图,最后归纳为用数对表示位置,由具体到抽象过渡自然,层次分明。整个过程引导学生思考、探究、交流,进而发现解决问题的方法,理解掌握"数对"的概念。

三、巩固练习

(一) 练习三的第1题

师:刚才同学们都能用第几列第几行来表示自己的位置。你在第几列第几行?(随便问一学生)

生:第 2 列第 5 行。

师:用数对怎样来表示?

生:数对(2,5)。

师:现在老师报一个数对,请相应位置上的同学站一站。数对(3,4)。

学生站起来。

师:是这位同学吗?

师:你们怎么这么确定就是这位同学?

生:从左往右数第三列,从前往后数第四行。

师:哦!也就是说可以用数的方法来确定是这位同学。

师:我再报数对(7,3)。

生:从左往右数第七列,从前往后数第三行。

师:你来报一个数对。你呢?

(二)练习三的第 2 题

师:很好,同学们都能用数对来表示自己的位置了,现在我们来看小明家的厨房。小明家厨房的一面墙上贴着瓷砖,你能用数对表示出 4 块装饰瓷砖的位置吗?(学生独立书写,全班交流)

师:(指着第 3 列)这两块瓷砖的位置有何特征?所以写数对的时候它们有何共同点?

生:在同一列上,前面的数字都是 3。

师:哦!同一列上的两个数对,前面的数字相同。

师:你能说出也在这一列上的一个数对吗?(交流)

师:(指着第 4 行)这两块瓷砖的位置又有何特征?所以写数对的时候它们又有何共同点?

生:在同一行上,后面的数字都是 4。

师:哦!同一行上的两个数对,后面的数字相同。

师:你能说出也在这一行上的一个数对吗?(交流)

师:如果老师报数对(17,4),这块瓷砖的位置怎么找?还像刚才那样从左往右数第 17 列,从前往后数第 4 行,你们觉得怎么样?

生:繁。

师:所以有没有更为简便的方法,一下子就能找到这块瓷砖?

生:看第 17 列,第 4 行。

师:哦,只要看第 17 列的这些瓷砖和第 4 行的这些瓷砖,它们相交的那一块瓷砖就是我们要找的。你能用刚才的这种方法再找一找数对(3,12)是哪一块瓷砖吗?你打算怎么找?

学生回答。

师:这块瓷砖的位置用数对怎样表示?为什么?(16,11)这块呢?(19,14)呢?

师:看来当数据比较大的时候,看它的列数和行数,用这种方法来确定一个位置就显得更方便了。判断数对(3,5)和数对(5,3),它们在同一个位置吗?为什么?

生:数对(3,5)是第3列第5行,数对(5,3)是第5列第3行。所以它们不表示同一个位置。

师:由此可以说明,数对中虽然两个数字相同,但是前后位置发生了变化,那么所表示的位置也是不同的。你知道为什么吗?

生:前面的数字表示第几列,后面的数字表示第几行。

师:哦!因为数对前面的数表示的是第几列,数对后面的数表示的是第几行。所以我们在写数对的时候,前后的顺序不能颠倒。

评析:同列不同行,同行不同列,列、行都不同,三种情况练习设计隐含了许多可以比较的内容,让学生在这些比较中深入地体会数对。数字相同、位置不同的两个数对的练习在培养学生的探究能力的同时,使学生逐步突破学习难点。

(三)练习三的第3题

师:说一说学校会议室地面图中花色地砖的位置,并用数对表示。

学生回答。

师:有的同学写得很快,你在写数对的时候有什么诀窍吗?

生:同一列上的数对先写,同一行上的数对也可先写。

师:如果老师现在告诉你这块地砖的位置是用数对(7,6)表示的,你知道它上面一块地砖的位置是用哪个数对表示的吗?怎么想的?

生:数对(7,7)。同一列前面一个数字相同,后面一个数字加1就可以了。

师:下面一块呢?

学生回答。

师:左面一块呢?

学生回答。

师:如果这块地砖的位置是用数对(9,5)表示的,那么表示数对(13,5)的这块地砖在它的什么位置?怎么想的?

生:右面,因为数对后面的数字相同,所以在同一行上,并且在右面。

师:数对(9,2)呢?

学生回答。

师:同桌合作,一个人说一个数对,另一个人说一说这两块地砖会有怎样的位置关系?

师:仔细观察第 2 小题和第 3 小题,从中我们可以发现:如果只告诉你数对中的一个数,只能知道什么?能不能知道班级在哪一个确定的位置?

师:那反过来说,只有怎样才能确定一个班级具体的位置?

四、全课总结

师:今天这节课我们学习了什么?我们可以用什么方法来确定位置?数对究竟表示的是什么意思?

指出数对前面的数表示第几列,数对后面的数表示第几行。

师:我们已经会用第几列第几行来表示位置了,为什么还要学习用数对来确定位置?

五、机动

师:接下来,老师想要来考一考大家的想象力,请同学们想象一下,这些数对的排列有着怎样的三点规律?

(7,1)　(7,2)　(7,3)　…　(7,10)

(1,5)　(2,5)　(3,5)　…　(21,5)

(1,1)　(2,2)　(3,3)　…　(10,10)

师:这两组数对呢,它们合起来又会组成一个怎样的图案?

(11,1)　(11,2)　(11,3)　…　(11,10)

(1,4)　(2,4)　(3,4)　…　(21,4)

评析:本节课有两大主线贯穿始终:一条是图例的抽象和演变,由实物图到点子图再到方格图,这一抽象的过程细腻、清晰,借助“数形结合”的方式很好地渗透了“坐标”这一较难理解的数学知识,为学生的后续学习做好铺垫。另一条线是确定位置的方法,由不同的描述方法过渡到“先列后行,由近看远”的方法,再通过对比产生数对的方法,这一表达方式逐步递进、简化、抽象,都使学生对数学的简捷性和抽象性有了深刻的感受和体会。课堂上,两大主线层层递进与发展,引导学生进行前后对比反思,及时提升学生的认识。通过学习,学生真正亲身经历了数学知识的建构过程,感受到了数学化繁为简的魔力,以及数学符号的简洁实用,这些都为学生的全面发展打下了良好基础。

3.7.2 “解决问题的策略——假设”教学实录与评析

【教学内容】

教材第68—69页例1,完成随后的“练一练”,第72页第1—3题。

【内容分析】

本节课是苏教版小学数学六年级上册“假设策略”第一课的内容。在学习本课之前,学生已经学习了用画图、列表、一一列举等策略解决简单的实际问题,并在学习和运用这些策略的过程中,感受了策略对于解决问题的价值,同时也初步形成了一定的策略意识。这些都为本课的学习奠定了基础。通过本课的学习,让学生学会运用假设的策略解决问题,增强策略意识,为第二课进一步学习假设策略积累经验,打好基础。

【教学目标】

根据上述教材分析,考虑到学生已有的认知结构和心理特征,我制定了如下教学目标:

1. 使学生经历解决实际问题的过程,体会通过假设把复杂问题转化成简单问题的过程,初步感受假设的策略,并能运用策略解答一些实际问题。

2. 使学生在运用假设策略解决实际问题的过程中,初步感受假设的策略对于解决问题的价值,进一步发展观察、比较、分析和推理的能力。

3. 使学生进一步积累解决问题的经验,增强解决问题的策略意识,获得解决问题的成功体验,提高学好数学的信心。

【教学重点与难点】

重点:在解决实际问题的过程中初步学会运用假设的策略分析份数关系,确定解题思路,并有效解决问题。

难点:能根据题目的特征,灵活运用假设的策略分析份数关系,确定解题思路。

本节课,我充分利用多媒体课件辅助教学,采用引导发现、合作探究、练习巩固等方法,突破教学重、难点,顺利完成本节课所预定的教学目标。

【教学过程】

一、创设情境、感受策略、激活相关经验

师:上课一开始,老师和同学们一起来称一称水果的重量。

(1) 4个橘子重200克。怎样求出1个橘子的重量?

(2) 2个苹果重200克。怎样求出1个苹果的重量?

师:从这张天平图上,你知道了什么?

生:1个苹果和2个橘子共重200克。

师:你能直接求出1个苹果和1个橘子分别重多少克吗?为什么?

哦!原来只有一个未知量,而这里出现了两个未知的量,不能直接求出。

现在,老师告诉大家,1个苹果的重量等于2个橘子的重量。此时你能求出结果吗?

(提出假设概念)

生:把1个苹果假设成2个橘子,那200克相当于4个橘子的重量,可以先求出1个橘子的重量,再求出1个苹果的重量。

课件相应出示,把这2个橘子打上虚框。

师:请问同学们,为什么陈老师在这2个橘子上打上虚框呢?

生:因为原来这里是1个苹果。

师:哦!它实际上是1个苹果和2个橘子,而我们现在假设成都是橘子。同学们,请你们想一想,通过假设,我们解决了一个什么问题?(引导:假设前有几个未知的量?那假设以后呢?)

生:通过假设,我们解决了把两个未知量转化成了一个未知量。

师:解决这个问题,还有同学有不同的想法吗?

师:称水果的问题蕴含着今天这节课老师要和同学们一起研究的一种新的解决问题的策略——假设。那接下来,我们就应用假设的策略一起来解决一些实际问题。

评析:通过天平称水果的重量,唤醒学生头脑中潜在的与假设有关的生活经验。在学生假设的过程中,用一个虚线框框出假设的部分,巧妙地揭示出"假设"的概念,而且使学生初步体会到通过假设可以帮助我们解决将两个未知量转化成一个未知量的难题。引入部分,顺理成章揭示课题,为下面的探究过程做好了心理准备和认知铺垫。

二、自主探索、研究策略

1. 算术方法。

(1) 读题分析,整理条件和问题。

师:读了题之后,我们已知什么?要求什么?

生:题目中已知果汁总量和杯子的个数,还告诉了我们两个杯子容量间的一种倍数关系,要求的是大杯和小杯各自的容量。

师:大家准备采用怎样的策略来解决这个问题呢?

生:假设。

师追问:为什么想到用假设的策略呢?

生:因为这里出现了两个未知的量,没有办法直接求出。

师:明确策略以后,那大家再想一想你们打算怎样来整理这些条件和问题呢？

生1:画实物图　　　　生2:画线段图　　　　生3:列表格

师:老师给大家提供了实物图,1个大杯和6个小杯,同学们能不能借助画实物图找到解决问题的方法？

学生在作业纸上画实物图进行操作。

师:刚才还有同学提到画线段图整理,那大家准备画多长的一段表示小杯？多长的一段表示大杯呢？下面就请同学们选择一种自己喜欢的方法进行整理。

(2)明确解题策略,强化语言训练。

实物投影展示交流:

A. 把1个大杯假设成3个小杯。

a. 学生独立说说。(把1个大杯换成3个小杯,一共有9个小杯)

b. 教师引导说说。

师追问:这个同学的意思是把这些杯子全部看成小杯,那也就是假设全部是小杯。那可以看成一共有几个小杯呢？为什么是9个小杯？

生:因为1个大杯可以看作3个小杯,所以可以看成720毫升倒入9个小杯。这么一想之后,我们可以先求小杯的容量,再求大杯的容量。

c. 学生仿照样子,连贯地把这个假设的过程说一说。

d. 小组互相说一说。

B. 不同解法。

师:刚才我们假设全部都是小杯,还有不同的想法吗？谁能把自己的思考过程说清楚？

生:假设全部都是大杯,因为6个小杯可以看作2个大杯,所以可以看成720毫升倒入3个大杯里。先求大杯的容量,再求小杯的容量。

C. 分析画线段图整理法。

师:还有同学采用画线段图整理,我们也一起来看一看。老师收集了两种画法。请看这一种(错例):同学们看,这位同学画得怎么样？请同学们说一说,两段分别表示什么。按照这种画法,大括号内还是720毫升吗？为什么？

生:因为他的这种画法只画了1个大杯和1个小杯。

师:那应该如何修改？

生:小杯处画6段。

师追问:为什么用这样长的一段表示1个大杯呢？可不可以再画得长一点呢？为什么呢？

生:大杯的容量是小杯的3倍,这些线段加起来一共有720毫升。

(3) 列式解答,计算答案。

师:下面就请同学们选择一种自己喜欢的假设方法,列式解答,交流算法。

师追问:每一步的含义。

生:$6+3=9$个(求小杯的个数);$720\div9=80$毫升(求小杯容量);$80\times3=240$毫升(求大杯容量)。

(4) 小结。

师:解决这个问题我们用了什么策略?为什么?

生:应用了假设策略。因为这道题里有两个未知的量,用假设转化成一个未知的量。

评析:这里重点对学生进行语言训练,引导学生说清楚一句话。假设全部是小杯,因为1个大杯可以看作3个小杯,所以可以看成720毫升倒满9个小杯。对学生反复进行语言上的训练,不仅能明确解题思路,而且使数量之间的关系更加清晰。除此之外,在交流线段图的过程中,重点分析讲解了一种错例,让学生正确把握数量之间的关系,将复杂的问题简单化。

2. 方程求解。

师:刚才老师和同学们一起用算术方法求出了1个大杯和1个小杯的容量。同学们还有别的方法吗?

生:还可以用方程来解决,我们在列方程之前,应该先要写设。我们可以设小杯的容量为x毫升,因为大杯的容量是小杯的3倍,所以大杯的容量是$3x$毫升。

师小结:同学们,虽然这里有大杯和小杯两个未知的量,但在用方程解决的时候,可以只设一个未知的量,而另一个未知的量可以用含有x的式子来表示。

那现在我们可以列方程解答了,看着线段图,谁来说一说我们可以怎样列方程呢?

生:$6x+3x=720$。1个小杯x毫升,有6个小杯,就是$6x$毫升。

学生列方程计算结果,交流完善板书。

$6x+3x=720$

$9x=720$

$x=720\div9$

$x=80$

$3x=3\times80=240$

评析:重点是帮助学生抓住关键,写出设句,借助线段图列出方程。

3. 检验答案。

师:求出的结果是否正确呢?我们还需要进行检验。用方程的结果来检验算术方法的答案,可以吗?那我们用答案来检验一下题目中的条件,可以吗?有哪些条件需要我们检验呢?

生:6 个小杯和 1 个大杯总量是不是 720 毫升;小杯的容量是不是大杯的$\frac{1}{3}$。

检验:$240+6\times80=720$ml。(检验总数是否是 720 毫升)

$80\div240=\frac{1}{3}$。(小杯容量是否是大杯的$\frac{1}{3}$)

评析:本课教学任务较重,为了让学生坚信今天所学的假设策略是正确可行的,要进行检验,这是严谨的态度与科学的精神,是教学中应该倡导的。

4. 小练习。

(1) 单项练习 a(P72 练习十一第 1 题)。

出示填空题,学生看图说说想法。

只留下第二张天平图:

1 个梨和 6 个桃。假设全部是梨,可以看成(3)个梨;假设全部是桃,可以看成(9)个桃。

2 个梨和 9 个桃。假设全部是梨,可以看成(5)个梨;假设全部是桃,可以看成(15)个桃。

(2) 单项练习 b(P72 练习十一第 1 题)。

师:出示填空题。笔记本的单价是练习本的 5 倍。买 4 本笔记本的钱可以买(　　)本练习本。

生:看图说说想法。

师:现在老师把它补成一道应用题。笔记本的单价是练习本的 5 倍,1 本笔记本和 10 本练习本一共 30 元。笔记本和练习本的单价各是多少元?你打算用什么策略来解决?为什么?

生:准备采用假设策略,因为这里依然有两个未知的量。通过假设把它转化成一个未知的量。

师:那同学们打算怎样来假设呢?能不能根据老师给出的提示,连贯地把假设过程说一说?

生 1:假设(全部是练习本),因为(笔记本的单价是练习本的 5 倍),所以可以看成 30 元买(15 本练习本)。

生2:假设(全部是笔记本),因为(笔记本的单价是练习本的5倍),所以可以看成30元买(3本笔记本)。

师:现在,老师把难度继续升级,笔记本的单价是练习本的5倍,3本笔记本和5本练习本一共40元。你能不能仿照着刚才的样子,把自己的思考过程说给大家听,先和你的同桌互相说一说。

生1:假设全部是练习本,那么40元可以买20本练习本。

生2:假设全部是笔记本,那么40元可以买4本笔记本。

评析:单项训练是在教材原有的基础上进行的补充。从易到难,由扶到放。由于新授部分对学生进行的语言训练,学生对整个假设的过程思路清晰。所以这部分练习处理起来节奏明快,学生的积极性和主动性也被充分调动了起来。

3. 练一练P69:1张桌子和4把椅子的总价是2700元,椅子的单价是桌子的$\frac{1}{5}$。问桌子和椅子的单价各是多少元?

生独立完成,计算答案,交流想法。

师追问:有没有同学全部假设成桌子?为什么大家不这么做呢?

生:因为椅子的单价是桌子的$\frac{1}{5}$,所以4把椅子没有办法凑买一张桌子。

师小结:看来我们在假设的时候,要选择一种简单的方法。

评析:重点让学生体会假设时要选择一种最佳的方案。整个教学过程以及相关情境的设置为学生独立探究假设策略提供了空间和机会,环环相扣,非常自然。

三、回顾反思、提升策略

师:今天这节课,老师和同学们一起研究了一种新的解决问题的策略——假设。你认为什么情况下适合用假设策略?

生:两种未知的量,通过假设,转化成一种未知的量,也就是说,可以把复杂的问题简单化。

师:假设时有什么需要我们注意的地方吗?

生:要弄清数量之间的关系。除了可以通过假设,列算术方法进行解答,我们还可以列方程解决问题。

师:假设策略是我们的一种常用策略,请同学们回顾一下,在过去的学习中,我们曾经用假设的策略解决过哪些问题?

生1:把除数看成整十数试——$378 \div 22$。

生2:小数除法——$19.2 \div 3.2$。

生3:估算——105+299。

四、全课小结

让学生说说什么情况下适合用假设的策略,应用时,需要注意些什么,假设策略在我们以前的学习中还应用在了什么地方。拓宽学生应用假设策略的知识面,有利于学生的知识体系形成系统。

五、灵活应用、升华策略

练习十一第2、3题。

安排了两道机动题,可以根据时间灵活调控。

3.7.3 "钉子板上的多边形"课堂实录与评析

【教学内容】

苏教版五年级上册p108—109,探索规律"钉子板上的多边形"。

【教学目标】

1. 使学生探索并发现钉子板上围成的多边形的面积,与围成的多边形边上的钉子数、多边形内部钉子数之间的关系,并尝试用字母式子表示关系。

2. 使学生经历探索钉子板上围成的多边形面积与相关钉子数间的关系的过程,体会规律的复杂性和全面性,体会归纳思维,体会用字母表示关系的简洁性,发展观察、比较、推理、综合和抽象、概括等思维能力。

3. 使学生获得探索规律成功的体验,树立学习数学的自信心,感受数学规律的奇妙,对数学产生好奇心,提高学习数学的兴趣和积极性。

【教学重点】

探索钉子板上多边形的面积与多边形边上钉子数、内部钉子数之间的关系。

【教学难点】

综合、归纳多边形的面积与多边形边上钉子数、内部钉子数之间的关系。

【教学过程】

一、在操作活动中猜测

(一)梳理求图形面积的方法

1. 展示、介绍钉子板。

师:同学们这是一块什么?

生:钉子板。

师:在钉子板上,我们规定每两个相邻钉子之间的距离是1厘米,那么像这样的4个钉子所围成的一个小正方形,它的面积是多少?

生:1平方厘米。

2. 操作、交流中,梳理得到图形面积的方法。

师:现在请同桌两人合作,在钉子板上任意围出一个多边形,互相说说它的面积是多少?你是怎么得到的?

生1:我是通过面积计算公式直接计算得到的。我是这样计算的……

生2:我是用数格子的方法数出来的。

师:看来,我们不仅可以用"算"的方法,还可以用"数"的方法,得到钉子板上多边形的面积。(板书:算、数)

评析:在学习本节课之前,学生已经学过用多种方法得到多边形的面积,对如何得到图形面积已经有了初步的认识。在这里让学生自己动手围一围、说一说,不仅让学生回顾了"算""数"这两种可以得到图形面积的方法,而且让学生学习的自主性得到体现,使学生乐在学中,同时,也为学生接下来猜测、验证钉子板上多边形面积的计算公式奠定了基础。

(二) 探究影响多边形面积的因素

1. 猜测影响多边形面积的可能因素。

多媒体演示6个钉子板上的多边形。

师:现在老师也在钉子板上围了6个不同的多边形,请你用喜欢的方法说一说它们的面积分别是多少平方厘米?

学生独立思考并全班交流。

师:仔细观察这些多边形,你们认为钉子板上多边形的面积会和什么有关呢?

生:钉子板上多边形的面积会和钉子数有关。

师:的确,从图上看,钉子数越多,多边形面积可能就越大;钉子数越少,多边形面积可能就越小。

2. 明确影响多边形面积的具体因素。

师:那你们觉得这个多边形的面积大小,会和钉子板上的哪些钉子有关?

请同学上来摸一摸。

教师指着两枚多边形外面的钉子。

师:你们觉得这个多边形的大小和这枚钉子有关吗?和这一枚呢?

生:都无关。

师:那你们觉得这个多边形的面积大小,会和钉子板上的哪些钉子有关?

学生上来在钉子板上摸一摸。

师:我们把多边形边所经过的钉子数,叫作多边形边上的钉子数。(板书:多边形边上的钉子数)

师:还会和哪些钉子有关?谁愿意上来指一指。

学生再上台在钉子板上摸一摸。

师:我们把多边形里面的钉子数,叫作多边形内部的钉子数。(板书:多边形内部的钉子数)

师:现在我们就来数一数这些多边形,它们的边上钉子数以及内部钉子数各是多少。

学生数一数,并全班交流结果。

师:如果请你们把这6个多边形分成两类?你打算怎么分?

生:可以按多边形内部钉子数分类,一类是内部有1枚钉子的多边形,另一类是内部有2枚钉子的多边形。

师:那老师就按照你们的想法,把这6个多边形分一分。(课件演示)

评析:学生在操作活动中,猜测出"钉子板上多边形面积与钉子数有关",然后教师进一步引导猜测,并请同学上台检验,引发进一步的猜测,让学生在猜测中明确了本节课的学习目标。

二、在观察比较中猜测

(一)探究内部只有一枚钉子的多边形面积的计算公式

师:钉子板上多边形的面积和它的钉子数究竟有着怎样的关系呢?要研究这个问题,你打算先从哪一种情况入手?

生:先研究内部有1枚钉子的多边形。

师:这位同学说得真好!通常情况下,我们是从简单问题开始研究的,所以我们先来观察内部只有1枚钉子的3个多边形。同学们,为了便于观察,我们首先需要一张表格来整理上面的数据。(板书:整理数据)

师:仔细观察这张表格,你发现了什么?

生:多边形内部只有1枚钉子时,多边形的面积是它边上钉子数的一半。

师:那能不能说所有内部只有1枚钉子的多边形,都满足这个规律呢?

生:不能,还需要我们去验证。

师:下面请同桌合作,在钉子板上任意围一个内部只有1枚钉子的多边形,并互相说说你的结论。

同桌合作围一个内部只有1枚钉子的多边形,并上台验证。

师:的确,同学们的猜想是正确的。如果用n表示多边形边上的钉子数,用S表示多边形的面积,那么这句话可以用怎样一个含有字母的式子来表示?(板书:n,面积(S))

生:当多边形内只有1枚钉子时,$S=n\div2$。(板书:$S=n\div2$)

师:原来当多边形内只有1枚钉子时,我们用它边上的钉子数除以2,就是该多边形的面积。

（二）探究内部有2枚钉子的多边形面积的计算公式

师：接着，我们来看一看另外3个内部有2枚钉子的多边形。为了便于观察，我们首先要做什么？

生：整理数据。

师：刚才我们发现如果内部只有1枚钉子，那么多边形的面积就是它边上钉子数的一半。如果多边形内部有2枚钉子，那么它的面积还是等于它边上钉子数的一半吗？

师：现在我们就用刚才发现的规律来算算看。

学生用刚才的规律算一算，并展示结果。

师：你发现了什么？

生1：当多边形内部有2枚钉子的时候，多边形的面积不是它边上钉子数的一半。

生2：当多边形内部有2枚钉子的时候，多边形的面积是它边上钉子数的一半加1。

师：确实，从表格上看，当多边形内有2枚钉子时，多边形面积是它边上钉子数的一半加1。你们有什么疑问吗？

生：是不是所有内部有2枚钉子的多边形都满足这句话呢？

师：请同桌两人合作，在钉子板上任意围一个内部有2枚钉子的多边形，并互相说说你的结论。

学生上台演示，并交流结论。

师：的确，这一次同学们的猜想是正确的。那如果让你用含有字母的式子表示这个发现，你准备怎么表示？

生：当多边形内有2枚钉子时，$S=n\div2+1$。（板书：$S=n\div2+1$）

师：同学们，通过观察比较，我们可以发现，当多边形内部只有1枚钉子时，多边形面积等于它的边上钉子数的一半，也就是$S=n\div2$，或者也可以写成$S=n\div2+0$；当多边形内部有2枚钉子时，多边形面积等于它的边所经过钉子数的一半再加1，即$S=n\div2+1$。（板书：观察比较）

评析：在具体的数学情景中，鼓励学生经历观察、猜测、比较、再观察、再猜测、再比较的过程，在这个过程中，学生根据特定表格中的数据猜想出两条规律，此时学生自然而然地会产生强烈的疑问："是不是所有符合条件的钉子板上的多边形都满足这个规律呢？"这样会使学生带着强烈的好奇心、求知欲去探究，用例证的方法证明自己的猜想。真正让学生从观察、比较、猜测、证明中探索其内在的规律，获得相互合作的快感。

三、在合情推理中猜测

（一）类比推理

师：探究到现在，你们还满足吗？还想提出什么问题？

生1：当多边形内部有3枚钉子时，多边形面积如何计算？

生2：当多边形内部有4枚钉子时，多边形面积如何计算？

……

师：同学们，你们能猜测一下吗，当多边形内部有3枚钉子时，多边形面积怎样来表示？当多边形内部有4枚钉子时呢？

生：当多边形内部有3枚钉子时，$S=n\div2+2$；当多边形内部有4枚钉子时，$S=n\div2+3$。

师：那是不是我们所猜想的那样呢？这也需要我们一起去验证。先和同桌说一说你要验证哪个式子，然后和同桌分工，一人在钉子板上围，一人填写作业纸。

学生上台交流成果。

师：确实，通过猜想验证，我们发现当多边形内有3枚钉子时，多边形面积是它的边所经过钉子数的一半加2；当多边形内有4枚钉子时，多边形面积是它的边所经过钉子数的一半加3。看来，我们班的同学们真的很棒，不仅动手能力强，而且思维也很敏捷！（板书：猜想验证）

评析：国际著名数学教育家G.波利亚指出：学生自己提出了猜想，也就会有追求证明的渴望，因而此时的数学教学最富有吸引力，切莫错过时机。从学生已有发现的基础上进行猜测，给了学生质疑的机会，让他们自己选择合适图形，用例证法对推测出的规律与同学进行讨论，类比推理，对猜测的合理性进行判断，发展了自主、科学地探究数学规律的能力。

（二）归纳推理

1. 归纳计算钉子板上多边形面积的一般规律。

师：显然，多边形内部钉子数还可以是6枚、7枚、8枚等。

师：我们仔细观察这几组算式，它们都有什么是一样的？

生：都有$n\div2$。

师：但有什么是不一样的？

生：$n\div2$后面的加数变了。

师：怎么变？

生1：每次加1。

生2：比多边形内部钉子数少1。

师：如果我们用字母b来表示多边形内部的钉子数，那么多边形的面积可以用怎样的一个含有字母的式子表示？

生：$S=n\div2+(b-1)$。（板书：$S=n\div2+(b-1)$）

师：$n\div2$ 表示什么？再加 $b-1$ 表示什么？

生：$n\div2$ 表示内部只有1枚钉子的多边形的面积，$b-1$ 表示多边形内部钉子数少1。

师：所以说先算出内部只有1枚钉子的多边形的面积，再加 $b-1$，就可以算出内部有 b 枚钉子数的多边形面积。

评析：G. 波利亚曾说过，在数学领域中，猜想是合理的，是值得尊重的，是负责任的态度，数学猜想能缩短解决问题的时间，能获得数学发现的机会，能锻炼数学思维。从已知特殊规律出发的类比推理，让规律的本质得以体现，那么进一步的归纳推理不仅能使学生发现计算钉子板上多边形面积的一般规律：$S=n\div2+(b-1)$，更能发展学生的理性思维能力，这也是科学探究数学规律所必备的能力。

2. 猜想并验证内部没有钉子的多边形面积的计算公式。

师：如果当 $b=0$ 时，也就是多边形内部没有钉子时，多边形的面积怎样表示呢？

生：当 $b=0$ 时，$S=n\div2-1$。

师：是不是这样呢？这里老师围了一个内部没有钉子的多边形，我们来数一数它边上的钉子数，算一算它们的面积是多少。

学生独立计算并全班交流。

师：观察这组数据后，你有什么发现？

生：当 $b=0$ 时，$S=n\div2-1$。

师：你是怎么看出来的？

生：因为 $10\div2-1=4$（平方厘米）。

师：确实，观察后不难发现，当多边形内部没有钉子时，多边形的面积就是它边所经过钉子数的一半减1。

师：同学们，刚才通过推理归纳，我们发现原来只要数出多边形它的边所经过的钉子数以及它内部的钉子数，就可以运用 $S=n\div2+(b-1)$ 算出钉子板上多边形的面积。（板书：推理归纳）

四、归纳总结

师：同学们，今天这节课，我们一起探究了“钉子板上的多边形”（板书课题：钉子板上的多边形），通过今天这节课的学习，你有什么收获？

生1：我知道了钉子板上多边形的面积和钉子数有关，具体是和它边上的钉子数以及它内部的钉子数有关。

生 2:我知道了钉子板上多边形面积的计算公式是 $S=n\div2+(b-1)$,其中 S 表示多边形的面积,n 表示多边形边上的钉子数,b 表示多边形内部的钉子数。

生 3:我们研究问题要从简单问题入手。

师:我们今天一起研究“钉子板上的多边形”的时候,是从哪种情况着手研究的?

生:是从内部只有 1 枚钉子的多边形开始研究的。

师:所以今后我们在探究复杂问题时,可以从简单问题入手研究。

生 4:探索规律时,要遵循整理数据、观察比较、猜想验证、推理归纳的一般方式。

评析:“钉子板上的多边形”是一节综合实践活动课,需要在老师的指导下,引导学生自主探究,进行综合性的学习。因此,本节课的教学不仅要让学生理解并学会用 $S=n\div2+(b-1)$ 计算钉子板上多边形的面积,更重要的是培养学生自主、科学地探究规律的习惯,掌握科学探究规律的方法,提高学生的数学思维能力。

五、拓展应用

课件展示围好的不规则多边形图片。

师:同学们,我们来看这张图,你打算如何得到这个不规则图形的面积?

生 1:可以用刚才所学的 $S=n\div2+(b-1)$ 算出这个不规则图形的面积。

师:如果用 $S=n\div2+(b-1)$ 计算它的面积,我们首先得要知道什么?

生:可以数出这个不规则图形它的边所经过的钉子数以及它内部的钉子数,然后用 $S=n\div2+(b-1)$ 算出它的面积。

师:我们一起数一数这个多边形它的边所经过的钉子数以及它内部的钉子数。

学生数一数并全班交流。

师:你打算先算什么,再算什么?

学生交流计算过程。

师:我们也可以用一个综合算式来计算它的面积。(由课件展示)

生 2:可以用割补法计算这个不规则图形的面积。

学生交流计算过程。

生 3:可以用数方格的方法数出面积。

学生交流数的过程。

师:你们打算用什么方法得到这个图形的面积?

生:我想用 $S=n\div2+(b-1)$ 来计算它的面积,因为另外两种方法都相对比较困难、比较繁琐，而用 $S=n\div2+(b-1)$ 来计算，只要数出多边形边所经过的钉子数以及它内部的钉子数，就可以计算面积，相对比较简单。

师：正如你所看到的，计算钉子板上不规则图形的面积，使用我们今天所探究的 $S=n\div2+(b-1)$ 相对比较简单。

师：同学们，今天这节课就上到这儿，谢谢大家！

3.7.4　“圆的面积”课堂实录与评析

【教学内容】

苏教版五年级下册第十单元 P105—106 例 7、例 8 和“练一练”、练习十九的第 1 题。

【教材分析】

圆的面积是在学生认识了圆的特征、学会计算圆的周长以及学习过直线围成的平面图形面积计算公式的基础上进行教学的。由于以前所学的都是直线图形面积的计算，而像圆这样的曲边图形的面积计算，学生还是第一次接触到，所以具有一定的难度和挑战性。教学关键之处在于学生要通过观察猜想、动手操作、计算验证、自主探索，推导出圆的面积公式并能灵活应用它来解决实际问题。因此，本课的教学应紧紧围绕“转化”思想，引导学生联系已学知识，把新知识纳入已有知识中分析、研究、归纳，从而完成对新知的建构过程，建立数学模型，培养解决问题的综合能力。

【学情分析】

小学阶段对几何图形的认识很大程度上属于直观几何的学习阶段，而几何本身是比较抽象的。本节课学生从认识直线图形发展到认识曲线图形，是一次很大的飞跃。从学生思维角度看，五年级学生具有一定的抽象和逻辑思维能力。这一学段中的学生已经有了许多机会接触到数与计算、空间图形等较丰富的数学内容，已经具备了初步的归纳、类比和推理的数学活动经验，并具有了转化的数学思想。所以在教学时应注意联系现实生活，组织学生利用学具开展探索性的数学活动，注重知识发现和探索过程，使学生感悟转化、极限等数学思想，从中获得数学学习的积极情感，体验和感受数学的力量。同时在学习活动中，要使学生学会自主学习和小组合作，培养学生解决数学问题的能力。

【教学目标】

1. 让学生经历操作、观察、填表、验证、讨论和归纳等数学活动的过程，探索并掌握圆的面积公式，能正确计算圆的面积，并能应用公式解决相关的简单问题，构建数学模型。

2. 让学生进一步体会“转化”的数学思想方法，感悟极限思想的价值，培养运用已有知识解决新问题的能力，增强空间观念，发展数学思维。

3. 让学生进一步体验数学与生活的联系，感受用数学的方式解决实际问题的过程，提高学习数学的兴趣。

【教学重难点】

重点：圆的面积计算公式的推导和应用。

难点：圆的面积推导过程中，极限思想（化曲为直）的理解。

【教学准备】

教具：多媒体课件、面积转化教具。

学具：书、计算器、16 等份教具、作业纸。

【课堂实录】

一、 创设情境、揭示课题（数学来源于生活）

师：请同学们说几个带有“马”字的成语？

生：一马当先、千军万马、天马行空、心猿意马、犬马之劳。

师：同学们，我们刚才说了很多关于马的成语，现在就让我们先到一个跑马场去看一看！

（展示课件）大家看，这是一个跑马场，里面养着很多马，其中有一匹马被拴在一棵树上，它吃草的时候绷紧绳子绕了一圈。从这个过程中，你知道了哪些信息呢？

生 1：大树所在的位置中心是圆心。

生 2：马走了一圈是圆的周长。

生 3：马脖子里的缰绳长度是这个圆的半径。

评析：在有趣的情境中，及时复习圆的相关特征，为本课的学习做好铺垫，好的开头是成功的一半。

师：那这匹马最多能吃多大面积的草呢？谁愿意来指一指。

生：圆围起来的绿色草地。（课件凸显马能吃到的草的面积）

师：圆所围成的平面的大小就叫作圆的面积。

师：今天我们就来研究圆的面积。（揭示课题并板书）

师：关于圆的面积，你想研究它的哪些问题呢？（引导学生提出疑问）

生 1：怎样计算圆的面积？

生 2：圆的面积计算公式是怎样推导出来的？

评析：在上课开始就用这个生活中的数学问题来导入新课的学习，既可以激起学生学习的兴趣，又可以为后面圆面积的学习奠定基础，更可以让学生从课堂上涉猎生活中的数学问题，让学生体验到数学来源于生活。

二、猜想验证，初步感知（探究圆面积与半径的关系）

1. 猜想。

(1) 师:你认为圆的面积大小可能和什么有关？让学生猜想。(板书:圆)

生:半径、直径或者周长。

师:刚才同学们一致认为圆面积的大小与它的半径有关,它们到底有着怎样的关系呢？为了便于同学们的研究,老师把圆的半径作为边长画出这样一个正方形。(课件出示一个正方形)

师:会求正方形的面积吗？

生:(学生讨论)得出正方形的边长就是圆的半径,用 r 表示。正方形的面积就是 $S=r\times r=r^2$。

师:想一想:图中正方形的面积与圆的半径有什么关系？

师:正方形的边长就是圆的半径,用 r 表示,那正方形的面积就是 $r\times r$,也就是 r^2,即圆的半径的平方。(板书 r 的平方)

师:请你们大胆猜一猜圆的面积大约是正方形面积的几倍？

生:不到4倍。(板书:4倍少)

师:你是怎么想的？

生:因为4个这样的正方形拼起来比圆要大一些。

师:你说的是这个意思吗？(课件演示)圆的面积比正方形面积的4倍少一些。

师:看来你不仅会估计,而且还能把道理说得清清楚楚,真不简单,掌声响起。

师:还有别的想法吗？

生:圆的面积大约是正方形面积的3倍多一些。

师:你是怎么想的？

生:把四个小正方形的对角线连接起来,就发现圆的面积大约是正方形面积的3倍多一些。

评析:让学生观察发现,以正方形的边长为半径画一个圆,圆的面积和正方形的面积有着密切的关系,激发学生进一步研究的意愿,发现圆的面积和它的半径的平方有关系,通过圆的周长的学习,探究发现圆的周长是直径的3倍多一些,学生根据已有的知识经验和研究方法,会去猜测圆的面积是半径平方的4倍少一些、3倍多一些,为深入探究预埋伏笔。

2. 数方格。

师:刚才我们对圆的面积范围做了一个估测,知道了圆的面积是正方形面积的4倍少一些,那到底这个估测是否正确?我们可以通过数方格的方法来做一个初步的验证。(出示圆整个覆盖方格纸,教材例7)

师:这里一个小方格表示1平方厘米。

师:与以往数方格不同的是,圆是一种特殊的图形,由曲线组成,为了精确起见,像这样几格(出示涂色)虽然不满一格,但和一格又非常接近的都算作一格,其余不满一格的还按半格计算。

师:这数的方法是有了,不过老师觉得一格一格地数有点麻烦,能不能动动脑筋想出一个简洁一点的方法?

生1:先数出圆的一半,用圆面积的一半乘以2等于圆的面积。

生2:可以先数四分之一圆的方格数,用圆面积的四分之一乘以4等于圆的面积。

师:你喜欢用哪种方法数出圆的面积?

生齐:先数四分之一圆的方格数,用圆面积的四分之一乘以4等于圆的面积。

师:这真是一个金点子,现在咱们只要数出四分之一圆的方格数就好了,此处应该有掌声。(课件:变色显示四分之一圆方格)

师:下面我们就一起来数一数。

师:这个图里共有几个满格呢?(出示涂色满格数)数一数。那半格呢?

生:10个满格和5个半个。

师:5个半格相当于几个满格?共有多少格?

生:5个半格相当于2.5个满格,共有12.5格。

师:那整个圆的面积大约是多少?

生:圆面积的四分之一是12.5平方厘米,圆面积 $=12.5\times4=50$(平方厘米)。

师:那正方形的面积是多少呢?

生:正方形的面积是16平方厘米。

师:现在你能算出圆的面积是正方形面积的多少倍吗?(精确到十分位,保留一位小数)

生:$50\div16\approx3.1$。

师:让我们一起把刚才的研究成果填写在这张表格中。

正方形的面积/cm^2	圆的半径/cm	圆的面积/cm^2	圆的面积大约是正方形面积的几倍(精确到十分位)
16	4	50	3.1

师:圆的面积大约是正方形面积的多少倍?又是半径平方的多少倍?

生1:圆的面积大约是正方形面积的3.1倍。

生2:圆的面积大约是半径平方的3.1倍。

师:你会按这样的方法数出下面两个圆的面积吗?请翻开书本第105页,男同学数第一个圆,女同学数第二个圆。把你们的研究成果填写在表格中。

生:

正方形的面积/cm^2	圆的半径/cm	圆的面积/cm^2	圆的面积大约是正方形面积的几倍(精确到十分位)
16	4	50	3.1
9	3	30	3.3
25	5	78	3.1

师:谁来汇报一下半径为3厘米的圆?研究这个圆的小组的答案和他们相同吗?半径为5厘米的圆哪个小组汇报一下?

生:汇报并完成表格。

师:仔细观察表中数据,你有什么发现?

生:圆的面积都是正方形面积的3倍多一些。

师:这三个圆的半径虽然不同,但是圆的面积都是它对应正方形面积的3倍多一些。

师:刚才我们又说了正方形的面积是r的平方,那么圆的面积和它的半径有什么关系呢?

生:圆的面积是它半径平方的3倍多一些。(板书:3倍多)

师:刚才我们先通过猜一猜,再通过数一数,最终发现圆的面积确实是它半径平方的4倍少一些、3倍多一些。

评析:从学生熟悉的数方格开始学习圆面积的计算,有利于学生从整体上把握平面图形面积计算的学习,有利于充分激活学生已有的关于平面图形面积计算的知识和经验,从而为进一步探索圆的面积公式做好准备。由数方格获得的初步结论对接下来的转化推导相互印证,使学生充分感受圆面积公式推导过程的合理性。

三、实验操作,推导公式(探究面积计算公式)

1. 第一次剪,明确思路,体会转化。

(课件再次出示马吃草图)

师:知道了圆的面积和它半径的关系。现在你能准确算出这匹马最多可以吃多大面积的草了吗?

生:不行,因为圆的面积到底是半径平方的多少倍不清楚?

师:是的,3 倍多一些,到底多多少还不清楚,圆的面积又究竟是它半径平方的 3 倍多多少呢?(板书:? 倍)

师:我们的研究能不能就到此结束?还需要进一步研究吗?那怎么去研究呢?(沉默)大家好像遇到了点困难。

师:请你在大脑中搜索一下,以前我们研究一个新图形的面积时,用到过哪些好的方法?

生 1:可以把新图形转化成已学过的图形。

生 2:平行四边形可以转化成长方形,推导出面积公式。

生 3:三角形的面积可以转化成拼成的平行四边形面积的一半,梯形的面积也可以转化成拼成的平行四边形面积的一半。

师:你们有没有发现这些方法都有一个共同点?

生:都是将没有学过的图形转化成了已学过的图形。(板书:转化)

师:那咱们今天研究的圆是否也能转化成我们已学过的图形呢?圆是曲线图形,我们可以怎样化曲为直,怎样转化呢?

师:如果我们也像推导三角形、梯形面积那样用两个完全相同的圆形,你认为可能转化成我们学过的图形吗?(圆是曲线图形,拼不成已学过的图形)

师:那怎么办呢?

生:把圆剪开。

师:唉,那又怎么剪呢?沿着什么剪?

生:沿直径把圆平均分成两份。

师:沿直径剪开就将圆平均分成两份。(边说边操作)那你能把它拼成什么学过的平面图形吗?

生:不是太容易拼,还需要剪。

师:那怎么办?

师:那如果老师再继续剪下去,平均分成 4 份,现在我们来拼一拼(一正一倒)。

学生动手拼一拼。拼成近似的平行四边形。

师:这个图形好像有点意思。

师:有的同学说它像是平行四边形,像吗?

生:有点像,又有点不像。

师:但我们又发现剪拼成的图形和平行四边形不是很像,怎样才能更像呢?

生:再剪。

师:怎么剪?(平均分成8份)真是这样的吗?让我们一起来看看。

师:和刚才那个图形相比有什么变化呢?

生:更像一个平行四边形。

2. 第二次,明确方法,体验极限。

师:刚才我们将圆片分别剪成4等份、8等份,再拼成新的图形,这是想干什么呀?

生:想把圆形转化成平行四边形。

师:那还能更像吗?

生:可以继续分剪成16等份。

师:大家可以照着这样的思路去试一试?好,拿出你们的学具,小组合作动手拼一拼。

师:看来同学们都拼好了,老师也想把大家的作品移到黑板上来。

师:和前两次拼成的图形相比,又有什么变化?

生:更像平行四边形了。

师:从哪儿可以看出这幅图更接近平行四边形了?

生:边更直了。

师:那是什么方法使得边越来越直了?

生:分的份数越来越多。

师:如果让我们拼成的图形还要更接近平行四边形,怎么办?

生:可以继续分下去,分成32份。

师:再接近呢?

生:把圆平均分成64份,128份……

师:现在如果老师让你把圆剪成128等份,会怎么样?请同学们大胆猜测一下:如果平均分成的份数越来越多,随着份数的增加,那拼成的图形会怎么样呢?会越来越接近什么图形?(长方形)

师:为了便于同学们的研究,我们请电脑来帮帮忙(演示),请看屏幕。

师:如果平均分成32份,拼成的图形有什么发现?

生:拼成的图形越来越接近一个长方形。

师:如果平均分成64份呢?(越来越接近)

师:你想象一下如果平均分成128份,拼成的图形会怎样?(演示分成128份)

生齐:越来越接近长方形。

师:越来越接近什么?(长方形)

师：如果我们平均分的份数足够多，最后拼成的图形就是长方形了。（出示长方形图）

师：我们把圆转化成了长方形，什么变了，什么没变？

生：形状变了，面积没变。

师：这样就把求圆的面积转化成了求长方形的面积。换句话说，只要求出长方形的面积，就可以求出圆的面积。

评析：通过这一环节，渗透一种重要的数学思想——转化，引导学生抽象概括出新的问题可以转化成旧的知识，利用旧的知识解决新的问题，从而推及圆的面积能不能转化成以前学过的平面图形。如果能，我们可以很容易地发现它的计算方法了。让学生迅速回忆，调动原有的知识，为新知识的“再创造”做好准备。学生也能想象出等分的份数越多，拼成的图形就越接近平行四边形。

3. 第三次探究，深化思维，推导公式。

师：现在请同学们仔细观察拼成的长方形，它与原来的圆有什么联系？请同学们在小组内互相说一说。

生1：转化后的长方形面积和原来圆的面积相等。

生2：长方形的宽等于圆的半径。

师：谁来说一说？真是这样的吗？让我们一起来看一看。其实从我们刚才拼的学具中也可以发现这一规律。（这个发现很重要、很有价值，最好把它写下来）

师：你们真是一群爱观察爱思考的好孩子，一下子发现了长方形与原来的圆有这么多的联系。谁能把这些联系完整地说一遍？

生：转化后的长方形面积和原来圆的面积相等，长等于圆周长的一半，宽等于圆的半径。

师：再请一位同学来说一说。

师：长方形的宽和圆的半径相等，那这里的宽就也可以用字母 r 表示。那长方形的长又可以怎么表示呢？

师：同意他的说法吗？谁再来说一说。

师：现在，你能算出长方形的面积吗？怎么算？（板书：长方形的面积 = 长 × 宽）

生：面积相等，长等于圆周长的一半，宽等于圆的半径。

师：大家听清楚了吗？谁愿意再来说一说。这个计算很重要，老师把它写下来。

生：长方形的面积 = 长 × 宽，这长又可以表示为 πr，宽是 r，长方形的面

积就是 πr^2。

师：谁来说一说圆的面积怎样算呢？

生：圆的面积用字母 S 表示，圆的面积计算公式就是：$S=\pi r^2$。（板书面积公式）

师：这 π 是多少？也就是圆周率。r 呢？

师：那现在你能说一说圆的面积到底是它半径平方的多少倍吗？

生：圆的面积是它半径平方的 π 倍。（板书：π）

师：真理终于浮出了水面。谁再来说说看，我们是怎样推导出圆面积的计算公式的？

生：运用转化的办法把圆通过剪一剪、拼一拼的办法转化成长方形，长方形的面积等于圆的面积，长方形的长是圆周长的一半，长方形的宽是圆的半径，圆的面积就是 $S=\pi r^2$。

4. 小结。

师：同学们，刚才大家运用了转化的方法把圆这个新图形转化成了我们已经学过的图形，从而求出了圆的面积，以后大家遇到新问题时都可以用转化的方法尝试解决一下。（板书：转化）

现在要求圆的面积是不是很简单了？知道什么条件就可以求出圆的面积了？

生：圆的半径。

师：知道了半径怎么求圆的面积？

生：知道了半径，用 π 乘半径的平方就求出了圆的面积。

5. 回顾。

师：那让我们一起来回顾一下刚才的研究过程，通过猜一猜，我们知道了圆面积的大小与圆的半径有着密切的关系。

师：通过数一数、算一算，我们知道了圆的面积是半径平方的 3 倍多一点，从而初步验证了我们先前所有的猜测。通过剪一剪、拼一拼，我们将圆形转化成了长方形，通过比一比、算一算，成功地推导出了圆的面积计算公式。验证了我们所有的猜测。

评析：在教师的引导下，学生通过自己主动地观察、思考、交流，运用已有的经验去探索新知，把圆转化成已学过的长方形来推导出圆面积的计算公式。通过实验操作，经历公式的推导过程，不但使学生加深对公式的理解，而且还能有效地培养学生的逻辑思维能力和演算推理能力，学生在求知的过程中体会到数形结合的内在美，品尝到成功的喜悦。

四、解决问题，拓展应用

1. 解决问题。

师:现在你能解决马场中这匹马最大能吃多大面积的草吗?（课件出示马吃草图）

师:这含有平方的运算咱们还是第一次遇到,这种情况咱们都是先算平方。

生:学生完成计算。

师:如果马没有拴在树上,围在了栅栏中,在圆形围栏中的马最多能吃多大面积的草,你会求吗?（知道直径和周长）

生1:知道直径,先求出半径,再求出面积。

生2:知道圆的周长,先求出半径,再求出面积。

2. 生活中许多与圆的面积有关的题目。

师:(例9练习)请同学们仔细读题,看看你能获得哪些信息?

师:想象一下这个喷水龙头所喷出的水会形成一个什么图形?它的半径是多少?分析条件可知,你能求出一个半径为5米的圆的面积吗?

生:学生在黑板演示,集体讲评。

3. 小结。

师:知道了圆的半径可以求出圆的面积,那知道圆的直径或周长,也能求出圆的面积吗?

生1:知道直径先求出半径,再求出面积。

生2:知道圆的周长,先求出半径,再求出面积。

五、全课总结，回顾反思

师通过今天这节课的学习,你有什么收获?

生1:圆所围成的平面的大小就叫作圆的面积。

生2:圆的面积是半径平方的3倍多一点。

生3:运用转化的办法把圆通过剪一剪、拼一拼的办法转化成长方形,长方形的面积等于圆的面积,长方形的长是圆周长的一半,长方形的宽是圆的半径,圆的面积就是$S=\pi r^2$。

师:刚才在巡视的时候还有同学问我,能不能把剪下来的小扇形拼成其他的图形,比如三角形或者是梯形。你们认为能吗?让我们一起来看一下。(课件出示拼的过程)

师:那利用拼成的三角形和梯形也能推导出圆面积的计算公式吗?有兴趣的同学可以课后去剪一剪、拼一拼、想一想、算一算,相信你一定会有更多的收获。

评析：全课总结不仅要重视学习结果的回顾再现，也要关注学习经验的反思提升。在这一过程中，学生不仅获得了知识，更重要的是学到了科学探究的方法。

3.7.5 例谈“整十、整百数除以一位数的口算”课堂教学，体会计算的“美”

【摘要】

小学数学教科书中计算教学占很大的篇幅，因为小学生的计算能力是基本技能中的一个重要组成部分。准确定位学生的计算知识基础，关注学生的学习心理；引导学生主动建构算法，算法多样化与算法优化有机统一，注重算理直观与算法抽象的有效链接；注重口算、估算与笔算的有机结合和互相促进，这些都是培养小学生计算能力的重要项目。这样可以让学生原本觉得无趣、繁琐、枯燥的计算学习，变得有趣、简单而有意义。

【关键词】

直觉思维　主动建构　数形结合

【正文】

数学的美，在于简约之美、规律之美、探究之美。而计算教学很多时候犹如“鸡肋”，食之无味，学生往往感受到的是计算的无趣、繁琐和困难。计算教学是数与代数领域的重要内容，计算能力又是小学生重要的数学能力，怎样让学生也能体会计算的“美”呢？

参加京苏粤浙第二期中小学卓越教师高端研修班期间，有幸与另一位老师同课异构“整十、整百数除以一位数的口算”，获得了比较好的评价。以下是具体实录：

一、找准学习起点，体会直觉思维的美

【片段一】

1. 口算：

$30\times3=$　　　　$70\times9=$　　　　$200\times4=$

$100\times9=$　　　　$6\times60=$　　　　$50\times8=$

请学生口答，选择两小题说一说是怎样想的。

2. 出示例1：把60支铅笔平均分给3个班，每班分得多少支？

【片段二】

1. 口算：

$6\div3=$　　　　$8\div2=$　　　　$9\div3=$

$12\div3=$　　　　$24\div4=$　　　　$45\div5=$

请学生口答，任选两小题让学生说一说用了哪句乘法口诀。

2. 将复习部分第一组口算题改变成：

$60 \div 3 =$　　　　　$80 \div 2 =$　　　　　$90 \div 3 =$

师：说一说有什么变化？（被除数变成了整十数）

你还能算得又对又快吗？学生直接把口算结果写在本子上。

片段一中的口算，旨在复习整十、整百数乘一位数的口算，通过回忆口算的方法，试图让学生进行口算方法的迁移，这样能为学生学习本课口算除法的方法做好铺垫。

片段二中的口算，则完全是表内除法的复习，进一步巩固乘法口诀。随即将题目改成整十数除以一位数的口算，引导学生观察题目的变化之后，让学生尝试独立写出口算结果。

两个片段中的口算复习，从表面看，都找准了学生学习的起点，片段一中侧重方法的起点，片段二中侧重知识的起点。但是再仔细推敲一下，不难发现，片段一的预设，从复习到新授，都是老师引导着学生进行，看似热闹，学生的思维都是跟着老师，亦步亦趋，主动性不够，也就不能很好地体现学生积极主动的学习；而片段二的预设，由复习巧妙地变化成新授，更重要的是直接让学生尝试写出口算结果，学生通过直觉思维能又对又快地口算，一下子对口算有了积极的情感，也感受到了成功的喜悦。

以上两个片段是我教学预设时两次不同的思考，实际教学时采用了片段二的预设。

二、主动建构算法，感悟内在统一的美

【片段三】

师：60除以3得20，你是怎样想的？

四人小组互相讨论。

组织交流，情况预设：

生1：3个20是60，60除以3等于20。（算除法的时候想乘法）

生2：60表示6个十，6个十除以3，得2个十，是20。

追问：你能借助什么工具来演示这个过程呢？

生3：借助小棒来分一分。

生4：借助计数器来演示分的过程。

生5：$6 \div 3 = 2$，$60 \div 3 = 20$（追问：为什么 $6 \div 3$ 等于2，$60 \div 3$ 就等于20呢？）

师：第二、第三种方法其实想法是一样的。

那 $600 \div 3$，你会算吗？$6000 \div 3$ 呢？

【片段四】

师:(出示方格图)一共有多少个方格呢?数数看。

交流:每排 10 个,6 排,一共有 6 个 10,也就是 60。

师:你能将 60 个方格平均分成 3 份吗?(学生分一分)

交流。预设:

①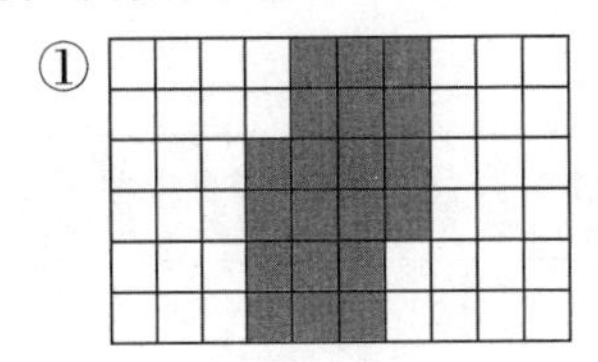

②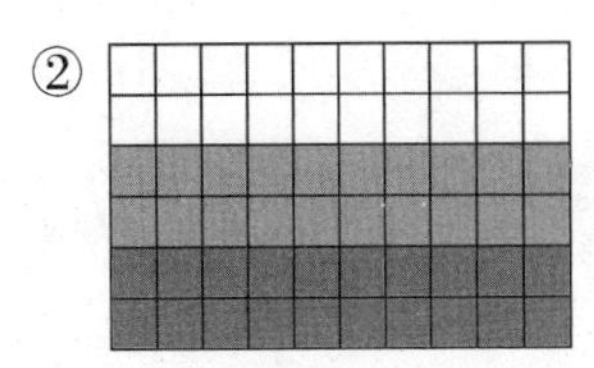

两幅图都是平均分成三份了吗?(平均分的特点就是每份同样多)

将 60 个方格平均分成 3 份,每份是多少?如何列式计算?($60\div3=20$)

能否结合这幅图来说一说,为什么每份是 20?

小结:6 个十除以 3 得 2 个十,是 20。

片段三中,承接着学生口算出整十数除以一位数的口算,引导学生重点讨论 $60\div3$ 的口算方法。学生小组讨论后,鼓励学生表达不同的思考过程。有利用除法是乘法的逆运算来思考的;有借助实物来分一分的,学生借助小棒、计数器来演示分的过程,引导学生用数学语言把分的过程表达出来;有凭着直觉来口算的,6 除以 3 得 2,那么 60 除以 3 得 20。在学生充分交流之后,老师适时追问,引发学生深入思考,明确这里的 6 除以 3 得 2,表示 6 捆小棒(每捆 10 根)平均分成 3 份,每份是 2 捆小棒,也就是 20 根。让学生在思考、交流中,顿悟方法二与方法三在本质上是一样的。

片段四中,老师以学生已有的表内除法和平均分为基础,引导学生将想法在方格图上用自己喜欢的方式表示出来。通过比较、交流,让学生进一步理解平均分,丰富对除法意义的理解。同时引导学生根据图说一说,很自然地引出了算式以及算法,最后得出“6 个十除以 3 得 2 个十,是 20”,可谓水到渠成。

这两个片段是在引导学生理解算法时,我和孟老师同课异构中两个不同的教学预设。虽然算理和算法的侧重点不同,呈现的载体和方式也不同,但是在理解算法上都体现了学生主动建构的过程,让学生自主探究得出算法,同时在算法多样化的基础上,引导学生自主地进行方法的优化。

三、对比突破难点,体会数形结合的美

【片段五】

出示:$200\div2=$　　　　$200\div5=$

指名口算。

师:同样是200这个整百数除以一位数,第一题商还是整百数,第二题的商却是整十数,是什么原因呢?

指名回答,明确:200÷2,是把200看作2个百,2个百除以2得1个百,是100;200÷5,是把200看作20个十,20个十除以5得4个十,是40。

追问:为什么200÷5时,不能把200看作2个百,而要看作20个十呢?

指名回答,根据学生回答,相机课件演示。

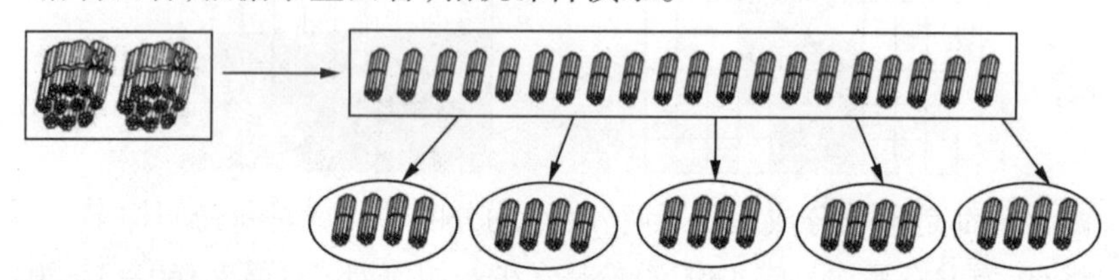

明确把200看作2个百,2个百除以5,每份是不能分得1个百的,所以这里的200要看作20个十。

整百数除以一位数(首位不能整除的)是这节课的教学难点。为了突破这个难点,设计了被除数是相同的整百数、除数是不同的一位数的口算。让学生在对比练习中感受到不同:要把被除数看作几个百或几个十,这是学生的第一次感悟,可能一小部分学生已经心领神会了,但大多数同学还是一知半解。第二次感悟,通过追问的方式,让学生试着去解释“为什么200除以5时,不能把200看作2个百,而要看作20个十呢”。在学生用语言表达的同时,借助多媒体课件,动态地展示“2个百除以5,每份是不能分得1个百的”,因此要把“200看作20个十,除以5得4个十,就是40”。

这样,借助“形”的直观去体会“数”的抽象,使学生的认知从模糊走向清晰,抽象的算法有了直观的算理依托,学生易于理解和掌握。利用数形结合有效地突破了教学的难点。

四、练习注重有效,感悟应用延伸的美

【片段六】

师:这是一份报纸,这篇文章大约有1000字(课件划出一个长方形区域),这儿的一小块,估一估大约有多少字?

生:要估算的一小块,大约是把整篇文章平均分成5份,所以用1000除以5。(课件演示平均分成5份)

生:1000÷5=200(字)。

师:说一说你是怎么算的?

生:计算的时候,把1000看作10个百,除以5得2个百,是200。

师:看来我们用整百数除以一位数的口算,也能解决实际问题。

【片段七】

出示□□□÷5。

师:一个三位数除以5,猜一猜商可能是几位数?

生1:商可能是三位数,500÷5=100。

生2:400÷5=80,商可能是两位数。

师:判断商是几位数,大家觉得关键是看被除数的哪一位?

生:被除数的百位。

师:百位上是几的时候,商还是三位数?

生:百位上是5,6,7,8,9时,除以5,会是1百多,商还是三位数。

师:百位上最大是几的时候,商只能是两位数了?

生:百位上最大是4时,除以5,不能得到1个百了,商只能是两位数。

师:这在以后的三位数除以一位数的笔算中,我们一起继续研究。

片段六中,老师设置了一个具体的问题情境,引导学生自主去跟所学的平均分、口算等知识产生"链接",提出解决问题的方法。这样,让计算教学与生活实际紧密联系,通过解决实际问题,让学生感悟计算的重要性和应用价值。

片段七中,老师通过开放题的设计,学生猜的过程,旨在帮助学生自主地巩固整百数、整十数除以一位数的口算;根据被除数的百位和除数的大小,判断商是几位数,是口算除法与笔算除法首位试商的沟通和延伸。这一题的开放设计与充分挖掘,使一道题充分发挥它的作用,这一过程在提高学生计算能力的同时,很好地发展了学生的数感。

计算课的练习设计,注重基础性的同时,更要注重开放性、层次性。引导学生尝试解决实际问题,体会计算的应用价值;练习的设计要有一些延伸,引导学生带着问题去进行更多、更深入的探究和思考。

看来,计算教学中并不缺少"美",需要我们善于引导学生去探索、发现和感悟"计算的美"——计算教学中的数学味。在夯实计算的基础知识和基本技能的同时,也能很好地渗透数学的基本思想,获得数学活动的基本经验,提高学生的数学思维能力,发展学生的数学素养。

第4章 提升数学素养

4.1 小学生数学素养的基本结构

数学,作为一门自然基础学科,被人们誉为思维的体操,是人类改造世界最有力的武器。而小学数学又是数学学科中最为基础的部分,也是每个学生在生活实践活动中应用最多的基础学科。因此,每个学生必须熟练掌握小学数学的内容,并在此基础上把这些知识有效地应用于自己的学习生活之中。而决定其应用效果和应用质量的根本因素将取决于他们的数学素养。正是在这个意义上,重视学生数学素养的培养,也便成了当前世界各国教育改革发展的必然趋势。翻阅各主要发达国家近年来的数学教学大纲和课程标准,尽管由于各国文化背景不同,提法不尽相同,但关于数学教育的目标,基本上都阐述了这两个方面的内容:其一是使学生掌握社会生活必备的数学知识与技能;其二是具备良好的数学素养。概括各国的数学教育改革纲领性文件,基本的共识是:数学素养应包括数学意识、解决问题、逻辑推理和信息交流四个部分。在小学数学教育中提出培养学生的数学素养,正是人类随着社会进步和认识的不断提高的印证。小学阶段是儿童形成各种良好的学习习惯的关键时期,他们的可塑性很大,而且向师性又比较强,容易养成各种良好的习惯,但也容易沾染上种种不良的习惯。因此,在小学数学教学和学习过程中,应该有意识、有计划、有目的地培养学生学习数学的良好习惯,有效提高学生的数学素养。小学生的数学素养主要应该包括以下几个方面。

1. 专心听讲

专心听讲是学生在数学课上接收信息、吸取知识、学好数学最基本的保证。小学生天性活泼好动,好奇心强,乐于接受新鲜事物,但又注意力不持久、不稳定,只有在生动形象、积极思维的情境中才能收到学习效果。因此,必须首先让学生养成上课专心听讲的习惯。

2. 勤于动脑,独立思考

数学活动其本质就是思维的活动,学习数学的过程也就是进行思维活动的过程,只有勤动脑、善于独立思考问题才能深入理解和掌握数学知识,形成各种有关的思维方法和学习能力,独立获取新知识。

3. 认真阅读书本

学生具备了阅读数学课本的能力和习惯,也就获得了终身受用的自学能力。在小学数学教学中,从小注意培养和训练学生阅读数学课本(包括其他相关书籍)的习惯,具有积极而深远的意义。

4. 认真细致,独立完成作业

在学习活动中,完成作业是巩固深化所学知识、形成技能和技巧、发展数学能力的重要环节。对于学习态度乃至今后的工作态度均有潜在影响。因此在教学上不能让学生出现马虎、敷衍了事,甚至是抄袭作业等不负责任的现象。

5. 运用数学语言准确表达思想

数学语言是数学思维的外壳,正确运用数学语言表达思想可以加深学生对数学知识的理解,提高学生数学的口头表达能力,也有助于发展逻辑思维能力。

以上五个方面的内容比较完整地反映了小学生数学素养的发展状况,其中的每一个方面都不是单一的,更不是孤立的,而是有机联系的。所以,在新课程背景下实施小学数学教学,一个根本的着眼点就是提高学生的数学素养。

4.2　小学生数学素养培养的整体视角

4.2.1　建立新理念

作为小学数学教师,首先要思考的问题就是应树立怎样的数学教学观,我们的数学教育应如何关注学生的发展,给予学生的是快乐还是压抑,是创造还是束缚。《数学课程标准》提出:数学课程,基本出发点是促进学生全面、持续、和谐地发展。因此,在数学教学中渗透人文精神,重视学生的心灵关怀,就成为不可忽视的重要目标之一。现代课堂教学观的核心就是关注在生长、成长中的人的整个生命。从生命的角度看,每一节课都是不可重复的激情与智慧的综合生成过程。学生学习的过程并不是单纯的知识接受和技能训练的过程,而是伴随着交往、创造、追求、选择、意志力、喜怒哀乐等多因素的综合过程,是学生整个内心世界的全面参与过程。因此,教师要与学生进行知识的对话,更要与学生进行心灵的对话,让学生获得心灵的快乐、宁静和满足。

笔者在教学二年级数学上册的"可能性"一课时,根据教材内容设计了一个摸球环节,采用了学生分组摸球竞赛的形式。摸球的两个口袋中,一个有红球,另一个没有红球,摸到红球多的小组获胜。很多教师也采用了这样的方式,而实际上,这样的方式让没有摸到红球那组的学生心里特别不舒服,他们会认为老师明知那个口袋里没有红球还让他们去摸,这样的行为带有欺骗性质,会影响学生的上课情绪。虽然他们学到了知识,但他们在这个过程中并不快乐,甚至很受伤。后来我把这一设计进行了修改,改成我与一组学生进行摸球比赛,没有红球的口袋给老师来摸,以期让学生在实践操作中体验到学习的成功和快乐。

4.2.2 注重教材整合

创造性地使用教材,注重教材的整合,注重求知乐学,提高学生对数学知识的理解和感悟,培养学生对学习的主动性和创造性,让我们的课堂充满活力,这是我们每位教师孜孜追求的目标。为使学生在课堂教学中积极主动地去探求知识,教师在教学过程中(包括备课、讲课)一定要转变教材是"圣经",是不能改变的陈旧观念,而是要以教材为依托,精心研究教材,敢于改变教材中不切实际或比较滞后的教学例子,创造性地使用教材,为学生积极主动地探求知识创设一个良好的教学情境,最大限度地调动学生学习的积极性,让他们在活动中去思考、去创造、去认识世界。

六年级上册"百分数的认识"这一课中,教材例题中出现的数字$\frac{16}{25}$,$\frac{13}{50}$,$\frac{7}{10}$,在学生计算通分时,出现的分母最小公倍数是50,我在教学设计时把这些数字进行了调整,改成$\frac{16}{25}$,$\frac{13}{20}$,$\frac{7}{10}$,这样改我认为有利于学生更容易地认识百分数。同时,教材呈现一表格,在比率一栏中写道:投中个数占几分之几。我将它修改成:投中个数占投篮个数的几分之几。一方面规范教学语言,体现教学用语的严密性;另一方面,帮助学生更好地理解题意,加深认识。

4.2.3 加强与生活的联系

新型的课堂教学中,知识不再作为信息而被简单传递。《数学课程标准》

中指出:数学教学应该是从学生的生活经验和已有的知识背景出发,向他们提供充分的从事数学教学活动和交流的机会,帮助他们在自主探索的过程中真正理解和掌握基本的数学知识技能、数学思想和方法,使学生学习的过程真正成为学生思考问题、解决问题、发展能力的过程。因此,要让教学内容走近学生的生活,强化知识的实践应用,突出直接经验对学生发展的特殊价值。教师要积极调动学生已有的生活经验和所学理论知识的联系,要组织学生走出教室,走出校门去开展各种实践活动,去丰富他们的相关经验。在课堂教学中的教学内容也要努力联系学生的学习生活和社会生活。

例如,“平均数”这一节的教学,教学目标主要是初步认识平均数的概念,掌握平均数的求法,理解平均数的意义。其中,平均数的概念和意义是这节课的难点。为了突破难点,在引入新课时,我向学生提了这样一个问题:期末考试结束后,我想比较一下两个班的学习成绩,应该采用什么方法?这样一来,学生的情绪就调动起来了,有的说比最高分,有的说比最低分,也有的说比分数总和,还有的说比平均分。经过比较,大家发现,不论是比最高分、最低分,还是总分,都不够公平,在一定程度上,都不能代表全班同学的一般情况,只有比较平均分才合理。从而,在思考、回答问题的过程中,既渗透了平均数的概念,也领会了平均数的作用。

4.2.4 强调实践

在以往的课堂上,学生扮演着配角的角色,学习好的学生是主要配角,大多数学生只是群众演员甚至是观众、听众乃至是过客。现在,我们要让学生经历自己尝试—合作探索—实践中学习—运用中创新的过程,让学生有独立思考和自主实践的时间和空间,让学生敢于提出问题,勇于发表见解,对教学内容和教学方式能提出不同意见,学生与学生之间、老师与学生之间可以经常展开辩论,让学生真正成为学习的主人。当学生自觉地、自主地、无拘无束地进入学习活动中时,他的创新意识就萌生了,创新思维就会冒出火花,创新精神就会逐步树立,创新能力也悄然形成。

例如,“校园的绿化面积”这一节课的教学,我设计了让学生独立在方格纸上设计学校的花坛环节,学生不仅兴趣浓厚,全员参与,设计着自己喜爱的不规则或规则的组合图形,使所学有了发挥的空间,更在与同桌交流的活动中,体现了自主思想,锻炼了数学语言,提高了数学的实际应用能力。

4.2.5 推动现代学习方式改革

小学生数学素养的培养并不是一朝一夕能形成的,必须有一个循序渐进的过程。在此过程中,教师注重学生学习方法的改变,从而促进他们学习方式的改革。新课程改革中就学生的学习方式提出了三条,即自主性学习、研究性学习和合作性学习。

1. 自主性学习

自主性学习是就学习的内在品质而言的,相对于"被动性学习""机械性学习"和"他主性学习"。认知建构主义认为,自主性学习实际就是无认知监控的学习,是学习者能够根据自己的学习能力、学习任务的要求,积极主动地调整自己的学习策略和努力程度的过程。自主性学习要求个体对为什么学习、学习什么、如何学习等问题有自觉的意识和反映。有学者认为,如果学生在学习活动前能够确定学习目标、制定学习计划、做好具体的学习准备,在学习活动中能够对学习进展和学习方法做出自我监控、自我反馈和自我调节,在学习活动后能够对学习结果进行自我检查、自我总结、自我评价和自我补救,那么,他的学习就是自主性学习。

在小学阶段,学生的自主性学习是指学生能在学习过程中积极能动地参与教学活动,积极主动地进行学习认识和学习实践活动等。这样的学习方式在小学生数学素养发展中的作用表现为:促进学生更好地独立思考,有自己的思想见解,养成勤于动脑的学习习惯。自主性学习也有利于学生阅读习惯的生成,提高学习效果。例如,在教学五年级上册"求商的近似值"一课中,设计了学生自主看书学习定义的环节,让学生通过自己的学习先初步了解循环小数的知识,再对不明白的地方进行质疑。学生成为学习的主体,老师只是起一个引导的作用。个人认为这样的方式相比教师的"满堂灌",效果要明显好。

2. 研究性学习

研究性学习,即创设一种情景,让学生进行主动探索、发现和实践,从中学会对大量信息的收集、分析和判断,从而增进应对急剧变化的环境的能力和发展创造力。这种学习方式就被人称为"研究性学习"。研究性学习关注的是学习过程,不重在结果,学习者是否掌握某个具体知识并不重要,关键是能否对所学的知识和积累的经验有所选择、判断、解释和运用,从而有所发现和创造。概括目前的教育实践,我们可以将研究性学习定义为:在教师的指导下,由学生自己选择和确定研究的课题或题目的设计,自己收集、分析并选择信息资料,应用知识去解决实际问题的一种学习方式。这是一个最有利于培养学生创新精神和实践能力的学习方法之一。在当前的小学数学教学改革中,重视并大力实施研究性学习,对于提高小学生数学素养研究有以下这样几个方面的意义:

（1）联系生活实际。在教学过程中，教师要着力研究学生的生活背景，注重对生活知识进行研究和加工，把数学知识与生活实际融合起来。例如，教学“圆的周长”一课时，教师从学生的生活实际出发，这样组织教学：

出示一个圆形的铁圈。

师：看了这个铁圈，你们想知道什么？（周长）要知道周长有什么办法？

生1：用绳子绕铁圈一圈，再量出绕铁圈一圈绳子的长，就可以知道铁圈的周长。

生2：将铁圈拉直，再用绳子度量，便可知道铁圈的周长。

生3：用铁圈在桌子边沿滚一圈，再用尺子量出铁圈滚过的长度，同样可以得出铁圈的周长。

师：你们真聪明，都用自己的办法解决了问题。现在用你们研究的方法再来解决一个问题：小铁球转一圈的周长是多少？（教师边讲边演示）

生：（疑惑地摇摇头）怎么求呢？刚才的方法都不管用了。

如上教学，从学生的生活实际出发，亲切、自然、具体、现实，激发了学生研究学习的欲望。

（2）关注个性体验。现代教育观认为：每个学生都可以学习数学，不同的学生在数学学习中得到不同的发展，不同的学生学习数学的方式不同，只有个性化的学习方式，才能使不同的学生得到不同的数学学习效果。因此，教师在教学中要重视学生研究学习的成果，正确地要给予表扬、肯定、推广和应用；错误的要点拨、引导、剖析错因；多类方法的要筛选、论证、多中选优。让具有不同水平、不同方法、有个性的学生都有机会表达自己的思想，为学生的研究学习注入新鲜的活力。

例如，教学“一位数除两位数”一课时，教师让学生把42根小棒平均分成2份，引导学生把分小棒的过程用竖式表达出来，结果出现了下面几种思维方式：直接用口算的方法把42根平均分成2份，写出竖式（A）；想（ ）×2 = 42，得出（B）；先分单根的，再分整捆的，得出竖式（C）；先分整捆的，再分单根的，得出竖式（D）。

对于上面几种做法，教师都做出了积极的肯定，然后教师再让学生按自己的想法计算52÷2，运用第四种方法的学生比较顺利地算出结果。而用第三种方法的学生必须算三次，在竖式计算时遇到了麻烦。直接用口算或想乘法计算的同学都普遍感到吃力，体会到用竖式计算的必要性。在这一教学过程中，不同的学生表现出不同的思维过程，教师没有做任何的干预，而是让他们在研究中自己做出判断、选择，使学生从中感受到研究的快乐，增强了研究的信心。

(3) 激励自主探索。研究性学习强调了知识不是被学生消极地接受,而是通过学生自身在实践中以富有创造意识的积极性,主动探求获取的,其实质是让学生经历自己发现问题、自主探索问题、自行解决问题这一互动、自主的过程。这就要求教师要革除陈旧的教学理念,突出学生的主体地位,顺应学生的学习思路,只有这样,学生才能既长知识又添智慧,研究性学习才能落到实处。

例如,教学"能被3整除的数的特征"一课时,有位教师是这样展开教学的。首先出示一组数:63,36,123,96,39,让学生判断这些数中那些数能被3整除,并总结出特征。当学生说出"个位上是3,6,9的数,都能被3整除"后,教师板书这一特征,又出示一组数:13,26,23,19,46,59,让学生根据自己得出的特征判断这些数能否被3整除,至此,学生疑惑重重:"这些数的个位也是3,6,9,怎么不能被3整除了呢?什么样的数才能被3整除?"教师抓住时机,引导学生进行自主探索。课堂气氛浓烈,高潮迭起,思维活跃,研究学习的态势表现得淋漓尽致。

(4) 拓展学习空间。首先,现实生活中存在着大量的数学问题,我们可以结合教学内容将其引入课堂。例如,在教学"两位数乘两位数"的乘法时,可从学生爱喝的饮料的情境中引出教学内容:"雪碧一箱24瓶,16箱雪碧一共有多少瓶?"由此引出新课的学习。

在应用题教学中,有许多数量关系在现实生活中广泛存在。例如,在教学"三步计算应用题"一课时,教师可从学生购买文具的情境中引入:"小明在求知文具店买了3支铅笔,每支8角,又买了4本练习本,每本5角,小明买文具用了多少钱?"

几何初步知识在生活中大量应用。例如,"装修房子所用地板的面积""计算操场跑道的长""求罐头的容积"等。这些都是学生熟悉的、感兴趣的、现实的题材,由此引出数学问题,不仅激发了学生的数学兴趣,而且让学生认识到数学与生活有着密切的联系,体会到数学就在我们的身边,增强了数学的研究意识。

其次,到问题情景中寻找。例如,教学"复习分数应用题"一课时,可让学生研究如下问题:调查六年级学生中男生有几人?女生有几人?今天出勤几人?缺勤几人?再根据调查结果深入思考,可以想到哪些数学问题,用什么方法解答?

最后,到实践活动中去。鼓励学生把自己在现实生活中发现的问题说出来,写下来,通过交流、评比,提高他们到实践中去研究数学的自觉性。像这样,把学生研究的空间多渠道引到课外,不但能沟通数学知识与生活、社会的联系,而且能让学生在自主参与、积极实践的研究活动中,获得体验,形成爱探究、乐求知、善研究的良好心理倾向。

3. 合作性学习

合作性学习是当前大力推进素质教育、全面提高人才质量过程中提出来的一种非常重要的学习方式。它强调动态因素之间的合作性互动,并借此提高学生的学业成绩,培养学生良好的非认知品质,因而这种教学理论较之传统的教学理论更具情感色彩。它不再局限于师生之间的互动,而是将教学互动推延至教师与教师、学生与学生之间。合作性学习认为,生生互动是教学系统中尚待进一步开发的宝贵的人力资源,是教学活动成功的不可缺少的重要因素。而这种生生互动的学习方式是学生进行自主性学习的重要方法。不但可以减轻师生的负性负担,提高学生学习的参与度,增进教学效果,更对提高小学生数学素养有不可忽视的作用。

在"长方形的面积"一课教学时,老师先让学生与同桌交流估计长方形"卡片"的面积,再引导学生以小组为单位,交流自己的方法,然后合作测量"卡片"的面积。学生中出现了"用透明方格纸数""用1平方厘米的小方块摆""用尺量出长和宽再计算"等多种测量方法。在引导学生解释分析这几种测量方法的基础上逐步形成猜想,再引导学生选择多个长方形进行操作验证。学生在估计测量、形成猜想、操作验证的过程中,用小组合作学习的方式,经历了知识的"再创造"过程,理解了长方形面积的计算方法,建立了长方形面积公式的表象,对科学的探究过程和方法也有了真切的体验。

4.3　数学素养的基本内涵及教学策略

4.3.1　数学素养的基本内涵

一般而言,数学素养是指人用数学观点、数学思维方式和数学方法观察、分析、解决问题的能力及其倾向性,包括数学意识、数学行为、数学思维习惯、兴趣、可能性、品质等。数学是一门知识结构有序、逻辑性很强的学科,是人们对客观世界进行定性把握和定量刻画,逐步抽象概括,形成方法和理论并进行广泛应用的过程。数学知识的学习过程,必须遵循数学学科特性,通过不断地分析、综合、运算、判断推理来完成。因此,整个学习过程就是一个数学知识的积累,方法的掌握、运用和内化的过程,同时又是数学思维品质不断培养强化的过程。显然数学的严密有序性、数学知识的内在逻辑性、数学方法的多样性是我们提高数学素养的极其重要的因素。

一个具有较高数学素养的人,数学思维特质的外显和内在表现在以下两个方面。

1.“数学使人精细”是数学素养特质的外在表现

高数学素养的人往往受过系统的数学教育,数学知识丰富,在生活和工作上常表现出对数的敏感和适应,能够从纷繁复杂的事例中分离出数学因素,建立模型,通过数学进行观察分析,善于用数学的观点说明问题。其个性品质往往给人以精明、精细、富有逻辑的感觉。

2. 数学锻炼人的思维是数学素养特质的内在特征

数学是思维的“体操”,数学思维本身就具有客观性、直观性、深刻性和灵活性等特征。

(1) 数学思维的客观性。我们认识世界、了解世界,追求的是对客观世界的真实再现。数学思维相对于其他思维,其精度更高、信度更强、效度更可靠,原因就在于数学思维是客观现实的反映。用数学思维的观点、方法去观察、分析客观世界,更能体现真实再现的特点。

(2) 数学思维的直观性。思维本是抽象的东西,如果凭借数学模型,以数据、图形作为载体进行量化分析,可以大大加强其直观性。

(3) 数学思维的深刻性。用数学方法进行思维,不仅可以了解事物的表面,而且可以通过对问题进行根本的了解和透彻的分析来深入认识事物的本质。如果没有数学方法的参与,有时我们很难对某些问题进行定性认识,甚至会使问题的解决半途而废。而一旦通过数学方法对事物进行定性把握和定量刻画,则不难找到事物的本质联系或根本症结,做出合乎现实的正确决断。

(4) 数学思维的灵活性。数学思维方式方法的多样性以及数学运算的简捷便通性,给我们运用数学知识,通过数学的观点、方法去判断、分析和解决问题提供了极大的便利。运用数学方法,解决问题,既可以宏观、全局地把握事物特征,又可以从某一方面、某一事例入手微观、局部地认识事物,达到“窥一斑而知全豹”的认知效果;既可以反思、总结过去,又可以设计和展望现在和未来;既可以通过数字符号反映事物间的联系,又可以运用图形刻画事物的状态。随着数学手段的提高和数学工具的便捷,社会对数学运用的关注程度也越来越高,诸多便利因素的出现为我们在现实之中用数学解决问题注入了无限的活力。

4.3.2　培养数学素养的教学策略

小学数学对人的数学素养的形成起着重要的作用。小学数学自身的特点和规律也为培养人的数学素养提供了可能。小学数学知识结构单一,呈现方式灵活,许多数学思想、数学法则和数学规律往往依附于一定的感性材料而存在,许多数学问题都能够从生活实际中找到原型,甚至有一些数学问题实质上就是日常生活中存在现象的翻版,直接显示出生活意义。小学数学也具有严密的逻辑性,可以促进人的思维发展,并体现出时代的整体特征。这些因素也是形成数学素养的先决条件。新一轮国家数学课程标准的建立突出体现"基础性、普及性和发展性"的特点,要求"人人学有价值的数学,人人都获得必要的数学",并且强调"不同的人在数学上得到不同的发展"的理念。这无疑为小学阶段培养人的数学素养指明了方向。基于以上分析,我们在小学数学教学中培养人的数学素养,应该切实做好以下几方面的工作。

1. 培养数学意识,形成良好数感

数学意识的培养有利于数学思维的发展,良好的数感则有利于形成科学的直觉。个人的数学意识和数感一方面反映了他的数学态度,另一方面也反映了他的数学素养水平。具备良好数学意识和数感的人应该具有对数和数运算的敏锐感受力和适应性,能够有意识地用数学知识去观察、解释和表现客观事物的数量关系、数据特征和空间形式,并善于捕捉生活中诸多问题所包含的潜在的数学特征。所以应将生活与数学紧密相连,让学生深深感知到生活中时时处处都有数学,这样才能逐渐培养学生的数学意识。

现行教材最大的优点就是图文并茂、灵活地呈现所学内容,教材中所选的都是贴近学生实际生活经验的情景图,紧密联系生活,从学生已有的学习、生活经验出发。例如,二年级下册"有余数的除法"一节,利用了"野营"这一情景串,从野餐到野营让学生在"玩"的过程中充分感受到了生活中的有余数的除法。再例如,"万以内数的认识"一节,农村与城市的小朋友以"手拉手"的形式出现,呈现了农村学生进城后、城市学生来到农村后的所见所闻及生活体验,以及城乡学生分别时的美好回忆。在这些生活素材中,学生能用万以内的数描述具体的事物,能进行较大数的比较及几千几百加减法的口算,建立了初步的数感和符号感。

因此,小学数学教学要使数学问题生活化,生活问题数学化,让学生在学习中感受生活情景,直接从生活中提取素材,进行数学分析,寻求数学解决方案。只有这样的数学才有无限的生命力,并逐渐形成学生的数学意识。

2. 加强数学思维、方法的训练，形成数学探究能力

数学探究能力是数学素养最核心的部分和最本质的特征，数学探究能力的提高是通过数学思维方法的训练来完成的。

例如，二年级下册“万以内数的加减法”的教学中，学生已经掌握了两位数加减两位数的口算、笔算方法，利用知识的迁移规律，尝试让学生自主探究“笔算三位数加减三位数”的计算方法，在探究数学方法的同时也加强了学生的迁移推理能力。

3. 培养估算能力，形成科学的直觉

估算是对事物的整体把握，是对事物数量的直觉判断，在现实生活中，一个人的估算能力有着广泛的作用。如果我们在小学数学教学中，注重培养学生的估算意识，积极发展学生的估算能力，这将有助于学生对数学概念的理解，有助于数学方法在实际生活中的运用，有助于学生对日常数量关系的灵活处理，形成各种解题策略，进而形成科学的数学直觉。

例如，二年级下册第二单元的信息窗4中，教材提供了大量的估算资源：参观农村新建的学校、菜地、苗圃，让学生用数充分表达和交流，估计物品的数量，交流估计的策略，并逐步形成科学的直觉。教材不但在数量上设计了估算，在计算中也设计了估算。再如，第四单元的信息窗2，利用“勤劳的小蜜蜂整装待发”的情景设计了“三位数加三位数”的估算，在交流的基础上引导学生归纳方法：把每个加数看作与它们接近的整百数，再口算它们的和，并感知在不需要精确计算的时候，可以用估算确定结果，也可以通过估算检验计算的结果是否合理。

因此，我们要积极地帮助学生积累经验，注重对周围和身边的事例进行观察、比较，鼓励学生大胆估计、反复实践，帮助学生总结归纳，使学生分析问题有根有据，而不是盲目猜测，学生的估算能力一定会进一步提高，从而形成科学的直觉。

4. 注重数学实践活动的开展

数学实践活动的开展，对于学生能力的培养是十分有益的。教师要想培养学生实际的本领，必须带领学生参与丰富多彩的数学实践活动，使学生在实践中长知识、长才干，学会识别和适应生活中的数学问题。

例如，在二年级下册中，教材设计了两个数学实践活动：奇妙的动物世界和户外活动。“奇妙的动物世界”是在学生学习了万以内数的认识和长度单位后安排的一个实践活动，活动内容是想让学生了解一些动物每天的食量、睡眠时间和寿命等情况。在活动中让学生先分组制定调查计划，然后调查、记录并整理调查的结果，最后小组进行交流。“户外活动”是在学生学习了时、分、秒和统计知识之后安排的，活动内容是调查、统计学生每天户外活动的时间，让学生在具体的活动中体会一定时间的长短，同时经历统计的全过程，提高分析和整理数据的能力。

5. 培养数学的情感体验

数学，其独特的科学价值与文化价值对学生形成良好的数学情感态度具有潜在的陶冶作用，它包括思想品德和情感体验两大类。具体内容有以下四个方面：

(1) 对学生进行学习目的、爱国主义、爱科学的教育。

(2) 学生对数学、数学学习活动的兴趣和动机。包括好奇心、求知欲以及对数学学习活动中的主动参与等。

(3) 自信心和意志力。

(4) 学习数学的态度和习惯。包括探索创新、独立思考、合作交流以及实事求是的态度及习惯。

4.4　培养"解决数学问题"的能力，提高数学学习素养

"问题解决"是近年来国际上数学教育的研究热点，是我国新课程标准的一个重要目标。《数学课程标准》把"问题解决"作为义务教育阶段数学的四大课程目标之一，提出应在数学教学中培养学生的"应用意识"，即让学生认识到现实生活中蕴含着大量的数学信息，能够积极主动地利用所学数学知识解决现实生活中的问题，充分发挥数学的价值。解决实际生活中的数学问题，既是培养小学生应用数学能力的重要途径，也是提高小学生数学素养的重要方面。教学策略对于提高教学水平、理清思路、激发学生学习兴趣等都起着不可忽视的重要作用。作为数学教学改革的一种新趋势，数学问题解决已成为当前小学数学教育研究的重要课题。在平时的教学中，应加强对小学生数学问题解决的能力培养。

1. 注意问题情境设计的情趣，激发学生的求知欲望

著名教育家皮亚杰认为：智力活动必须是为一种情感性力量所激发的，一个人从来不想学习自己不感兴趣的东西。学习成败的决定性因素取决于学生学习的自主性，即引起学生学习的动机。学生是数学问题解决学习的主体，而兴趣则是产生学习动机的主观原因。从心理学上来说，兴趣可以使感官和大脑处于最活跃的状态，引起注意力高度集中，使感知清晰，想象活跃，记忆牢固；能抑制疲劳，产生愉快情绪；能以最佳心态获取信息。学生一旦有了解决数学问题的兴趣,就会积极地去实践,这对能力的培养非常重要。

教师在组织课堂教学时,应创设适宜的问题情境,创设各种学生感兴趣的问题。

一是模拟生活创设情境。根据教学内容和学生身心发展水平的特点,采用直观语言、实物演示、游戏等教学手段,经常性地从生活实际中引入一些实物、场景,创设课堂的生活情境,使课堂教学更接近现实生活,使学生身临其境,让学生依托这些情境进行分析比较;使抽象的数学问题具体化,以更便捷的方式沟通书本知识与生活现象的联系,激发学生的学习兴趣。自主构建"生活—数学—生活"的学习体系,进而形成创造性解决实际问题的能力、热爱数学的情感、克服困难的意志。

二是运用多媒体创设情境。多媒体教学手段内容充实形象,有"声"有"色",为教师和学生创造了一个更大的时空范围,使原有的模式化教材变为开放的、参与式的、有个性和创造性的活教材。运用多媒体创设情境,能使抽象的概念具体化,使难理解的问题容易化,能勾起学生的学习兴趣,激发学生的学习动机。

2. 重视引导学生动手操作,分析解决问题

著名心理学家皮亚杰认为:活动是认识的基础,智慧是从动作开始。在课堂教学中为学生提供更多动手操作的机会,有助于学生更好地掌握解决问题的策略。教师应多鼓励学生使用符号、图形、线段等来研究、思考数学问题,使学生的自主思考过程进入到一个有意义的、有序的信息系统中,然后在展开观察、分析、综合、比较、讨论、动手尝试等一系列活动中,充分调动学生主动获取知识的积极性,这样就有利于培养学生的探究能力和提高学生分析解决问题的能力,促进学生思维的发展。

例如,在教学平均数中移多补少,使两者一样多的问题时,可以让学生在草稿本上用圆圈、三角形等符号来操作,让学生在操作探索中,亲身感受到不同的解决问题的方法,最后发现最简便的解决问题的方法。又如,简单的线段图的运用,在学生解决问题的过程中能起到神奇的作用,它能化抽象为形象,帮助学生寻找条件和问题之间的关系,分析题中的数量关系,从而轻易地找到解决问题的方法。再如,关于倍的问题、关于经过时间的计算问题等,利用线段图可以起到事半功倍的效应。

动手操作是帮助学生建立形象思维的手段,这在空间与图形知识块的教学中尤显重要。学生理解和掌握几何图形的概念、性质、公式,形成空间概念,都必须有大量具体的、形象的感性材料的积累,教师在教学时要给学生充分的摆、折、量、画等操作活动时间,使学生获得鲜明、生动、形象的感性认识。

在教学“角”这部分知识时，注意让学生在动手中发现数学规律、数学方法，激励学生去发现、去想象、去探索，充分体现学生的主体地位，让学生真正成为知识的构建者，成为学习的主体。例如，对于问题：经过一点能画几条直线？经过两点、三点呢？此时最好的方法就是让学生动手画一画，操作成了最佳的一种方法，答案在学生们的动手的过程中自然得出。

动手操作也是培养学生创新意识和实践能力的重要手段之一，给学生营造动手操作的氛围，在足够的时间和空间内让学生去体验、感悟数学，从而提高解决数学问题的能力。

3. 强化学生的技能水平，培养学生的思维能力

学生已有的知识技能水平是问题解决的重要保障，这种技能包括计算能力、记忆能力、书写能力、理解能力等。学生在面临一个实际问题时，如果有解题的思路但记忆能力差，以前学习的公式忘得精光；或者他记得需要的公式，但他的计算能力一塌糊涂；或者书写不端正、格式不正确导致解题步骤混乱。在他认为容易解决的问题面前，会因为这些技能水平的不足而使问题变得难以解决。所以在平时的教学中，要加强对学生各种技能的训练，强化学生的技能水平。这些强化学生技能水平的训练，有利于小学生问题解决的顺利展开，也促进学生解决问题能力的提高。

同时，小学生数学思维能力的高低，直接影响着问题解决水平的高低。其中思维的概括性、问题性、逻辑性是学生思维能力的重要表现。教师在教学中应该善于抓住每一个环节，下功夫培养学生的思维能力，为问题解决提供强有力的载体。

(1) 在教学中要始终贯穿思维能力的培养。

小学生的思维能力是通过有意识的长期培养才能形成的，而小学生的问题解决能力和数学思维能力又是相辅相成的，不可分割的。问题解决能力的提高会促进思维能力的发展，同时，思维能力的发展也会使问题解决能力更上一层楼。所以，教师要把小学生数学思维能力的培养贯穿于教学的始终，这种贯穿要从课堂内延伸到课堂外，从低年级延伸到高年级，使之成为一个连贯的整体，从而达到培养小学生思维能力的目的。

(2) 加强对学生思维策略的指导。

小学阶段学生的思维还处于不断发展的时期，思维的概括性、问题性、逻辑性都不是很强，在这个时候加强对学生思维策略的指导是很关键和及时的，它对提升学生的问题解决能力有很大帮助。教师在实际教学中要帮助学生把解决问题的一些具体经验上升为数学思考，形成解决问题的策略，进一步提高解决问题的能力；要经常指导学生通过对解决问题过程的回顾与反思，不断增强运用有关策略解决问题的自觉性；要经常给学生渗透一些数学思想，如对应思想、归类思想、列表统计思想等；同时也要教给学生一些数学方法，如观察法、归纳法、对比法、分析综合法等。在解决问题时，鼓励学生大胆假设，敢于猜想，并用分类、归纳、比较、实际操作来验证自己的假设，鼓励学生从多角度思考问题，寻找不同的解题方法，训练学生发散性思维能力。良好的思维策略能促进思维能力的不断提高，从而使学生具有更高的问题解决的能力。

比如，从说理中培养解决问题的逻辑思维能力。培养学生逻辑思维能力和训练学生的数学语言是分不开的。语言是思维的工具，加强数学课堂语言训练，特别是口头说理训练是发展学生思维的好方法。在学生解决一个实际问题后，引导学生总结出解题的方法，结合同类问题训练学生用自己的语言说理。通过反复说理训练，既加深了学生对问题的理解，训练和培养了学生的语言表达能力，又推动了思维能力的发展，也培养了学生思维的逻辑性。

教师在教学实践中应不断探索问题解决的教学策略，并用这些策略指导学生的学习，要求学生主动运用有关策略解决问题，使学生具有较强的问题解决能力。

（3）做好提高学生解题能力的训练。

首先是引导学生仔细审题，真正弄懂题意。不能正确理解和把握题意是解题错误的主要原因。较为普遍的情况有以下两种：一是小学生由于缺少社会生活经验，认知水平较低，部分习题所取素材与生活不太贴近，使小学生对所描述的内容不能够清晰地理解。另外，小学生由于阅读能力的限制，如对“增加”与“增加到”等易混淆的词语不能够准确区分，造成对题意的误读，从而影响解题的正确率。教师在布置练习时，不可全盘照搬，要精心筛选习题，或结合小学生的生活经验、认知水平进行适当的改编，对学生可能误解的词语要事先引导学生讨论，努力使每个学生都能准确理解题目。二是小学生由于年龄小，尤其是低年级学生，注意力相对较弱，耐心不足，部分学生在做作业过程中存在求快的心理状态，审题时走马观花，粗心大意。在平时的教学过程中应该把培养学生优良的心理素质与数学知识与技能的学习有机地结合起来。培养学生耐心、细心的品质是一项长期工作，需要教师持之以恒的努力。一旦学生形成了良好的审题习惯，其解决问题的能力会有明显的提高。

其次是重视对题目中数量关系的分析。应用题教学把分析数量关系看作重中之重，而在具体教学中，学生感兴趣的是说情节，题目被分解得支离破碎，以致数量关系的分析被淡化，这是造成大部分学生还不能完全依靠抽象的逻辑思维能力来解决问题的重要原因。我们应利用主题图的直观，注重学生对问题的完整表述，有效地提升学生解决问题的能力，养成良好的数学思维的习惯。同时可适当增加纯文字题，训练学生的审题能力。

4. 鼓励和指导学生灵活运用各种策略，在解题中探索方法的多样化

部分学生不能正确解决数学问题是其不能运用合适的解题策略引起的。教师应善于在平时的教学过程中分析和总结各种解决问题的策略，让学生了解和熟知这些策略，并学会结合问题的特点灵活运用不同的策略。在平时的数学教学过程中，要鼓励学生摆脱思维定式，从不同的角度来思考问题，运用不同的方法来解决问题，大力提倡算法多样化，在多样化的基础上倡导策略最优化。通过讨论交流，让学生能从多种方法中找出最适合自己的策略，从而真正达到提高解决实际问题能力的效果。

数学问题解决的教学意义在于学生通过问题解决的数学活动体验方法，形成策略，而不是把目光仅仅定格在答案上。小学生由于所处的年龄阶段和认知水平等因素的不同，在数学问题解决过程中所采用的策略和方法也不尽相同。例如，四年级的学生在数学问题解决过程中多采用动手做、找规律、画图、尝试、列表等策略和方法。

（1）找规律：找规律是解决数学问题最常用的有效方法。遇到较为复杂的问题可以先退到简单特殊的问题，通过观察，找出一般规律，然后用得出的一般规律去指导问题的解决。

（2）列表法：列表法是四年级学生需要学习的解决问题的常用方法。掌握这种方法对于学生解决问题能力的提高有着重要意义。学生在学习用列表的策略解决问题的过程中，既经历了用列表的策略整理题目的条件和问题，进而用分析法或综合法分析数量关系、解决问题的过程，也初步体会了解决问题策略本身的价值。列表的策略重在对信息进行简约化处理，是一个“去粗取精”的过程，最后形成表格的形式。学生通过列表，把问题在表中反映出来，并想方设法去解决它，其学习动力就会被问题所激发，就会更加有利于问题的解决，有利于数学素养的形成。

（3）画图法：用画图的策略整理题目的条件和问题是解决问题的一种常用的、有价值的策略，对培养学生的思维能力大有裨益。根据题目的条件和问题画示意图或线段图是对抽象问题的直观把握，这对发展学生的形象思维的作用是明显的。在此基础上分析数量关系、解决问题的过程，则是形象思维与抽象思维的有机结合。具体过程是：在画出示意图的基础上，着重引导学生看图分析数量关系，理清解决问题的思路。让学生先独立思考问题，然后组织学生交流自己的思考过程，在明确了题意后，让学生自己写出解决问题的过程,并要让学生明确每步计算求出的是什么问题。运用图形把抽象问题具体化、直观化,从而使学生能迅速地搜寻到解题的途径。因此,对学生进行画图策略的指导显得尤为重要,这对培养学生解决问题的能力以及提升数学素养很有帮助。

例如,思考题:一只蜗牛从5米深的井底向井口爬,它白天向上爬3米,晚上滑下2米,那么要几天能爬到井口呢?大多数学生是这样想的:蜗牛白天向上爬3米,晚上滑下2米,就等于一天爬1米,井深5米,那不就是要5天嘛!通过引导学生在纸上画图,拓展了思路,帮助他们找到了问题解决的关键。第一天爬3米滑下2米等于只向上爬1米,第二天同样是这样共爬了2米,第三天再爬3米就直接到了井口不会再滑下去了,所以只需3天就可爬到井口了。画图法把抽象的问题具体化、直观化,从而能帮助学生迅速地搜寻到问题解决的途径。

(4)枚举法:对于有些实际问题的解答,列式计算非常困难。但与问题相符的一些可能答案却很容易凭经验或直觉得到,只要把符合题意的所有可能答案全部找到,问题也能顺利解决。因此,枚举是解决问题的策略之一。

列表是常用的枚举形式,二者的结合能直观有效地解决难点。上面的例题让学生先摆学具再列表,能帮助学生理解表格的内容和填法,感受列表枚举比操作学具更简捷。

在枚举过程中,思维是周密而有条理地进行的,既不疏漏,也不允许重复,这对发展学生的数学素养是十分有益的。

(5)假设法:有些问题用一般方法很难解答时,通过假设,题中的情节发生了变化,然后在假设的基础上推理,调整由于假设而引起变化的数量的大小,题中隐蔽的数量关系就可能变得明显,从而找到解题方法。

5. 提高小学生解决问题能力的关键是要帮助学生生成内驱力

内驱力是在需要的基础上产生的一种内部唤醒状态或紧张状态,表现为推动有机体活动以达到满足需要的内部动力。心理学研究表明:内驱力是学生学好知识、掌握方法最主要的动力。只有学生充分认识到数学阅读能力对解决问题的帮助,才会在具体的学习任务和情境中,更加自主、认真地阅读数学信息,寻找合理的解决策略。

(1)正面引导法。在面临数学问题时,教师可以通过提出:“你们知道这个问题怎么解决吗?”“为什么呢?”“其他小朋友有不同意见吗?”“大家同意谁的观点呢?”等问题,在自主探究的学习氛围中,使学生感受到数学阅读的重要,引导他们正确地阅读和梳理数学信息,形成数学阅读的基本策略和方法。

(2) 错题分析法。在每一次的问题解决中,总会有学生犯错,我们要把握这种机会,让学生在我们的引导下学会反思:“我为什么错了?”“我该怎样做才能做到下次不犯错?”错题的分析可以针对个别性的错误,也可以针对普遍性的错误;可以是零星的单独的一道题,也可以是经过教师整理后的一个类型的题目。分析的目的在于让学生充分认识到由于不正确的阅读导致的解题错误,从而形成“我要正确阅读”的内部动机。

(3) 言语激励法。低年级小学生由于受年龄特点和心理水平的限制,很难自主、细致地进行数学阅读,往往是想到什么就做什么,等到错了,再来更改,这使得学生解决问题的能力提高缓慢甚至停滞不前,部分学生甚至会产生反感或畏惧心理。身为低年级学生的教师,应该尽可能地考虑学生的身心特点,通过奖赏、鼓励的话和信任的动作来引导学生加深认识,并实现不断地强化。例如,“你知道自己为什么错了吗?”“原来是没看见从左往右这个要求啊(原来是没数清画面上的小动物呀),下回可要仔细了哦。”“瞧,找出原因,不是马上就能解决了吗?”

(4) 个别交流法。低年级小学生更适合个别交流。只有个别交流,才能真正找出每个学生的症结,提高思想认识。需要注意的是:这个认识的过程不是一次两次,也不是一天两天就能实现的,贵在坚持,让学生一点一点加深认识,直到形成自主意识。

小学生解决问题能力的培养是一项长期的工作,需要坚持不懈,在教学中要树立“以学生发展为本”的思想,将数学学习与生活实际紧密结合,鼓励学生用数学眼光看待生活,解决生活实际问题,真正让学生做到“在生活中学习数学,在数学中感受生活”,这对于提高小学生的数学素养有着重要的现实意义。此外,在平时的教学中,要让数学与生活结合起来,注意在教学中创设生活情景培养学生的数学意识,让孩子多接触生活,加强应用,及时纠正错误,提高学生解决问题的能力。

第5章 实践与反思

5.1 “教学方案”向“学习预案”的转变

观察当前的一些课堂教学尤其是一些公开课，气氛热烈，而且整堂课都进行得非常顺畅，很少出现问题，看似完美无缺，究其实质学生有多少自主的成分，只不过顺着教师的思路走罢了。这样的课堂教学明眼看很“顺”，但实则统得过“死”，教师把教案看成了一成不变的方案，其不足具体表现在以下三个方面：

1. 不给学生提问的机会

“学贵有疑”，质疑是一个好的学习方法，也是一种激发思维的有效策略。但在当今的小学数学课堂教学中，主要是以教师的提问为主，经常可以看到教师提问学生回答的场景，或者教师提出问题学生讨论解决方案等一问一答的情景。究其原因，教师已经习惯于按照事先设计好的“教案”教学，几乎把学生可能发生的思路全部提示出来，面面俱到，致使学生无疑可质，无题可问。

2. 不敢研究教案以外的问题

教材是教学活动的一种媒介和物质载体，有其内在的逻辑结构和科学体系，这就要求教师认真钻研教材，理解教材进而驾驭教材。但有些教师过于忠于教材，严格按照教材的设计程序撰写教案，教材上有的不敢不教，教材上没有的不作考虑；有的教师甚至连练习题的处理、教学时间的分配也都严格按照教参的要求，点点滴滴丝毫不漏，最终被教材所驾驭，以至于课堂上对于教案以外的问题不敢提及，更不敢研究了。曾听过“笔算万以内的退位减法”一课，一位学生提出：“老师，为什么一定要从低位减起，可不可以从高位减起？”教师却置之不理，反问：“一年级时你们就学过了，笔算加减法都是从什么位开始算起的？”就这样抹杀了学生的创新意识。

3. 不能顺着学生的思路组织教学

教育学阐明，教学活动是以学生的学为主，教师的教为辅的双边活动，而当前的一些课堂教学却存在着“教师本位”的现象。具体体现在：教师不愿顺着学生的思路组织教学，而是喜欢顺着自己的思路来编写教案，认为学生就应该这样思考那样回答，先处理A环节再教学B环节，教案看似设计得天衣无缝，其实可以归纳为一个词“教条”，以至于教师上课时往往自觉或不自觉地引导学生说出标准回答，若学生答不出，就努力引导，不厌其烦地启发、暗示再暗示，直至学生说出标准回答为止。

课堂教学应该是富有活力的，这个富有活力就是要让教师影响学生，学生也影响教师，双方在教学互动中发现困难，寻求答案，有成功的喜悦，更有创新的欣慰。教案只是实际教学过程的一种设想和计划，是教师课堂上临场发挥、随机应变的基础和准备。如果教师编写的教案过细、过死，每个环节的安排不能变动，甚至于连过渡语句，学生的回答都事先设计好，按部就班地组织教学，那教师上课更像是演员在背台词，学生在配对白。这样的课堂教学师生双方的自由度都很低，学生在课堂上只能揣摩教师的心理，导致课堂教学不灵活，课堂气氛不活跃，教学效果自然不会理想。

那么如何才能在课堂上真正实现随学而导，将“教学方案”转化为“学习预案”呢？笔者总结了多年的教学经验，归纳为以下几个方面：

1. 想学生所想

知己知彼，教师要充分了解学生已有的生活经验、知识水平，站在学生的角度想学生之所想，帮学生之所需。

(1) 备课时，充分了解学生的知识量。

每个人都有自己的知识量，数学教学要根据学生的知识量来进行教学。作为教师，要充分了解学生的知识量，例如，学生知识面有多少？数学水平有多高？日常生活常识有多广？以便引导学生运用生活经验和已有的数学水平去认识新的概念，从而扩展学生的数学知识量。

教学“几个和第几个”一课时，课本中以两排小朋友的直观图方式，让学生通过比较区分4个和第4个的不同含义。根据已有的生活经验，其实不教学生也能指出4个小朋友和第4个小朋友了，此时学生的数学水平停留在直观认识的阶段。怎样才能让学生理解几个和第几个的不同含义并正确区分呢？教师可出示两排苹果图（各8个），请学生在第一排苹果图上圈出其中的第3个、第5个和第8个苹果，然后问：“不管是第几个苹果，圈出来的个数都是几？”（1个）“反正都是一个，随便圈一个就可以了，行吗？”学生不假思索地回答不行。教师顺水推舟，引导学生归纳，第几个是指第几的一个。接着再请学生在第二排上圈出3个苹果，引导学生发现3个苹果和第3个苹果的个数不同，同样是数字“3”，可以表示基数3个也可以表示序数第3个。这时学生头脑中对几个和第几个的概念就比较严谨和系统化了。

（2）备课时，站在学生的角度思考。

学生有自己的生活经验，有自己的知识水平，有自己的思维方式，旁人是无法替代的。因此，备课时要站在学生的角度充分考虑，学生可能会怎么想，进而设想应该怎样相应地给予肯定、补充或启发。

“几个和第几个”一课的教学中，出示教材上一排小朋友图，问：“站着的小朋友是第几个？”（第4个）再问：“你是从哪边看起的？”（左边）追问：“你为什么从左边看起？”按照常理，答案是小朋友的脸对着左边。但学生却出乎意料地回答：“老师，左右左右嘛，本来就应该先左再右呀！”多么可爱的回答，而且也无不道理，这时就需要教师随机应变，“你是从字面上来理解的，从图上你能找到答案吗？”

（3）备课时，考虑学生创新的时间和空间。

以前，对“没有教不会的学生，只有不会教的老师”感到无法理解，而今“不会教”这三个字时常在脑海中涌现。学生真的是聪明，他们是天生的梦想家，拥有无穷的创造力，教师要留给学生创新的时间和空间。

例如，教学“口算两位数加两位数的进位加”一课时，教材上只介绍了一种口算方法，实际教学时可以让学生分组探索36+27的口算方法，学生得出的方法多种多样而且都合情合理，有的方法甚至连老师也未曾预料到。

$30+20=50$　　$3+27=30$　　$4+36=40$　　$36+30=66$

$40+27=67$　　$6+7=13$　　$30+33=63$　　$40+23=63$

$66-3=63$　　$67-4=63$　　$50+13=63$

还有一个学生提出：“36是4个9，27是3个9，7个9是63”。放手让学生用自己的思维方式解决问题，有利于发展学生思维的独创性。

2. 教学设计要有一定的弹性

学生的数学能力是在参与数学活动过程中逐步发展的，其能力的发展主要依赖于课堂教学。可见，课堂教学是发展学生数学能力的主要途径，而课堂教学内容和时间对学生数学能力的发展起着直接的制约作用。

（1）教学内容的安排要有一定的弹性。

叶圣陶先生曾经说过：教材只能作为教课的依据，要教得好，使学生受益，还要靠教师善于运用。可见，教材只是提供了最基本的教学内容，备课时应从实际出发，灵活处理教材。

例如，教学第十二册总复习中“立体图形的体积计算”时，在复习和整理各立体图形的体积计算公式后，为了使学生能学以致用，放弃了教材中计算繁琐的练习题，开展了数学实践活动。把学生分成若干学习小组，每组准备一个长方体塑料盒、一个烧杯，一个鸡蛋和一盆水。让学生讨论：计算塑料盒的体积需要知道哪些条件？测量所需的数据并计算出烧杯和塑料盒的容积。接着，出示一个鸡蛋并提问："计算鸡蛋的体积用哪个公式呢？"让学生发现生活中还有许多像鸡蛋这样不规则的物体没有计算体积的公式，那么该如何解决这个问题呢？通过课堂讨论、实验从而解决问题。这样的实践活动，为学生创设了自主学习的空间，用活了教材。

（2）教学时间的分配要有一定的弹性。

学生之间存在着个体差异，时常看到课堂上有"等人"的现象，致使一部分学生的 40 分钟没有用足，从而降低了课堂效率。因此，课堂上时间的分配要有一定的弹性。比如对于习题做得快的一年级学生，可以看老师的卡片用手势表示得数，这样做既不浪费时间又不妨碍另一部分学生。

（3）练习的设计要有一定的弹性。

练习的设计要体现因材施教的原则，可把作业分成"必做题"和"提高题"两类，让学生根据自己的知识基础选做。

3. 课堂中要顺着学生的思路，因势利导

课堂上教与学的过程，是师生思想、情感交流的过程，在这个过程中，"教"始终要顺应"学"。

（1）顺着学生的思路，创设情景。

在小学数学中，从生活实际出发，把教材内容与生活现实有机结合起来，特别符合小学生的认知特点，从而能激发起学生学习数学的兴趣。

"圆的认识"一课中，认识圆心时，教师可出示一个没有标出圆心的圆形纸片，要求学生把它想象成一个车轮，然后提问："车轴该装在哪儿呢？为什么？怎样才能找到圆心？"教学画圆时可创设情景，问："见过操场上白粉画的圆吗？假如你是体育老师，你会怎么画呢？"

（2）顺着学生的思路，提供材料。

曾听过"口算两位数加两位数的进位加"一课，教师先放手让学生用自己的思维方式来计算例题 36 + 27，学生得出了多种凑成整十再计算的方法，这时有学生提出 4 个 9 和 3 个 9 一共是 7 个 9 得 63，回答得太妙了！其他同学都认为这种方法最简单。可教师却说，这种方法是很简单，但不是所有的题目都可以这样做。这时可以不顺着学生的思路，另出一题，如 35 + 26，让学生自己去实践、去发现这种方法并不通用！

（3）顺着学生的思路，组织讨论。

当学生的思路与教材或教师事先设计好的教学思路不同时，可顺着学生的思路组织讨论。曾听过“笔算万以内的进位加”一课，一位学生在学完例题后提出：“老师，为什么要从低位加起，能不能从高位加起呢?”老师回答说：“能不能从高位加起？请你们讨论一下。”通过讨论，使学生明确能从高位加起，但比较复杂，所以要从低位加起。

教学中要充分体现学生的主体地位，促使每位学生自主发展，从而达到提高学生素质的目的。众所周知，备好课是上好课的前提，这就意味着“教的方案”必须向“学的预案”转变。

（2002 年 6 月发表于《小学数学教育》）

5.2 能“放”则“放”

“放”，是指学生不受约束地去探索和研究一些问题。课堂教学中，教师能不能放，怎样去放，既是一个教学观念的问题，又是一个教学艺术的问题。要达到“能放则放、收放自如”的境界，必须注意以下三点：

1. 增强“放”的意识

（1）“放”，可以调动学生学习的主动性和积极性。

“放”，具有很强的独立性。若教师引导得法，并能配以激励性的语言，学生的思维就能处于亢奋状态，积极地投入思考。例如，教学“圆的认识”一课时，让学生借助圆形物体画出一个与教师出示的一样大的圆。学生在好胜心的驱使下，会想方设法去画，主动性和积极性都十分高涨。然后，引导学生验证所画的圆与实际圆的大小是否一样。当学生发现借助圆形物体画圆有一定的局限性时，启发他们自学课本，学会一种常用的画圆方法，从而对怎样画圆印象非常深刻。

（2）“放”，有利于激发学生的创新意识。

“放”，具有很大的开放性。学生可以不受约束地去探索、思考。学生探究知识规律的过程，往往是一个再创造的过程，同时由于方法的不唯一，学生会用到不同的方法，其求异思维能力也就得到了发展。例如，教学“三角形的面积”一课时，启发学生参考平行四边形的面积计算公式推导的方法，自己去寻找和推导三角形面积的计算方法。学生通过“剪、移、拼”的方法，自己找到了三角形面积的计算方法。有的学生发现用一个平行四边形剪成两个完全一样的三角形，依据三角形与平行四边形之间的关系，可以推出三角形面积的计算方法；也有的学生用两个完全一样的三角形拼成一个平行四边形，根据二者关系也推出了三角形面积的计算方法。由于教师没有限制学生的思维,学生通过推导过程求得结果,其创新能力得到了训练和展示,学生在成功的体验中增强了创新的欲望和信心。

2. 考虑“放”的可能

教学中什么时候“放”,应考虑以下三个因素:

(1) 学生已有的知识基础。

学生探究新知所需的基础知识和基本技能是否具备,是探究新知是否能取得成功的基础,也是考虑是否能“放”的重要依据。例如,教学第一册“8的组成”一课时,由于学生已经学过了7的组成,让学生自己通过动手操作,摸索出8可以分成几和几是完全有可能的,教师就可以放手让学生自己去探究。

(2) 学生已有的生活经验。

学生已有的生活经验也是影响学生独立思考、独立探索的重要因素。例如,教学“面积和面积单位”一课时,设计这样一道“放”给学生思考的题目:测量哪些物体的表面面积用“平方分米”表示较恰当?由于学生对一些物体表面的大小已有较充分的感知,通过对“平方分米”的认识,就不难找到适用“平方分米”作单位的物体表面。

(3) 学生现有的思维水平。

学生探究新问题都要通过一定的思维,需要抽象逻辑思维能力来支撑。学生思维能力的基础也是考虑是否“放”给学生自己去探索的重要依据。例如,教学第五册“两步计算应用题”例2时,学生已经掌握了用综合法分析两步计算的应用题,就不必再教学生怎么想,而应该让学生自己独立去分析。如果不考虑上述因素,学生探究成功的可能性就不大,这不利于学生学习积极性的调动,也不利于学生创造能力的培养。

3. 讲究“放”的艺术

(1) 明确探究目标。

“放”要有的放矢,做到收放自如。例如,研究正方形特征,并非让学生漫无目的地去研究,而是让学生参照研究长方形特征的方法,就会把目光盯在正方形的边和角上。在研究四边关系时,学生凭直觉可推断正方形四边相等,可以通过“数量和对折”来验证。

(2) 鼓励大胆的猜想和推断。

没有大胆的猜想就不会有伟大的发现,猜想往往是发明创造的前奏,推断则是通向新发明的桥梁。鼓励学生大胆地猜想和推断,对培养学生的创造性思维和创新能力有着深远的意义。

课堂上,教师要抓住可以让学生进行大胆猜想、推断的每一个机会。例如,教学“面积和面积单位”一课时,当学生学了面积单位“平方厘米”“平方分米”后,让学生用平方分米去测量教室地面的面积,当学生感到困惑时,鼓励学生猜想还有没有其他的面积单位,学生自然会想到使用更大的面积单位“平方米”。然后引导学生推断1平方米有多大,接着教师出示1张1平方米的纸,再让学生猜想如把纸放到地上,可以站多少个小朋友。这样,学生凭直觉进行判断,既丰富了学生的表象,加深了对1平方米的认识,又训练了学生的直觉思维与空间想象能力。

(3) 营造民主和谐的课堂氛围。

民主和谐的课堂氛围是学生敢于大胆猜想和进行探索的必要条件,也是影响学生探究取得成功的重要因素。具体做法有:

① 鼓励学生有不同的见解;② 允许学生保留自己的观点;③ 启发学生对教师提出质疑;④ 引导学生进行有效的协作。

学生通过互相协作、讨论,能引起思维的碰撞,从而撞击出新的思维火花,而学生的灵感和创造性方案就可能孕育而生。例如,学生在推导三角形的面积计算公式时,有一个同学只想到参照平行四边形“剪、移、拼”的方法;由于旁边的同学想到用一个平行四边形剪成两个完全一样的三角形进行推导,这位同学就联想到了用两个完全一样的三角形也可以拼成一个平行四边形;接着这两位同学又发现了当两个三角形是完全一样的直角三角形时,拼成的是一个长方形,根据长方形和三角形的关系,也可以推导出计算三角形面积的方法。在学生思维互相碰撞的过程中,他们始终处于积极的状态,不断撞击能迸发出创造性思维的火花。

(4) 追求“收放自如”。

有“放”就有“收”,而要真正做到“收放自如”并非易事。“收”,重在组织交流、引导归纳和概括。例如,教学“分数的初步认识”一课时,让学生用一张长方形纸折出它的$\frac{1}{2}$。学生会有不同的折法,通过组织交流,拓宽学生的思维,引导学生通过比较概括出,不管怎样折都是把这张长方形纸平均分成了2份,每份都是它的$\frac{1}{2}$,使学生对“分数”和“平均分”之间的关系就有了深刻的理解。

(1999年7月发表于《江苏教育》)

5.3　精心设计开放性问题，培养学生创造性思维

数学中的开放性问题，是针对传统数学中封闭问题提出的。开放性问题的开放性主要表现为问题的开放、问题答案的开放和解决问题的思维方式及途径的开放。精心设计开放性问题，创设问题情境，激发学生自主探索解决问题的兴趣，有利于培养学生思维的创造性。

1. 问题的开放

开放条件是指给出的数学问题中条件不确定。例如，有关相遇问题的应用题：甲、乙两车同时从两地相对开出，甲车每小时行60千米，乙车每小时行75千米，行了4小时，两地相距多少千米？这道题中“行了4小时”是一个看似封闭实则开放的条件，细心的学生看完题目就问：“老师，这道题目没法做，题目中没说行了4小时后相遇。”我让他们补充条件再做，他们便补充以下几个条件：“行了4小时正好相遇、行了4小时还相距100千米、行了4小时两车相遇后又相距80千米。”每补充一个条件，学生都相应解出题目并伴随着成功的喜悦。

同开放条件相类似，教学中也可以给出不确定问题的题目，让学生补充好问题再练习。例如，老师给出的条件：一个圆形花坛外面围着一圈1米宽的水泥路，水泥路外圈的周长是18.84米。学生根据已有的知识经验，可能会补上跟花坛有关的问题，如求花坛的半径、直径、周长、面积；也可能会补上跟水泥路有关的问题，如水泥路的面积、内圈周长；也可能补上求水泥路与花坛的面积差。让学生根据条件多方面考虑问题，培养了学生多角度探索研究的思维习惯。

开放条件的题目让学生从问题入手，寻找解决问题所需要的合适条件，开放问题的题目则让学生从条件出发，探索可能解决的问题，训练学生全方位、多角度分析问题和解决问题的能力。教学中教师要鼓励学生发现问题、提出问题，培养他们良好的思维习惯。

2. 问题答案的开放

问题答案的开放主要是指同一问题中有不同的答案。例如，在围墙边用篱笆圈出一块长5米、宽4米的长方形地，问圈这块地用了多少篱笆？这道题中，一面借助围墙，三面围篱笆就可圈出一块长方形地。借围墙的边可能是长方形地的长，这时，就用篱笆$4\times2+5=13$(米)；借围墙的那条边也可能是长方形地的宽，这时就需要篱笆$5\times2+4=14$(米)。一题多解，需要学生在解题时仔细分析条件，训练学生尽可能全面地考虑问题。

3. 解决问题的思维方式的开放

在思考、解决问题的过程中，学生思考的角度不同，就会形成不同的思路，找到不同的解题方法，殊途同归。例如，比较分子、分母都不相同的分数的大小，有的学生利用分数的基本性质化成同分母分数比较大小，有的学生利用分数的基本性质化成分子相同的分数再比大小，也有学生根据分数与除法的关系化成小数比较。对于这些比较方法，我们不能在学生面前肯定哪一种最好和哪一种最不好，因为不同的题目有不同的特点和不同的解题方法。

在解决问题的过程中，不同的个体对同一问题有不同的体验，形成不同的想象。例如，让学生计算两个长5分米、宽4分米、高3分米的长方体组成的大长方体的表面积时，有的学生想到拼成长、宽不变，高增加一倍的大长方体；有的想到的是宽、高不变，长增加一倍的长方体。在解题时可允许学生发表自己的意见并保留自己的意见，再让学生把不同的结果进行比较，得出新的结论。

总之，开放性问题的教学，有利于学生形成合理的认知结构，有利于培养学生独立思考的学习习惯，有利于培养学生的创新意识和创造性思维能力。

（2000年5月发表于《江苏教育》）

5.4 以整体视角提升数学课程实施品质

对成人而言，小学数学知识是简单的，简单得让我们失去了对于知识产生和发展过程的“敏感”。于是，我们在无意之中使得小学的数学教学也变得容易、简单和程式化。然而，学生受知识和经验的局限，对数学学科世界的探索注定会充满了很多困惑。有太多的教学事实表明，其中任何一点困惑都可能成为学生掌握知识的障碍和发展能力的瓶颈。因此，为了让数学教学更有利于提升学生的数学素养，我们需要从整合的、联系的、历史的、儿童的视角整体提升数学课的品质，需要从多角度关照自己的教学认识和实践行为，改善数学教育生态。

5.4.1 回到生活中，寻找数学思考的力量和灵光

生活世界是人类的精神家园。当我们全身心地投入到科学世界怀抱中的时候，不止一次地发现，数学的真理性认识有时真的让学生难以接受和理解。于是，我们需要回到生活世界寻求帮助。

1. 寻求有用的问题和情境来探索

比如,“认识11—20各数”这节课的重点不在读写11—20这十个数,而在于为什么要把10根散开的小棒捆成一捆。常见的处理方法是以问题“怎样让人一眼就能看出是多少根小棒”激起学生的思考,但总会给人以牵强附会之感。为寻求基于学习内在需要的教学突破,我们可以进行这样的教学尝试:先是创设“记载表的一格只能放下9朵小红花”的情境,促使学生激活“10朵小红花可以换一个大红花”的生活经验;接着迁移至“原始人用1块大石头替换10块小石头”的场景。在直接经验和间接经验的交互作用下,学生为解决计数所需,产生了把10根小棒换成“大棒”的想法。随即追问:“没有大棒换,怎么办?”学生自然想到把10根小棒捆成一捆当作“大棒”,从而实现了位值的改变和升级。“大棒”,源自学生的真实思考和亲身体验,“满十进一”的过程也蕴含其中。

2. 找到有力的事例和道理来支撑

比如,运用乘法分配律进行简便计算时,会有少数学生出现“$65\times5+35\times5=(65+35)\times5=65\times5+35\times5=325+175=500$”的算式,此时,笔者则会借生活事例帮助学生理解算式变形的意义所在:小明的妈妈让小明去厨房拿碗盛饭,等了半天还不见小明过来,于是妈妈去厨房看看小明在干什么,结果发现小明正在把盛进碗里的饭又倒回锅里。学生哈哈大笑。此时点破:你们说,把饭盛进碗里是为了什么?吃饭!对。利用乘法分配律把5个65与5个35配成5组(65+35)的目的是为了简算,如果再‘倒’回去,还能简算吗?生动的事例,带给学生的是对运算过程的生活化的理解,同时也提醒了学生要注意目标意识。

3. 觅得有效的方法和思想来引领

比如,“三角形的面积公式”的推导,教材的编排思路是让学生先用两个完全一样的三角形(直角三角形、锐角三角形和钝角三角形)试拼成平行四边形,确信能拼成平行四边形之后,让学生用数方格的方法求出平行四边形和每个三角形的面积,并填入表格内进行比较,从数据上发现三角形的面积是平行四边形的一半。然后思考它们的底和高有怎样的关系,并在教师的引导下推导出三角形面积的计算公式。整个学习过程有探究、有推理,学生可谓全程参与,但后续运用公式时仍然会忘记除以2。这表明,学生仅从形式上“一知半解”,缺乏对除以2的实际领悟。后来,教师苦思之后觅得新法:首先,出示一粒大米和一架天平,让学生称出大米的质量。学生操作后发现,一粒大米的质量根本无法称出,因为太轻了。随即想到可以称出10粒相同大米的质量,然后再除以10。接着,教师出示直角边分别为4cm和2cm的直角三角形。让学生计算它的面积。学生在先前称一粒大米的方法基础上,想到要求一个三角形的面积,可以先求两个三角形的面积(即长方形或平行四边形),然后除以2即可。接着,再让学生分别计算出底4cm、高2cm的锐角三角形和底4cm、高1cm的钝角三角形的面积。三类三角形的面积计算之后。让学生思考三角形的面积如何计算,进而形成板书"三角形的面积=两个三角形的面积÷2=底×高(即等底等高的平行四边形的面积)÷2"。立足生活问题,教师和学生一起轻松巧妙地解决了教与学的难题。

5.4.2 立足数学的认知体系,纵横贯通、上下求索

众所周知,数学知识具有较强的逻辑性和关联度。在把知识的习得根植于生活经验之上的同时,怎样才能避免知识"碎片"的堆积呢?如何敞亮视角,使学生在数学认知结构中"进得去"又"出得来"呢?这些问题,直接关系学生知识结构的牢固程度和灵活程度。

1. 凸显知识建构的生长点和发展区

比如,六年级"确定位置"的教学,我们可由已学的相关知识"第几排(组、层)第几个"和"用数对表示某一点的位置"引出话题,指向航海等领域需要从方向和距离两个方面确定物体所在位置的研究。进而,让学生充分感悟到:在与观测点距离相同的情况下,还是难以精确定位。例如,点的位置虽然都在北偏东的范围内,但仍有多种可能。为此,需要从北偏东的方向角的具体度数上加以考虑。这样,方向的描述就有范围和方向角两个维度。学完该知识之后,还可以把数学思维引向三维空间中物体位置的确定,让学生利用课余时间查一查资料,交流学习成果,增强数学学习的兴趣。

2. 展现广阔的知识背景和研究方向

"不识庐山真面目,只缘身在此山中。"当我们把教与学的困惑放至更为广阔的知识背景之下时,往往会有所启发和创新。例如,关于"间隔排列的规律"的教学,一般是根据课本习题的类型分别展开教学,分两端物体相同和不同两种情况进行教学,并且注意排列时是否封闭。教师在教学时,不应该简单地让学生判断碰到的情况是两端相同,还是两端不同,或者封闭与否,而应让学生自然地观察和想象。确定是一一对应的还是对应不完整。教学思路从以下板书中可见端倪:

找规律

一一对应	两端物体不同	数量相同
对应不完整	两端物体相同	数量不同

3. 呈现另一个研究范式和理论框架

比如,平行四边形的面积公式为“底×高”,学生一般都能记住并运用。但学生理解的程度是单一浅层,还是多元深度呢?“底×高”的知识“须根”能在学生的哪个认知节点生发?其实,平行四边形面积公式是由长方形面积公式推导得出的,它是数学知识由特殊推广到一般的典型形式,完全可以在长方形面积公式的由来处寻得答案,即“一排的面积单位数×排数=总面积数”。在一定程度上,数学世界所有两个数量相乘,都可以看成是二维空间矢量相乘。因此,考虑到“底”“高”这两个维度时,可以把底和高均为整厘米数的平行四边形等分成多个面积为1平方厘米的小平行四边形——这可以在教科书的方格背景的图形上将小平行四边形转化为面积为1平方厘米的正方形进行佐证和理解。如此尝试和改进,带给学生的是全新的研究范式和理论框架。

5.4.3　从历史发展的维度,审视教学疑难和困惑

数学是人类文化的一部分,它伴随人类的发展而发展。无论是陈述性知识(如数学的概念、性质、法则、定理等),还是程序性知识(如运算、数据处理、推理、作图、制表等),抑或策略性知识(如数学思想、数学方法、数学观念等),在其内化的过程中,必然出现一系列“是什么”“为什么”“怎么做”的疑难或困惑。用历史的眼光来了解和分析数学知识,构建“活”的数学知识结构,对学生而言,将会具有特殊的作用和意义。

1. 追溯陈述性知识的历史源头

例如,认识负数时,教师若只是略加说明“+”为正号,“-”为负号,肯定会让学生觉得又多了一个要记忆的符号。为什么正号是“+”,而负号是“-”?其实是可以追寻其历史的。据说,中世纪的欧洲酒商在售出酒后,曾用横线标出酒桶里的存酒,而当桶里的酒又增加时,使用竖线条把原来画的横线划掉,于是出现了表示增加的“+”和用来表示减少的“-”。当学生看到和触摸到正号、负号的“体温”和“生命”之后,就会形成良好的数学学习感受,而不是只把它们当作数学常识来记住了。

2. 还原程序性知识的发展轨迹

比如,教学“乘法的初步认识”一课时,可以让学生尝试把相同的连加算式写得更简单。学生在算式的加号之间加上“……”或“等等”时,自然、真实地体会到好的写法应该清楚地表示出“一个加数”和“有几个加数”。如此,学生对乘法的意义有了一定的理解,乘法算式的写法也就水到渠成了。依据萌芽时期的数学源于生活常识、生活中“写简单”的事理,用历史的眼光还原

其过程,能让学生看到,数学的深刻和抽象实际上孕育在具体和直观之中。

3. 揭示策略性知识的思想本质

例如,对于“角的度量”一课,传统教学往往是先认识量角器和角的计量单位“度”,接着教学量角的方法“对点、对边、读刻度”,最后进行大量的练习。结果往往是:不少学生仍不会摆量角器,即使摆好了量角器也不会读刻度,内圈和外圈刻度分不清。笔者以为,此内容看似是程序性知识,但本质上还是策略性知识。因为角的度量的思想本质是“看对象中含有多少个单位小角”,量角器的本质是“单位小角的集合”。可以这样组织:由角的大小的意义,引出可以用单位角来度量角的大小;由单位角的使用不便,引出要把单位角合并为半圆工具;由这种半圆工具度量不准确,引出要把单位角分得更细些;由细分后的半圆工具读数不便,引出要加刻度;进而引出两圈刻度。

5.4.4 跨越成人视角的边界,真诚地向儿童学习

每一个学生的个体潜能都是巨大的,他们不只是被动视听和思考,还会创造知识和方法。

1. 浅显的表述方式和理解路径可能来自儿童

比如,讲解题目“甲、乙两人共有零花钱 16.5 元,甲的零花钱是乙的 4 倍。问甲、乙各有零花钱多少元?”我们习惯于如此引导:把乙的钱看成 1 份,甲的钱就是 4 份,两人合起来就是 5 份,5 份是 16.5 元,那用 16.5 ÷ 5 就得到 1 份的钱,也就是乙的钱数,然后再求甲。学生又是怎么想的呢?甲的零花钱是乙的 4 倍,可以把甲看成 4 个乙,这样,16.5 就是 5 个乙的钱数。用 16.5 ÷ 5 得乙,然后再乘 4 得甲。不难发现,教师的表述比较机械、客观,而学生的表述则浅显而温情,并且凭着数学直觉已经用上了“替换”的思想。

2. 鲜活的学习资源和深刻见解可能出自儿童

比如,学习“用枚举的策略解决问题”时,有例题“旅游团 23 人到旅馆住宿,共安排了一些三人间和一些两人间(每个房间不能有空床位)。你知道安排了几个三人间和几个两人间吗?”。学生会有比成人感受新知更敏锐细腻的出色表现。我和学生根据不同的思考角度,分别从只住 1 个三人间和 1 个两人间想起(见后页表 1 和表 2)。接着,比较两张表格,目的仅是让学生明白“先考虑三人间只需要列举 7 种情况,而第二种方法要列举 10 种情况”的道理。可是,部分学生却把教师引向了思考的“更深处”:表 1 下面一排的数,用前一个数减 3 就能得到下一个数,并且 3 正好是我们首先考虑的房间人数;表 2 下面一排的数,用前一个数减 2 就能得到下一数,也正好对应着表格左上角的房间人数。学生发现两张表格共同的地方是:有列举时每次增加的

人数或减少的人数为6。在此基础上,引导学生思考为什么每次增加或减少6人,如是3行吗? 学生又发现,类似的问题列举时,其实可以有更简单的办法,上面的问题如果掌握规律不需要列举7次和10次。

表1

三人间/个	1	3	5	7
二人间/个	10	7	4	1

表2

二人间/个	1	4	7	10
三人间/个	7	5	3	1

3. 有效的组织形式和反馈方法可能来自儿童

稍有些教学经验的教师都知道,如果课堂教学的组织不能“黏住”学生,低年级学生会吵闹,高年级学生则会沉闷;如果反馈方法效能低下,课上师生可能感觉较好,但课后作业则会问题多多。因此,在尚未取得好的形式和方法的时候,教师不妨多向学生虚心请教,其实他们的高招多着呢! 例如,“老师,你可以让我们先悄悄地说给同桌听,然后你再讲解,接着‘揪’出说错的人,让他(她)再说一说”;“老师,你可以找几个人互相问一问,了解情况,再让我们小组合作探究”,等等。

5.5　对发挥评价引导与激励功能的辩证思考

课堂教学中评价的主要目的在于及时掌握学生的学习状况,激发学生的学习热情,促进学生的全面发展。评价具有引导功能和激励功能。发挥评价的引导功能,有助于学生建立清晰稳固的数学认知结构;发挥评价的激励功能,有助于促进学生数学情感与态度的形成和发展,养成良好的思维习惯。可见,只有处理好两者之间的辩证关系,才能使课堂教学中的评价功能发挥最佳,从而促进被评价者的全面发展。

5.5.1　充分挖掘,适时激励

兴趣是最好的老师,它直接推动着人们去探索新知识,发展新能力。而学生学习的态度、情绪、心境与教师对学生的评价有着密切的联系。当学生在学习中获得成功的体验或某个想法被老师肯定后,就会得到极大的满足,在学习中即使遇到困难也会反复钻研。因此,教师要善于用“放大镜”发现学生的闪光点，及时给予激励。对于学生的每一个问题、每一种想法都不要轻易否定，而要充分挖掘其中的合理成分，科学地进行评价，尽可能创造机会，让不同层次的学生都能感受到成功的体验，从而产生愿意学习、主动学习和乐于学习的动机，树立学好数学的信心。

1. 合理对待错误信息

例如，教学“两位数减一位数的退位减法”一课时，有学生发现个位上不够减。正当大家齐心协力想办法时，有位学生提出：“老师，不够减为什么不倒过来减呢？31－4，1减4不够减，那么4减1就够了呀！”“倒过来减”的想法显然是错误，但它符合儿童的思维特征。如果我们只是简单地予以否定，而不从算理的角度去分析它，那么学生也只能是被动接受。俗话说“有疑则有进，小疑则小进，大疑则大进”，学生有疑，说明他在思考。学生即使提出近乎荒唐的想法，老师也不要表露出指责批评之意，而要“蹲下来”，满腔热情地帮助学生找出错误的原因，这样的课堂才能真正发挥学生的主体性。

2. 充分挖掘不同见解

笔者曾听过“长方体表面积”一课，老师出示了这样一道题，求图中长方体的表面积（见下图）。

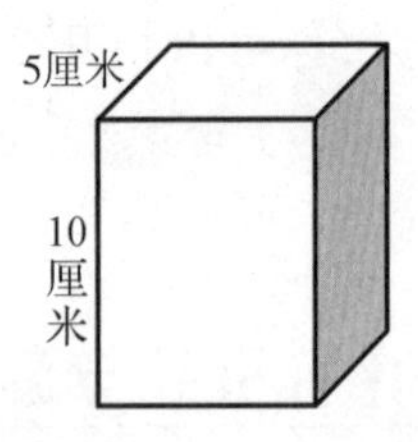

学生很快列出两种算式：(1)$(5\times5+5\times10+5\times10)\times2$；(2)$5\times5\times2+5\times10\times4$。还有更简便的算法吗？在老师的鼓励下，学生想出了这样一个算式：$5\times5\times10$。当时我想，这位同学一定搞错了，这是求长方体体积的公式呀！可是这位同学的真实想法却是：前后左右四个面的面积是4个5×10，把上下两个面拼起来就是1个5×10，共5个5×10。多么新颖而独特的解法呀！当时老师和同学都为他鼓掌了。在这样的热情鼓励下，学生岂会不乐于探求独特的解法呢！长此以往，学生自然而然地会养成良好的创新思维习惯。

5.5.2 及时诊断，合理引导

《数学课程标准》指出，对学生数学学习的评价，既要关注学生知识与技能的理解和掌握，更要关注他们情感与态度的形成和发展。笔者以为这两点同样重要。试想：学生对数学形成了良好的情感和态度，但是建立的数学认知结构却是不清晰的、模糊的甚至是错误的，那么还有什么发展可言呢？所以《数学课程标准》中只强调发挥评价的激励作用，我们以为是片面的，发展评价的诊断与引导功能同样重要。一个真实的教学过程应该是一个师生、生生积极有效互动、动态生成的过程。在这个过程中必然会不断地产生许多学习信息，这就需要老师及时诊断，正确的给予鼓励和强化，错误的给予指导与矫正。

1. 及时诊断出学生认知上的"盲点"，合理矫正

虽然在设计学习方案时，老师已经站在学生的角度想学生之所想，但是在实际的学习过中，学生很可能还会出现这样或那样的困难。这就要求老师及时诊断学生在学习过程中的困难，合理引导，确保教学过程沿着最佳的轨道运行。

例如，教学"口算两位数减两位数的退位减法"一课时，一般都是先复习 72-34 的口算方法，由此迁移到 75-38 的口算方法，即先算 75-30=45，再算 45-8=37。可是在课堂练习中，我发现口算的方法学生很快学会了，可算起来还是很慢，而且正确率不高。经过仔细观察和分析，我发现学生算出第一步 75-30=45 后，再算 45-8=37 时，不易联想到 45-8 这个算式，而且既要退位又要记住第一步的结果 45，很容易出错。诊断出学生在计算中的困难后，我及时引导学生讨论：这种方法不一定是最好的方法，还有更简便的方法吗？结果，同学们的方法还真不少呢！如把 38 看成 40，75-40=35，35+2=37；把 38 分为 35 和 3，75-35=40，40-3=37；把 75 看成 78，78-38=40，40-3=37。允许学生用自己认为好的方法去计算，他们不仅算得快而且正确率也提高了。可见学生有自己的思维方式，别人是无法替代的。当学生的思维受阻时，就需要教师及时诊断，合理引导。

2. 及时诊断学生解题策略的优劣，合理引导

随着开放式教学的深入开展，学生的求异思维、发散性思维得到了训练，解题策略呈多样化。面对众多的方法，需要我们老师及时诊断，合理引导。

例如，有位教师在教学"口算两位数乘一位数"一课时，先鼓励学生讨论 12×4的计算方法。有的学生说把 12 分成 6 和 6，6×4=24，6×4=24，24+24=48；有的说把 12 分成 10 和 2，10×4=40，2×4=8，40+8=48；还有的说把 12 分成 4 和 8，4×4=16，8×4=32，16+32=48；把 12×4 写成 8 个 6，6×8=48。有的甚至把 12 分成了三个数来计算。面对众多的方法，学生还无法体验到把两位数分成整十数和一位数来计算简便，这时就需要教师合理引导，如教师可以另出一题 22×3，引导学生从中领悟到把 22 分成 20 和 2 来计算最简便。

（2003 年 2 月发表于《江苏教育》）

5.6 以学生学习活动为核心组织数学课堂

课堂教学的主体是学生,课堂活动的主要形式为学生的学习活动。教学所期望达到的目标都是通过一系列学生活动实现的,教师在备课、上课时主要考虑的是如何把教学目标融进学生的学习活动中,如何有效地组织学生的活动。

5.6.1 学习活动的确立

确立活动的主要依据是:教学目标和学生的年龄特点。

1. 学习目标的选择和确定

目标按内容分,有双基、能力、情感三方面的目标。教师备课时选择活动内容及形式应兼顾这三个方面。

目标按呈现顺序分,有预设和生成两种。教师确定活动的依据一般是预设的目标,生成的目标一般都是在活动过程中临时生成的。

目标按呈现特性分,有显性和隐性两种。学生学习活动开始时,可能首先要达到的是显性目标。例如,课堂上经常出现先让学生研究生活化的问题,而教师的真正目的是要让学生研究由此引出的数学问题,让学生通过研究数学问题来体会数学思想和方法,掌握数学知识,从而实现隐性的教学目标。

例如,教学"圆的认识"一课时,有位老师一开始让学生研究的是组织套圈比赛,有很多同学参加,也产生了很多问题:站成什么队形比较公平呢?瓶子放在哪里合适呢?为什么?这些问题其实是显性的生活问题,学生在研究这些问题时自然会研究圆的圆心、半径,以及圆内半径的关系等数学问题,教师巧妙地把隐性的教学目标埋在生活素材中,让学生自己去挖掘和体会。

2. 围绕目标选择合理的活动方式

围绕目标能否选择合理的活动方式,下面几个问题很难回避。

如果是让学生知道,不讲解可行吗?例如,在教学时,有些数学概念如分数各部分名称、图形的各部分名称等,教师会让学生先进行探究或猜测,我们认为这种地方没有研究的价值,教师用讲解的方法或许是最合理的选择。

如果是让学生掌握,不训练行吗?比如,要让学生掌握画角或画其他一些图形的方法,学生不进行实际操作,只是纸上谈兵可行吗?数学教学中,有许多技能如果没有一定的训练量就不可能熟练地掌握的。

如果是让学生发现,没有情景和合适的材料行吗?学生的发现不是凭空的,需要有一定的情景或材料去刺激他们的感官。

如果是让学生体验,没有探究过程行吗?有了经历才会有体验,学生经历知识的形成过程往往就是一个有意义的探究过程。

如果是让学生体会数学的价值,离开生活实践行吗?数学的价值往往是在解决一些实际问题的过程中显现出来的,让学生深入实践,用自己所学的数学知识解决实际生活中碰到的问题是体现数学价值的最好途径。

如果要让学生树立信心,喜欢数学,没有成功体验行吗?学生的成功体验产生于学生解决问题的过程中,给学生独立解决问题的机会,学生才可能有成功的喜悦。有了成功的体验,学生才会有学习的信心。

平时听课后,经常有老师说:某节数学课蛮有味道或某节课中的某个环节很有味道。这种话听得多了,我就时常问自己:究竟怎么样的课、什么样的环节,教师和学生听起来都感觉有味!如何让我们的数学课更有味道?联系平时的饮食,要让我们食之有味,应该具备两个条件:一是食物要嚼之有味,二是过程要嚼得充分。同理,一堂有味道的数学课也应具备两个条件:嚼之有味的素材和充分体现的过程。

5.6.2　活动材料的准备

一堂数学课其实是展示学生学习活动的一个过程,学生的学习活动,如果没有好的素材作支撑,就好比巧妇难为无米之炊。那么怎样的素材算是嚼之有味的,我们以为,教师为学生准备活动素材的过程是发挥教师指导作用的一个很好机会。为了让学生的学习活动更加有效、更加有味,我们提供或组织的材料应尽可能具备以下几个特性。

1. 趣味性

数学知识看似枯燥乏味,其实数学是奥妙无穷的乐园。能否让学生在数学活动中体会到数学的乐趣,关键是教师能不能给学生提供有趣的素材。数学素材的趣味性有的是外在的、有的是内在的。

外在的趣味性主要是通过呈现方式或呈现材料的本身具有的趣味性表现的。例如,通过学生喜欢的小动物、卡通画来呈现,让本来乏味的数学问题变得有血有肉、亲切可及。这样的素材在现用的教材中到处可见,有时教师也可以根据需要创造性地选用。

内在的趣味性需要我们老师去挖掘和发现。例如,教师在教学“质数和合数”时常感觉这部分内容比较枯燥,有一次,我和几位学生进行了这样一次谈话:如果老师口袋里有 8 枚硬币,每次取出一样多,最后正好取完,可以怎样取？这样的取法有几种？如果我口袋里的硬币按这样的取法只有两种，猜猜有几枚？（全是质数）如果只有一种取法是几枚呢？（1 枚）如果只有三种取法有几枚呢？这些数有什么规律？如果是四种取法有几枚呢？这些数又有什么规律？再往下还会有规律吗？在我们交谈时，旁边站了一些老师，有一位老师受此启发，在上质数与合数的公开课时设计了一个很好的片段。学生在课上兴趣很浓，有学生课后还在研究其中的规律。可见，数学本身就蕴含着许多有趣的规律，关键是我们老师能否去挖掘和发现。

2. 现实性

学生学习数学是学生生活常识的系统化，离不开学生现实的生活经验。对学生来说，数学知识并不是新知识，在一定程度上是一种旧知识。在他们的生活中已经有许多数学知识的体验，课堂上的数学学习是他们生活中的有关数学现象和经验的总结与升华，每个学生都从他们的现实数学世界出发，与教材内容发生相互作用，建构自己的数学知识。儿童天真爱幻想，他们感兴趣的“现实生活”成人常常认为不可理喻。这就需要我们教师拥有一颗纯真的童心，善于从儿童的生活经验和心理特点出发，去挑选他们乐于接受和思考的学习材料。

（1）呈现丰富的生活场景。例如，苏教版第一册“图形的认识”一课的教学，所借用的素材是孩子们喜爱的彩球、彩棒、动物模型等。计算教学的学习材料可以选取玩具、文具、食品等图片，与孩子们的生活联系起来，帮助他们借助生活经验解决数学问题。

（2）关注美丽的童话故事。例如，苏教版第二册“随机统计”一课的教学，教师设计了小猫、小狗、小兔进行投篮比赛的童话情景，请你当裁判，你打算怎么来判呢？这是一个童话故事又是一个生活场景，借助这样的素材，还怕学生不积极探究吗？

（3）安排有趣的游戏。例如，苏教版“可能性”一课的教学，教师安排小朋友分组学习，每组准备好若干袋子和球，进行摸球游戏，在摸球的过程中不知不觉学会用“一定”“不可能”“可能”来描述事件发生的各种可能性。

3. 挑战性

例如，苏教版第三册“表内乘除法”中的练习：24 人去划船，每只大船可以坐 4 人，每只小船只能坐 3 人，先说一说坐哪种船用的只数少，如果都坐大船要用几只？都坐小船呢？要求学生先说一说坐哪种船用的只数少，这就使得一道直接运用除法计算解决的问题变得有挑战意味了。因为这种先于计算的判断需要一种良好的数感和积极的思维。

又如，苏教版第二册“统计”一课的教学，为了让学生自己想办法探究统计的方法，我们在教学时利用多媒体辅助手段设计了小猫、小狗、小兔投篮比赛的情景，奖品是一袋饼干（形状为三角形、正方形、圆形），问：你能知道各有几块吗？学生说：老师只要一块一块倒出来就知道了。（课件演示一块一块倒出来并消失）倒完后，学生只能说出其中的一种或一共的块数。有什么办法能同时统计出三角形、正方形、圆形的饼干各有几块呢？原来的统计方法显然用不上了，在此引发了学生思维上的冲突，激发了学生挑战的欲望。紧接着小动物的投篮比赛，假如你是裁判，怎么判定谁是冠军呢？学生又一次感受到了挑战，充分体现了学生的数学学习是一个生动活泼、富有个性的过程。

4. 指向性

所谓指向性是指提供给学生的素材能指示思维的方向。例如，“可能性”一课的教学，课开始时，老师让男女生各派 5 名代表进行摸红球比赛，5 个轮回后，男生们跃跃欲试，结果男生队还是输了，没有一个男生摸到红球。这时一位男生说：老师你作弊了，我们袋子里一定没有红球，女生的袋子里一定都是红球。这样的游戏给学生提供了思维的方向。

又如，教学“两位数减两位数”时，计算 45 - 28，教材呈现的材料是 45 个座位，坐掉了 28 个位置，算一算还有几个空着？这样的素材对于学生研究计算方法恐怕并无多大的帮助，还得通过摆小棒来解决。后来改成这样的材料：45 个香蕉（4 串，每串 10 个，加上 5 个），去掉 28 个，还剩几个？那么学生在减的时候算法就比较多样了。先去掉 2 串，再去掉 8 个，也就是先减 20 再减 8；从一串里先去掉 8 个再去掉 2 串；先去掉 3 串还剩 15 个，多拿掉了 2 个所以再加 2 个等于 17 个。学生借助这样的素材使得思维有了方向。

在课堂上，如果教师提供指向不明的材料，有时会明显降低课堂的教学效率。例如，有一位老师在教学“轴对称图形”时，提供了很多漂亮的图片，让学生谈一谈为什么说它们漂亮。教师是期望学生能体会到图形的对称美，殊不知有时不对称的图形也很美，学生感觉到美，但大多是因为图案丰富或色彩艳丽的原因。

5. 开放性

教学“两位数加两位数的进位加”一课时，教师给出几个数字，让学生根据上面的数字组成两位数加两位数的题，看谁写得多？再把这些两位数加两位数的算式分成两类，从而引出今天要研究的进位加。

苏教版第二册中“乘法的初步认识”一节，根据教材中的情景图，你能知道哪些数学信息？学生获取的信息很多：一共有多少只小兔？算式是 2 + 2 + 2 = 6；一共有多少只鸡？算式是：3 + 3 + 3 + 3 = 12；一共有多少幢木房子？算式是:1+1=2;一共有多少棵大数?算式是:2+1=3。

所谓材料的开放性,是指教师提供给学生的学习材料,可能会引出不同的问题,或研究问题的方案可以不同,给学生较大的思维空间。教师能否给学生提供这样的材料,关键看教师有没有“放”的意识,对学生有没有信心。

5.6.3 学习活动的展开

有了好的素材不等于我们的数学课就有了味道,还需要教师很好地引导学生开展学习活动。有效的学习活动应该让学生充分体验、充分交流、充分自由。

1. 充分体验

现代教学论认为:学生只有亲身经历或体验一种学习过程时,其聪明才智才能得以发挥。任何学习都是一种积极主动的建构过程。有这么一句话:听见了,忘记了;看见了,记住了;体验了,理解了。可见,让学生感受数学、体验数学是学生学习数学的最佳方式。

(1) 凭借人生经验,充分体验。还原思想对小学二年级学生来说非常抽象,教学中如何让学生体会在什么样的情况下用还原思想解题?怎样用还原思路来思考?这是一个非常棘手的问题。

我们在教学中设计了这样一个情景:体育活动开始了,教师带来了很多绳子、毽子、皮球。

第一个问题:共有20根绳子,学生借去了8根,还剩几根?(复习)

第二个问题:学生借去10个毽子后还剩9个毽子,活动结束后,学生把毽子还给教师,原来老师有几个毽子?解决这个问题,学生自然会想到用加法。(经历还的过程,体验还原方法)

第三个问题:学生借去8个皮球后,还剩9个皮球,原来有几个皮球?学生在解决这个问题时有很多想法,但最多的是想到活动结束后把皮球还给老师,只要把还来的和剩下的合起来就是原来有几个。(探究用还原思路解决实际问题,领会还原思想)

(2) 从不同角度反复体验。例如,“统计”一课的教学,在统计三角形、正方形、圆形饼干各有几块时,学生有两次体验,第一次是失败的体验,用原来的知识无法统计出结果了。正因为有了这一次失败的体验,挑起了学生探究的欲望,在交流方法后,让学生用你想到的方法统计出结果(课件再次演示饼干掉下来的过程),从而学生体验到了成功的喜悦。正是有了以上失败和成功的正反体验,学生感悟了,理解了。

2. 充分交流

交流可以有助于强化数学的思维，不同的个体思考问题的方法、解决问题的策略都有着自己的特点，这正是开展数学活动最有价值的教学资源。教师应组织学生开展交流活动，鼓励学生将自己的学习方法、思维过程等展示出来，让不同个体的思维在交流中碰撞，在碰撞中产生智慧的火花，在与他人交流的过程中逐渐完善自己的想法。

（1）充分表达。传统的教学观认为，没有问题的课就是最好的课，教师一般习惯于按照预先设计好的思路展开教学，怕影响自己的教学计划。当学生提出意料之外的问题时，尤其当教师一时不明白学生所提问题的意思时，往往采取“把这个问题留到课后解决”的办法。这样处理虽完成了教学任务，但对学生是不负责任的。因此课堂上教师要把主动权还给学生，让学生充分地表达自己的想法，老师不随意地做出“对”“是”“好”等标准式的评价。学生在充分表达的过程中，撞击出思维的火花，加速了认知的过程。

（2）学会倾听。充分表达和善于倾听才能和谐地交流。学生的学习活动生动活泼，富有个性，但引导他们学会倾听很必要。如果不会倾听又怎能吸收到别人思想中的精华？学会倾听能使我们博采众长，弥补自己考虑问题时的不足，也能使我们萌发灵感，触类旁通，还能使我们养成尊重他人的良好品质。因此我们必须有意识地加强对学生学会倾听的训练。

3. 充分自由

新课程要求我们给孩子一些权利，让他自己去选择；给孩子一些条件，让他自己去锻炼；给孩子一些问题，让他自己去探索；给孩子一片空间，让他自由地去飞翔。这就要求我们老师在课堂上要尊重学生的想法，增强“放”的意识，提供“放”的空间，给学生充分选择的自由，给学生充分思考、讨论的机会，从而使学生的个性得以张扬。

例如，在教学“线段的认识”时，让学生通过研究问题：怎样比较线段的长短？体会比较的一般方法，从而体会一端对齐的方法最方便，为学生学习线段的度量做伏笔。有位老师课堂上大胆地放手让学生自己想办法，学生在比较多根小棒长短时，有的用尺去比，有的用小棒和小棒比，有的用书或尺把小棒一端对齐进行比较，有位同学拿起小棒在课桌上竖起比较。最后一位同学的方法赢得了很多同学和听课教师的掌声。有时只要教师给学生一定的思维空间，我们的学生就有可能还出一个惊喜。

如何让数学课更有味道，以上从两个方面加以了阐述，其实这本身就是一个耐人寻味的话题。同样一节课，一个环节，有人感觉好有人感觉不好，这是一个感觉问题，这种感觉源于教学理念和教学行为的整合。

5.6.4 学习活动的评价

1. 评价内容要全面

(1) 要评"双基"要求。

基础知识和基本技能是最基本的教学目标,目前教师认识的偏差主要是对它的界定。大部分老师认为,基础知识是指一些类似于概念、法则、定理的数学事实,而把知识的运用看成是基本技能。他们忽略了学生在探究这些数学事实过程中所取得的经验和方法,对学生来说是研究新知的基础。例如,求平行四边形面积一课,除了面积的计算方法、运用面积计算公式进行计算属于"双基"内容外,在研究平行四边形面积计算过程中,学生所获得的一些经验和方法,如平移、剪拼、割补等以及转化的思想,对学生来说是他们以后研究三角形、梯形、圆形面积计算方法的基础。这些过程性目标也应是评价的重要内容。

(2) 要评"思情意"目标。

所谓"思情意"目标就是指思考、情感和意识三方面的目标。

思考包括:经历运用数学符号和图形描述现实世界的过程,建立初步的数感和符号感,发展抽象思维;丰富对现实空间及图形的认识,建立初步的空间观念;经历运用数据描述信息、做出推断的过程,发展统计观念;经历观察、实验、猜想、证明等数学活动过程,发展合理推理能力和初步的演绎推理能力,能有条理地、清晰地阐述自己的观点。

情感包括:能积极参与数学学习活动,对数学有好奇心和求知欲;在数学学习活动中获得成功的体验锻炼克服困难的意志、建立自信心;初步认识数学与人类生活的密切联系及对人类历史发展的作用,体验教学活动充满着探索与创造,感受数学的严谨性以及数学结论的确定性;形成实事求是的态度以及进行质疑和独立思考的习惯。

意识包括:数学意识,其中包含数感、符号感、空间观念、统计观念、应用意识等;参与意识,包含学生参与学习活动的主动性、积极性;创新意识,包括学生创新的欲望、创新的素养等。

由于受目前单一评价机制的影响,教学部门及教师缺乏评价学生在思考、情感、意识方面素质的有效办法,从而影响了教师培养学生这方面素质的积极性,在课堂上教师就缺乏对这方面素质的关注。

2. 参评对象要广泛

学生的学习活动应该由谁来评?在过去这个问题似乎不需回答,如今要求教学要"以人为本",教学过程要以学生"自主学习"为主,那么有必要对这个问题重新回答。

(1) 教师是评价学生学习活动的主角。

教师之所以是评价学生学习活动的主要成员。一方面,在教学这个师生双边活动中,教师是最了解学生的;另一方面,学生的学习目标教师了解得最为全面,也最符合教学规律。因此,评价学生的学习活动,教师无疑是最有发言权的。

至于什么时候评、怎样评,值得研究,这个问题将在下面进行具体阐述。

(2) 学生是评价自己学习活动的主体。

学生是学习活动的主体,同样是评价自己及同学学习活动的主体。对于学习过程中的一些情感体验,如是否喜欢数学、学习数学是否有信心等,学生的感觉是最真的;对于一些基础知识和基本技能掌握的情况,学生也有自己的体会。因此,对于这些内容学生的自评是有价值的。学生的学习活动应该是一个合作的过程,在这个过程中,某个学生所表现出的包括合作的态度等素质其他同学有一定发言权。因此,学生之间的互评也不可忽视。

(3) 家长是评价孩子学习活动的主人。

家长对孩子各方面的素质也是有所了解的,由于家长和孩子之间的特殊关系,家长的评价对孩子的影响力不可低估。同时,由于有些家长对教学的不了解,有的甚至是无知,他们的有些评价可能会对孩子的发展产生不利影响,因此,正确引导家长对孩子的评价变得越来越重要。

3. 评价方式要灵活

怎样评价,新的课程标准上有一些要求和建议,下面从四个不同角度谈四组评价方法,可做到“四个结合”。

(1) 从评价时间看,做到平时评价和阶段性评价相结合。

有些素质,如学生的情感体验、参与意识、创新意识等,需要教师平时的观察和记录,才能给学生做出较为公正的评价。有些知识和技能需要学生较为系统地学完一部分内容后才能进行考评。

(2) 从评价内容看,做到单项性评价和综合性评价相结合。

课堂上主要是对学生的一些想法和行为进行适当评价。有时要评价学生对某一概念或某一部分知识掌握的情况。

(3) 从评价结果看,做到定量评价和定性评价相结合。

定量评价是目前教师习惯运用的评价方式,这种评价适用于能计量的情况,如计算 10 道计算题,做对 8 道得 80 分。对于一些不能精确计量的情况,就只能采用定性的办法。同时,我们必须看到:目前定量评价运用过滥,直接造成了评价功能的衰退,评价对学生学习的激励作用、对教学的指导作用微乎其微。因此,我们提倡定性和定量相结合的评价方式。

4. 功能发挥要充分

课堂上对学生活动评价的功能概括起来讲主要是激励作用和引导作用,两者之间存在着辩证关系。课堂上教师一方面要善于捕捉学生活动过程中的闪光点,给予恰当鼓励;另一方面也要敢于指出学生活动中的不足之处,及时给予正确引导。

5.7 让学生在感悟中提高数学素养

提高学生数学素养有很多途径,感悟是提高学生数学素养的有效途径,是学生自我领悟、自我建构、自我反思,形成自己的经验、意识的心理倾向的过程。学好数学悟性很重要,它与数学教学有密切的关系,是一种具有生命驱动力的思维形态,介于感性认识和理性认识之间,是联结感性与理性的带有生命体验的心灵之桥。可以说,没有以悟性点醒的材料是僵化、凝固的材料,没有以悟性化解的理论是空洞、乏味的理论。感悟是提高学生数学素养的有效途径,让学生从具体的情景、操作中悟出数学模型的建构,让学生从对比、推理中悟出数学规律,让学生从过程中悟出数学意识,提升学生的数学素养,形成创新型的、健全的个性品格,这是我们应该追求的目标。

5.7.1 感悟是提高学生数学素养的有效途径

1. 感悟是获取知识的途径

学生可以通过感悟去获取一些基础知识,教学目标是在课前就确定的,但教师在课前思考的时候,重点不应放在我要在课堂上教会学生知道什么,理解哪些内容,应该着重考虑我在课堂上应该提供哪些材料,创设怎样的情景,组织怎样的学习活动,让学生在情景和材料的感知过程中,在活动体验中,领悟到这些知识,从而掌握这些知识。比如,这节课的知识目标是让学生掌握什么是中位数、怎样求中位数,如果课堂教学中只想让学生掌握这些知识,那么课堂教学中给我 10 分钟时间我就可以让学生掌握。但数学课绝不能这样上,学生自己领悟到的和教师直接告诉他的,感觉是不一样的,所以课堂教学中那些有规律的、概念性的语句要让学生自己领悟,最好让学生用自己的话说出来。可能学生说的和你心里想的不一定完全一致,但学生在领悟基础上说出的显性的数学大多指公式化的理论、概念,比教师塞给他们的有价值。

2. 感悟是掌握方法的途径

数学知识可分为显性的和隐性的两类，隐性的数学指数学意识、数学思想、逻辑思维、数学情感、数学建构方式等。数学教学中多让学生感悟，不但有利于显性知识的传授，而且更有利于隐性的数学意识、数学思想的培养。

比如，在减法中的简便计算，不少教师把加减法简便计算概括为四句话：多加要减，多减要加，少加再加，少减再减。这几句话学生很快就能背熟，实际运用的时候，有的同学还是不会用，更不要说理解每一句话实际的含义了。如果我们在课堂教学中，创设一定的情景，提供感性材料让学生去感悟，效果就不一样。例如，创设情境：小明带500元去商店买了一件玩具，价格198元，问买了玩具后口袋还剩多少钱？列减法算式是500－198。学生生活中都有这样的情景原型，都知道应该付200，然后营业员找回2元。学生很自然地会想到500减198，可以用500－200＋2来计算，多减要加的方法学生自然领悟。教学中我们要让他们体会哪种方法更简单：是500－198列竖式计算简便呢？还是500－200＋2简便呢？以后学生遇到这类题目头脑里就有印象了，还能类推到其他情况。学生可以在生活情景中自己去感知和领悟，有利于他们掌握数学思想方法。

3. 感悟是发展思维的有效途径

学生的感悟过程也是学生思维发展的有效过程，感悟过程本来就是思考过程，没有思考是不会有感悟的。比如，我今天提供的这堂课，如果听课的老师认真思考的话，他总能领悟到很多东西，即使是一堂不成功的课，只要下面听课的人在认真思考，就能领悟到很多，即使是失败的课也可以作为批判自己的材料，在反思中领悟的。同样，学生也是在思考的过程中去领悟的，思考的过程无疑是发展学生思维的过程。

5.7.2 怎样让学生有效感悟

有效感悟的关键词是经历、体验、积累、引领、互动。我将感悟理解为感知和领悟两个方面，感知是领悟的基础，学生如果没有感知是不可能有领悟的，但没有目的的感知是没有意义的。领悟是最终目标，领悟是教学效果的最终体现，也就是说一堂数学课上，学生没能领悟到什么，那这节课等于是无效的。只有感知没有领悟，那是没有教学效果的教学。所谓有效教学就是要看学生在课堂中究竟有多少领悟，而不在于有多少感知，感知的目的无非是让学生有所领悟，感知的目标要围绕领悟的目标，不是毫无目的地提供一些丰富的感性材料，这节课就很精彩，我们要围绕重点、难点，要围绕我们想要学生领悟的内容去展开。

下面从这两个方面谈如何让学生在数学课堂教学中有效感悟。

1. 如何让学生有效感知

(1) 感知要有材料。

① 感知的材料要有针对性。例如,在学生初步认识中位数后,为了让学生对中位数的意义有充分的感知,教学中分三个层次提供了三个有针对性的材料,第一次提供的是求已排序好的奇数个数据的中位数,学生很容易找到正中间的那个数就是这组数据的中位数;第二次提供的是求没有排序的奇数个数据的中位数,部分学生对中位数的本质内涵理解不透,找了正中间的那个数,然后在其他学生的质疑中发现中位数应该是有序排列的数据中正中间的数,从而对找中位数要先排序感知深刻;第三次出现求偶数个数据的中位数,再次引起学生的认知冲突,学生在"找不到正中间那个数"的情况下,进一步感知到求奇数个和偶数个数据的中位数的区别。教学中,如果没有经历切身的感受和发自内心的真切体验,很难说学生真正掌握了知识,获得了发展。

② 感知的材料要丰富充实。例如,关于"轴对称图形对称轴的条数"教学片段中,有一个环节是要让学生领悟到正几边形对称轴有几条是有规律的,需要学生从一些感性的材料中发现这样的规律并领悟到。提供的材料要丰富多样。我举这个例子是想说明:要使学生领悟到一种规律性的东西,那是需要丰富的材料的。数学上有关规律的内容比较多,平时教学中,要让学生发现规律,如果材料不够丰富,不能让学生切身感觉,恐怕学生不能领悟到你所希望的东西。因此,我们在教学有关数学规律性的内容时,都会想到提供哪些材料让学生去从中发现规律,而且这个材料一定要丰富充实。

(2) 感知要有情景。

"让学生在生动具体的情境中学习数学"是《数学课程标准》给我们广大数学教师提出的教学建议。的确,创设宽松、和谐的教学情境有利于激发学生学习数学的兴趣和求知欲望,调动学生学习的积极性;也有利于学生更深入地体验和理解数学,感受数学的魅力,并从中能有所感悟。

例如,在教学一年级统计课时,教材上提供的材料是一个塑料袋里有一些图形,有三角形、圆形,还有正方形等,教材的意图是希望学生用符号记录下来,在符号记录的基础上再分类统计。但是利用原来教材上设计的情境,学生很难领悟到。所以有教师就设计了这样一个情境:三种小动物投篮比赛,按成绩统计。一开始小学生没有记录,用扳手指的办法记录前两种小动物的投篮数,等到第三个小动物小猪出来的时候,就没有第三只手了,学生就自然会领悟到,需要把结果记录下来,不记录是记不住的。记的时候有的同学是按顺序记录的,有的同学就会分类记录了。在这个基础上,再引导学生把原来那些消失掉的信息先记录下来，而且用符号记录更简单，再进行分类统计。

但情景设计也要注重效率，否则会适得其反。比如，在一次会课中，教师设计看录像，录像中也有几道数学题，学生开始以为数学题有用就用心记下来，结果录像只为引出主持人，这样的情景设计效率低、效果差。所以在设计情景的时候要明白：感知需要情景，但在设计情景的时候要注意，情景设计需要学生领悟到什么。

(3) 感知要有经历。

要让学生体验，要让学生领悟，就必须要让学生经历的，不经历是没有说服力的，只有经历过了才会有真切的体验，才会有真正的感受。心理学家皮亚杰指出：活动是认识的基础，智慧从动作开始。让学生在动手操作中感知知识，亲身体验新知识的产生、形成的过程，才能有效地调动学生多种感官参与学习活动，培养学生的实践能力和创新意识。比如，求三角形三条边的关系问题，就需要提供三根小棒让他们亲手去拼搭、摸索，如果只是介绍和解释，他们是很难明白三角形三条边之间的关系的。教学中要舍得花时间让学生去经历，由学生亲自操作，他们的感受就深，容易自己领悟。在整个过程中，教师不是全盘授之，而是相机引导，学生在一次次的自我发现，自我探索中，体现了“再发现”的过程，掌握了知识，同时也掌握了可贵的“发现”的方法。

2. 怎样让学生有效领悟

领悟是教学效果的具体体现，课堂教学成功与否，有多少有价值的东西，关键看课堂上学生能有效领悟到多少。

(1) 领悟要有需要。

教学要考虑到学生的需要，学生有了需要才会有真正的悟。比如，前文中提及在课前创设了掰手腕比赛，请学生当裁判，学生在当裁判的过程中体会到，任何比赛都是需要公平、公正的规则的，这不是作秀，而是调动学生的情绪，为后面教学中公平、公正地评判学生的成绩做好心理准备。再比如，在认识中位数的教学时，分三个层次提供了三个有针对性的材料，而教材中间只有一张统计表。第一次提供的是现实材料：设计了比较两个组学生跳绳成绩的情景，目的是想让学生领悟到，两个组比输赢的时候，当人数不一样时，比较总数是不公平的，需要比平均数，因为平均数反映了这个组的平均水平。第二个材料是一组学生的跳绳数据，这些学生的跳绳成绩比较接近，学生根据原来的知识领悟到，评判这组中的某一个学生的成绩在这组中所处的水平，可以和平均数比。第三个材料还是这组学生的跳绳成绩，但有一个数据变得特别大，引发学生的认知冲突，学生发现某一个学生的成绩比平均数低，但他在这组学生中处于第三名，此时再和平均数比不太合适，需要一个新的数据作为对比的标准，此时可提出中位数，使得学生对中位数的实际需要和功能有比较深的认识。学生要有内在的需要，才能有效去领悟。要站在学生角度去考虑问题，提供的材料学生可能会领悟到什么，而不是我要让学生领悟到什么。

（2）领悟要有积累。

感悟是一种心理现象，也是一种心理过程，先有所感，后有所悟。感悟主要借助感知，感知的形成又要依赖于学生的亲身体验，依靠平时积累。学生有了一定的感性经验，就可以通过自己的感受、体会、揣摩而有所感悟。在数学课堂中，教师不能过早地将具体的知识抽象化，感性的知识理性化，使学生匆匆跨过感性阶段而步入理性的殿堂，有的知识讲得越多，学生越不明白，而应循序渐进地让学生自悟自得。

① 积累是领悟的基础。领悟是逐渐提高，逐渐加深的。例如，在教学"中位数与平均数之间的关系"时，要让学生领悟到有的时候平均数不能合理表示一组数据的水平，尤其是要让学生领悟到极端数据对平均数的影响，要一下子让学生领悟确实很困难，学生缺少积累，而且积累要分层次渐进。首先可以让学生领悟到在什么情况下用平均数表示比较合适，这是第一层次的。第二层次要让学生体会到一个数所处的位置在什么情况下跟平均数比是合适的，在什么情况下跟平均数比是不合适的，需要和中位数比。第三层次要引导学生领悟到极端数据对平均数的影响。教学中可提供动态的条形图，通过不断地变化，引导学生领悟：在一组数据中，有两个数在变，其他不变，如果两个数往一端变化，变化比较大，平均数也随着发生变化，中位数是不变的。这时，平均数和中位数的差异变大。因此，某一数据所处的位置和中位数比总是合适的，但和平均数比就不合适了。第四层次，通过直观的条形图的不断变化，启发学生：在这个过程中，什么在发生变化，什么始终没有变。让学生领悟：平均数在变化，中位数不变，平均数与中位数的差距拉大，在平均数与中位数区域之间的数也随着增多，如果要评价在这个区域的数在一组数据中所处的位置，那么和平均数比较就不太合适，与中位数比较合适。这是对中位数的适用范围深层次的领悟，学生要有这样的领悟必须要有前面几个层次领悟的积累。

② 领悟有共性的也有个性化的，不同的积累有不同的领悟，不同的学生也会有不同的感悟。在中位数的这堂课中，通过教学，大部分学生可能领悟上述的结论。但有的学生可能还能领悟到一大一小两个极端数据如果对称

出现,对平均数不会产生多大影响。同样的一节课,作为感知的材料,每个人会有不同的感悟,这和每位教师平时的积累有关。教师如此,学生更是如此。领悟不要急于求成,领悟是要积累的,不要期望一个情景或一个材料学生就能领悟到你所希望的结论。

(3) 领悟要有引领。

悟性的高低,标志着一个人的智力水平。在教学中,不同学生往往表现出不同的悟性。作为教师就要善于发现学生的智慧火花,引导学生的思维方向,帮助学生自己去梳理思路,去捕捉思维的闪光点,让优秀学生的领悟引起共鸣,也能引领其他学生进行再思考、再创造。

(4) 领悟要有互动。

教学的艺术不在传授的本领,而在于激励、唤醒和鼓舞。新课标也强调有效交流与自主探索是学生学习的重要方式,学生的数学学习活动应当是一个生动活泼、主动和富有个性的过程。让学生在互动中领悟数学,使一部分人的领悟成为后一部分人再领悟的基础,个人的感悟可以成为大家的收获,在成功中收获快乐。

5.8 以心灵共鸣为切入点,构建和谐数学课堂

在深化新课程改革的实践中,创设和谐的课堂,让学生感受快乐数学,正在成为广大数学教师的共识,而心灵共鸣在和谐课堂构建中具有十分重要的作用。心灵共鸣的准确定义是:两个人或者一个群体,在共同活动中产生了一种精神的无限延展和沟通,对事物的看法和理解基本一致,达到配合默契的互动,从而让交流双方在情感上产生愉悦,在思维上产生顿悟。那么,应该如何以心灵共鸣为切入点,达到构建和谐数学课堂的目标呢?我们对此进行了有益的探索。

1. 营造积极的思维情景

机会总是留给有准备的人。师生双方处在积极的思维情境中,才可能引起心灵共鸣。对教师而言,首先自己要有随学而导的思想准备,随时关注学生思维的兴奋点和闪光点。例如,教学"公倍数"一课时,为了引出最小公倍数,教师设计了师生共同参与找两个数的100以内所有公倍数的比赛游戏。教师认为最为快捷的一种方法是,先找到两个数最小的一个公倍数,然后用它乘以1,乘以2……从而找到所有的公倍数。但在具体的课堂实践中,如果有学生想到的方法已经很接近老师想的方法,就可以因势利导,只要能达到让学生体会到最小公倍数和其他所有公倍数之间关系的目的就行。其次，教师要善于引导学生，让学生也处于积极的思考状态，课堂上所研究的问题要尽可能多一点思维含量。例如，有位教师教学“游戏规则”一课时，先是引导得出游戏规则要公平这一结论，然后让学生进行摸球比赛游戏。结果，学生比赛结束后都沉浸在因输赢而激动的情绪之中，并没有人主动去领悟为什么要比赛，比赛结果又说明了什么。于是，在评课老师的建议下，把这一环节改成先让学生猜测：游戏规则公平的情况下，比赛结果可能会怎样，比赛就变成了有思考的验证。当比赛结束后，再追问：如果摸的次数是二百次，你认为摸到红球会接近多少？然后把每十组统计结果合计进行验证，在此基础上再追问如果抛硬币，次数很多，结果会怎样？最后结果同教材阅读材料中介绍的几位科学家实验的结果进行对照。如此，我们不难发现，只有在有思维含量的问题下，学生的思维才会积极，也才有可能出现期待中的共鸣。

2. 构建和谐的师生、生生关系

产生于两个以上的思维主体的共鸣，其基础是情感和谐与价值观相同或相近。课堂上，师生之间、生生之间的共鸣，都是产生于相互关注对方的基础之上的。所以，要想取得共鸣，需要关注下列三个方面：

第一，教师要有强烈关注学生的意识。眼睛是心灵的窗户，注意上课教师的眼神就可以看出教师心中关注的是学生还是自己的设计。很多年轻教师上课时，心中想的是教案，关心的是下面问什么问题，得出什么结论，似乎眼睛是望着学生，但眼神是无神的。学生在回答什么，学生在想什么，他几乎不关注。这样的状态下，一定无法产生理想的共鸣。

第二，要能吸引学生来关注教师的问题和想法。怎样才能既吸引学生的眼球，又诱发学生的思维呢？最关键的还在于教师在课堂上呈现的材料是否具有趣味性、针对性和挑战性。比如，笔者曾经听过两节“解决问题策略”的课，一节是倒推，一节是替换，其导入部分都用了同一个故事“曹冲称象”。从课堂效果看，“倒推”的一节课，称象只为引入策略一词起了一点作用，无法让学生感悟倒推的效果。“替换”的一节课，由于教师一开始就引导学生讨论大臣们遇到了什么困难，曹冲想到了什么好办法，让学生体会到应该根据不同的情况选择不同的策略。接着，紧紧抓住用石头换大象突出一个“换”字，从而引出“替换”的概念。由于材料的针对性强，讨论也围绕关键点展开，学生在良好的互动中清晰地领悟了“替换”的妙用。当然，课堂上除了通过提供合适材料吸引学生的注意力外，教师的语言包括语音、语调，表情包括眼神、手势等都是吸引学生注意力的有效资源。

第三，要引导学生关注同伴的想法，营造和谐的人际环境。例如，前面所述的找公倍数方法的探究过程中，有的学生只关注自己的想法，根本顾不上关注其他同学的解决方法。因此，教师必须在课堂上着力引导学生讨论不同的方法，让学生在领悟不同方法的基础上进行比较，从而体会到哪种方法更简便。相信经过长期训练，一定能够帮助学生养成关注同伴、善于倾听的良好习惯。

3. 注重思维的训练和转换

只有注重思维的训练，才能有效促成心灵共鸣。

首先，教师要想学生所想，抓好学生的思维训练。只有师生双方思维的水平、思考的方式接近（靠近），共鸣才有可能如期产生。因此，学生会怎样想？怎样使得学生容易往预设处想？这些都是老师备课时应该经常考虑的问题。例如，在教学“倍的认识”一课时，怎样判断一个数是另一个数的几倍，学生可能会想到先圈一份再圈这样的几份的方法，当然也有可能会想到用计算的办法。如何才能够让学生体会到用除法计算是最常用办法呢？有的教师在课堂上直接让学生进行比较，看哪种方法更方便、更常用，学生是很难领悟到的。其实，教师只要真正站在学生的角度去思考，就会发现教材提供的材料学生是无法体验到的。因为材料数据太简单，学生用前面的方法同样也很容易找到结果。所以，要想让学生产生共鸣，领悟到除法是最常用的，而其他方法都有局限性，就需要提供更有针对性的材料让学生体会。比如，假设一个数很大很大，那么用画和圈的办法就需要很多时间。

其次，要给学生充分展示想法的机会。一般而言，学生间的思维水平最为接近，如能巧妙利用学生的想法，就很容易引起其他同学的共鸣。比如，在教学“方块统计图”时，最后要让学生领悟，当统计数字比较大时，每一个方块如只表示一个物体很麻烦，需要用一个方块表示几个物体。有位教师就在出现数字比较大的情况下，大胆让学生展示自己的想法。于是，很多同学想到了用更简单的符号，如钩、点来表示，结果有同学提出异议，认为观察个数太麻烦。直到有同学想到用一个方块来表示 10 个物体时，大家不约而同地点头表示赞许。这种自发的点头就是学生内心共鸣的外在表现。由此看来，在民主、开放氛围之下，学生就会有不同的想法，而不同想法的碰撞，很容易引起共鸣，十分有利于提高教学的有效性。

（2012 年 12 月年发表在《小学科学》）

5.9 随学而导,巧妙生成

课堂生成是指课堂上由学生根据自己的观察、分析进行推理,并由学生自己发现和提出问题、观点、方法等内容的过程。

很多人认为生成是无法事先设定或预料的,是无法预约的美丽。笔者认为预设和生成并不矛盾,事实上很多动态生成的过程是事先预设的,当然也有随机产生的。由此可见,生成可以分为两类:一类我们称之为预设生成,是指课前已经预见并为之做好准备的;一类则为随机生成,这是指课前没有预见、没有准备,临时生成的。

课堂中如果有一些精彩的随机生成,那么就能为整堂课加分添彩。精彩的随机生成不但要求老师要有随学而导的思想,更要有课堂上的教学机智以及随机应变的能力。因此,很多人对课堂上出现的一些精彩的随机生成推崇不已,却忽略了这些随机生成中很多时候也隐含着预设的成分,同时精妙的预设生成在笔者看来同样值得赞赏。下面想说明的就是两者间的微妙关系。

5.9.1 预设生成和随机生成同样重要

预设生成与随机生成两者选择哪个更重要,笔者认为不能一概而论。

比如,有一个战例,指挥官经过周密的布置和准备,结果按预设的效果歼灭敌军一个师;另外一个战例,指挥官非常机智,随机掌握战况,把握住了战机,也歼灭了敌军一个师。

一般人会对后一个指挥官大加赞赏,但在笔者眼里,两个战例都值得赞赏。有的时候我们对战事进行了预设,完全按照设计的方案进行的战役,可能牺牲的士兵会更少,很多将军不打无把握仗,这种将军很优秀。当然,如果有胆量,在战场上捕捉到稍纵即逝的战机,能够获得一场意外战斗的胜利,那当然也是值得称赞的。总之,预设生成和随机生成没有好坏之分。

讲到预设生成和随机生成,必定讲到课堂效率。想要课堂效率高,则课堂中有很多环节必须是事先预设的。设想,如果有的课堂由于随机生成的内容较多,一节课上了50分钟甚至60分钟,这与平时的40分钟的课堂教学要求是很不相符的。

5.9.2 预设生成和随机生成可以相互转化

我们所看到的课堂中的预设生成,有些在之前可能是随机生成的。比如,某一节课中随机出现了一种情况,如果教师抓住这种机会,成功地随机生成了一个片段,那么当这个教师再次上这个内容时,在这个环节中再次出现这种情况就有可能变成预设的。

例如,我在第一次上“平行和相交”一课时,设计让学生把两根小棒抛在桌面上,然后将两根小棒的位置情况画在纸上,然后分类。我预设的结果是两大类、三小类:第一大类是相交,情况有两种,一种是已经碰在一起的相交,另一种是还没有碰在一起的相交;第二大类是平行(永远不相交)。但学生所画的图中,第二大类的情况一个同学都没有出现,我随即请同学们用两根小棒摆出各种情况,通过摆放同学们自然发现了上面的第三小类情况。等到我再次上这节课时,这个意外情况就变成了事先预设的了。

同样,有些课堂中未成的随机生成,也能成为下一节课的预设生成。再如,我在听同组的一位老师上“平行与相交”一课时,这位老师也是让同学抛两根小棒,看看小棒的位置情况。班上有一个同学抛小棒时,一根小棒不小心掉落在地上,老师随手帮孩子把小棒捡起来。听课时我就想,这一情况其实是很好的随机生成的机会,因为这样就能形成“不同平面内”这一直观的场景。下课后我和这位老师交换了意见。虽然这样的随机生成在这位老师的课上没有成功,但是在我的下一堂课上就成了预设生成,如果学生抛小棒时不再出现小棒掉落的情况,我还预设了类似的一个模拟的场景,以帮助学生理解“不同平面内”这一概念。

5.9.3 预设生成和随机生成相通共用

预设生成和随机生成有时可以相通共用,难于区分。两堂同样的课,并且有一个一模一样的环节,有可能在一位教师的课上是随机的,在另一位教师的课上则是预设的,这跟教师的教学经验有关。对于年轻教师,很多课堂中发生的情况,对他而言可能是随机的;但是对于经验丰富的教师,课堂中很多看似随机的情况可能已在他的预料之中,甚至原本就是预设的。究竟是哪种情况,只有上课教师心里最清楚。

综上所述,我们渴望精彩的随机生成的出现,同样我们会努力让更多的精妙的预设生成在我们的课堂呈现。我们清楚地认识到,很多有益的随机生成会转化为下一堂课的预设生成。为了让我们的课堂呈现更多更精彩的动态生成,建议做好以下四个方面的准备。

1. 大胆放手,敢于变化,为随机生成创设氛围

随机生成有一定的偶然性,如果我们的课堂是封闭式的,我们的教师没有随学而导的思想,那么随机生成将失去基础的土壤。为了给随机生成创设

氛围,我们认为以下几点我们要遵循:

(1) 开放是前提。

课堂中如果期待精彩的随机生成出现,学生必须有一定的空间,学生思维的空间大,则有可能产生各种不同的想法。学生的思维空间有多大,取决于我们的课堂开放有多大。

开放之前,教师有可能已经意料到了学生可能出现的几种想法,并对这几种想法预设好各种应对方案。课堂上虽然预设了很多方案,但用何种方案应对有随机的成分,所以有时预设和随机也很难分割。

例如,“认识分数”一课时,第一个问题是“一个桃子平均分给4个猴子,每个猴子拿到一个桃子的$\frac{1}{4}$”;第二个问题是“一盒桃子平均分给4个猴子,每个猴子拿到一盒桃子的$\frac{1}{4}$”;第三个问题是书本的形式“4个桃子平均分成(　)份,每份是它的(　)”。一位教师上课时把第三个问题改编成“4个桃子平均分,你打算怎么分,每个猴子分得多少?”改编的原因在于,如果按教材的形式出现,留给学生的空间太小,不够开放,大部分学生的回答将是“4个桃子平均分成4份,每份是它的$\frac{1}{4}$”。改编之后学生可能有两种思考,认为“每个猴子分得它的$\frac{1}{4}$”,也有可能说到“每个猴子分得一个桃子”。

当然也有可能在课堂上出现意外的情况,即课堂中出现了教师预设之外的情况。

例如,在教学“口算36+27”时,一位教师先让学生用自己的方法进行,教师预设的想法一般是:先算几十几加几十,再算加几;或者用“凑十法”。根据学生不同的想法,教师也已想好应对之策。但有一位学生说:“36中有4个9,27中有3个9,合起来是7个9,所以结果是63。”预设以外的情况出现,这都得益于教师的开放提问。

(2) 民主是保障。

平时听课,经常遇到这样的场景:一个开放题出现后,学生会有很多想法,当有同学说出教师预计的情况后,即使还有学生举手,教师会装作没看到,不给学生发表想法的机会。不难看出,这样的教师缺少应有的民主意识。在这样的老师的课堂上,就算说出不同的想法,也很难得到重视,那么所谓的随机生成当然就不会出现。由于学生有时没有发表不同想法的机会,有价值的信息就不会出现,更不要说意外信息的出现。由于教师没有民主意识,有了开放题也无法出现我们期待中的精彩的随机生成场面。

如果教师民主意识不强，就会用批判的眼光看待学生的不同想法，就不会去理会学生想法中的合理成分，就无法利用学生的想法生成有价值的内容。

（3）错例是机会。

错例常常是随机生成的机会。错例有时是教师事先预计到的，有些是预料之外的。对错例的态度有两种：一种是教师怕出现错例，课堂上期望完全按照预先设计的思路进行；第二种是教师怕没有错例出现，在这些教师眼里，当错例出现时，可以通过对错例的评析加以引导，启发学生去思考、去联想。

2. 善于捕捉，适当引领，让随机生成成为现实

要让课堂上我们期待的随机生成变为现实，教师就要善于捕捉课堂中出现的随机信息，并加以引导，这样才能将其转化为可能的现实。

（1）敢于调整。

教师能否不拘泥于自己的教案，敢于调整原来的设计，这是随机生成能否实现的关键。即课堂教学的教案只是一个预案，不是一成不变的，而是要随着学生的思路，根据学生课堂中的实际反应展开我们的教学活动。

例如，“统计”一课，教师设计摸球比赛，先形成一种氛围，然后让同学猜测“为什么第三组总是摸不到红球呢？”从而使学生在摸球游戏中体会“不可能”这种情况。但是在课堂中出现了意外，小组活动时，刚摸了两三次，一位很好胜的同学很气愤，抱怨总是摸不到红球，于是偷看了袋子中的球，同组的另一位同学检举揭发。面对这样的情况，一般教师可能会立刻阻止孩子的偷看行为，但是这位上课的教师非常机智，借机问：“你为什么要看？”学生说：“我怀疑里面一个红球都没有。”老师又问：“其他同学你们有没有这样的怀疑？”“一个红球都没有摸到的有哪几组？”有两三组同学举手了。老师问：“你们想不想验证？”经验证，果然这些组的袋子中一个红球都没有，并由此得出结论，在什么样的情况下，永远不可能摸到红球。

（2）关注感受。

评价只是一个形式，内在的目的是通过评价来达到效果。评价学生时，有可能是在引导学生，通过评价让孩子认识到原来观点有什么缺陷，或者让孩子关注某种思想方法。学生对教师的评价认同的程度直接影响到评价的效果。因此，评价时一定要关注学生的感受，也就是要关注评价认同。

例如，前面举的口算36＋27的例子，当学生讲到“4个9加3个9得到7个9，所以结果是63时”，如果教师评价时直接否定，认为这个方法有局限，不能普遍使用，那么学生心中肯定是不服气的。同样遇到这个情况，有经验的教师则会追问:那用你的方法计算 36 + 23 行吗? 当孩子发现不行,进而体会到他的方法只适用个别的题目,没有通用性。这样学生就能体会到这个加法算式是个特例,由此,学生自然认为前两种方法才是常用的。

(3) 适当点拨。

"点拨"是"引领"的一种方式,当学生中出现不同想法时,很多时候,学生的想法可能并不完善,但只要其中有合理的成分,通过教师有效的点拨,就有可能生成有价值的方法。当然点拨要把握好时机,不能操之过急,否则会增加孩子的依赖性。要适时点拨,并适度点拨,如果能做到教师"点"学生"拨"是最好的。这就好比,学生画龙没点睛,教师是帮学生点;还是告诉他缺一双眼睛,让他自己点,或通过启发,让学生自己发现还缺一双眼睛,自己去点。

由此,我们提倡的点拨是"点悟",就是说点拨后要让学生自己领悟。例如,教学"一一间隔规律"一课时,同学们发现了两端物体相同时,两端的物体比中间物体个数多 1,这时,有同学提出为什么会多一个? 教师适时举例,苹果和梨一一间隔排列,两端都是苹果,如果分给每只小猴一个苹果一个梨,你会发现什么? 学生通过画图、圈圈,很容易发现最后一个小猴只分得苹果没分得梨,说明苹果多 1 个。这里渗透了一一对应的思想,但方法是学生在教师启发之下自己想到的。

(4) 把握机会。

"随学"一方面是指随着学生的思路,随着课堂中反映出来的情况来组织教学;另一方面是指"随时""及时",犹如战场上的战机,这样的机会稍纵即逝,要及时把握住。例如,在教学"笔算进位加"一课时,有位学生在黑板演算时,先算十位相加,再算个位加,后发现要进位,把前面和的十位做修改,由于这位学生做题时教师背对学生,因此没有看见这个修改过程,错失了机会。如果当时教师能及时引导:"你为什么要修改? 你感觉怎样算就不需要修改了?"学生就会发现在进位加时,低位算起不需修改答案,这样对从个位算起的理解就更加深刻了。

3. 总揽全局,变换角度,为预设生成设计线路

为了完善预先的设计,为了让预设生成尽可能达到预期的效果,以下几点值得关注。

(1) 备课时,关注学生的想法。

"随学而导"首先要关注学生,这里的"学",一方面指学生在课堂中的反应情况,另一方面指的是教学的对象学生,所以"随学"首先要研究学生,备课时要关注学生的想法,想学生所想。

我们在评判教学方案的好坏时，要从学生的角度去思考，想“学生会怎样想”，而不是“学生应该怎样想”。教师要研究学生的特点、学生的想法，甚至通过自己的判断敢于突破教材的框框。

例如，在设计二年级“统计”一课时，教材的意图是让学生学会先用符号记录，再分类统计那些随机出现的事物。提供的材料袋中有长方形、三角形、圆形，目的是期望同学们先用符号记录，然后进行分类，最后数一数；或者先分类，然后用符号记录，最后统计出数据。但事实上，学生面对这些材料袋时并没有统计的欲望，因为学生还有更简单的方法：将材料袋中的物品倒出，将它们分类，然后数一数，就能统计到结果。仔细分析出现这一状况的原因在于，出示的物品没有消失掉，所以学生很容易直观地数出物品的数量。我们在设计这一课的导入环节时，将这一过程改编成统计小动物的“投篮”的命中次数，由于每个动物投篮的结果很快消失，学生就会产生记录的强烈愿望。

（2）练习时，关注学生的差异。

平时课堂教学临近结束时，很多教师会讲这样的话：下面老师布置课堂作业。话音刚落，下课铃声响起。那么孩子的作业究竟是什么时候完成的呢？这还能称为课堂作业吗？作业在课堂内完成，既减轻学生的负担，也是关注学生差异的体现。课堂中，应多一些有弹性、有坡度、有选择的练习。

（3）积累后，多一些反思求新。

预设生成的方案想要如期实现，设计的方案要完美，则需要老师的积累，并在积累的基础上再进行反思。

例如，教学“倍数和因数”一课时，“找一个数的因数”这一环节，初上课时教师比较开放，让学生第一部分认识倍数和因数，第二部分找倍数，第三部分找因数。但在教学中找因数时，发现难点较多，需要努力将这些难点进行分散教学。难点一：可以怎样找一个数的因数？用乘法算式找还是用除法算式找？要让学生体会到，用乘法找是有一定局限性的，在找有些数的因数时，乘法口诀表中找不到相对应的算式。难点二：找一个数的因数要成双成对地找。难点三：除法算式要除到什么时候为止？为了让学生感受更深刻，在后来的备课中，我们注意把这些难点分散在几个环节中逐个突破。

4. 充分准备，遵循规律，让预设生成如期实现

充分估计包含了预设的成分，也蕴含了随机的成分。我们所期待生成的问题往往是在一定的情景和材料中产生的，所以准备的材料要有一定的挑战性、趣味性、现实性、针对性，材料的针对性尤为重要。

例如，教学“倒推的策略”一课时，教师预设，学生首先要弄清事情从原来到现在是怎样发生的，而且要弄清发生的顺序，然后再倒推。教师特别期待学生自己发现,一定要按照“事情发展的顺序”进行倒推。上课时,教师采用的例子是:一杯牛奶先倒掉50克,再加20克,现在是120克,求原来是多少克。但仔细观察列出的综合算式“120 - 20 + 50”,不难发现在加减混合的运算中先减再加和先加再减对运算的结果没有影响,学生无法体会到教师所希望的结果,如此预设生成就无法如期实现。其实,如果所提供的材料是需要乘(除)加(减)混合运算的,学生就很容易体会到顺序不能混淆。

总之,我们的课堂需要更多的、精妙的预设生成,同时也期待适量的、精彩的随机生成。我们要努力追求的是有价值的生成和有效的生成。我们相信,在预设和随机两种生成的交相辉映中,可以演绎出充满生机和灵动的数学课堂。

(2011年9月发表在核心期刊《上海教育科研》)

5.10 提升小学生数学素养的关注点

《义务教育数学课程标准(2011年版)》明确指出:数学学科要在初步认识图形位置和物体大小、掌握空间与图形的基础知识和技能的基础上,努力提升学生数学学科素养。因此,在新课程标准背景下,教师必须用动态的眼光看待数学课堂教学,一定要明确培养目标,积极引导学生在完成知识向技能转变的过程中提升数学素养。

1. 关注理念,明确数学素养的重要性

如果翻阅各主要发达国家近年来的数学教学大纲和课程标准,尽管由于各国文化背景不同,提法不尽相同,但是关于数学教育的目标,基本上都阐述了两个方面的内容:其一是使学生掌握社会生活必备的数学知识与技能;其二是具备良好的数学素养。概括各国的数学教育改革纲领性文件,基本的共识是:数学素养应包括数学意识、解决问题、逻辑推理和信息交流四个部分。“在学校学的数学,毕业后若没什么机会用,一两年后很快就会忘掉。然而,不管他们从事什么工作,记在心中的数学精神、数学思维方式、研究方法、推理方法和看问题的着眼点等,却会使他们终身受益”。这是日本著名教育家米山国藏对数学教学的理解。在小学数学教育中提出培养学生的数学素养,正是社会进步和认识提高的印证。

国内许多同类课题的研究,对培养小学生基本数学素养的策略提供了很多建设性的意见:比如加强理论学习,矫正教育行为策略;注重过程反思,增进有效教学策略;打磨教学细节,实践智慧累积策略;开展数学活动,践行实践操作策略,等等。研究表明,学生数学素养的养成是一个长期的过程,必须充分抓住课堂教学这个主阵地,虽然知识习得的渠道主要是在课堂,但是课堂学习不能拘泥于教室,有些知识是需要在教室外学的,有些知识是从生活中习得的。同时,有很多专家学者对小学生的基本数学素养进行了分类,并就如何针对性地培养这些数学素养提供了很多策略和众多的案例。

2. 关注主体,提高课堂学习的积极性

高效的课堂,必须是突出学生主体的课堂。提升小学生的数学素养,首先要摸清学生的认知能力和实际情况。只有从学生的"最近发展区"出发,并且随时调整教学过程,才能够促使学生真正成为课堂的主人。有经验的教师,一定会在认真备课、科学设计教案的基础上,积极创造机会让更多的学生参与到数学活动中来。真正有爱心和责任心的教师,还会千方百计地面向全体学生,让班级里的中等生和学困生都有回答问题的机会。这样做,既可以提高不同层次学生的学习兴趣,又可以激发优秀学生的思考热情。值得注意的是,课堂提问要有不同的层次。比如,问优等生:"有啥不同想法?";问中等生:"这是为什么?";问学困生:"这是什么?对还是不对?"这样,每个学生都在数学活动中体现价值,获得发展。

另外,由于数学学科知识相对较为枯燥,大多数小学生缺乏自我控制能力,数学学习的随意性较大,在课堂内全神贯注的时间较少。要想提高教学效率,必须运用多样的教育方法,充分挖掘教育资源,营造浓厚的交流氛围,调动学生参与的积极性。比如,在三年级"四边形"的教学中,可先用课件呈现名胜古迹,如中国的长城、美国的自由女神、巴黎的埃菲尔铁塔等,请学生从中找出不同形状的图形;然后引导学生认识三角形、长方形和正方形等数学图形,进一步要求学生统计长方形及正方形的边数,引出四边形的教学内容。实践表明,只要营造有趣的学习情境,就能有效引导学生体验学习,提高课堂教学的吸引力,提升学生的数学素养。

3. 关注教材,提高科学处理的自觉性

数学教材是实施数学素质教育的基本素材。教材安排的科学性,基本决定了数学课堂教学的内容和活动方向。首先,教师必须在新课程理念下自觉从教材的执行者转变为创造者,要在对教材的科学分析基础上,结合学生的认知及时对教材做适当的取舍和合理的延伸。比如,在"反比例的认识"一课的教学中,如果教师直接出示例题,引导学生仔细观察并对比来发现反比例的特征,就不能有效激活学生的思维。因为例题的快速展示其实就是暗示了学生:大家来看,这个就是反比例的例子!那么,怎样才能够充分激活学生的思维呢?笔者曾经做了实验,对这部分教材进行科学处理,将例题巧妙地藏在一组表格中，然后让学生利用已有的知识和经验来找出反比例的例子。结果，学生果然开展了自主探究，在探究中成功地体验到了乐趣。

其次，教师应通过实物感知，提升学生的理解能力。教育心理学告诉我们，小学生比较容易理解掌握直观和形象的事物，如各种形态的实物等。因此，有时候我们可以利用这个心理特征，将数字等相对枯燥的内容转化为形象生动的实物和图形进行教学。比如，在一年级“1—5 的认识和加减法”的“2 + 1”计算题教学中，可鼓励学生将算术题想象为 2 个香蕉加上 1 个香蕉，或 2 头奶牛加上 1 头奶牛等。通过自主想象能将纯数字的计算转化为形象的实物相加，这样学生更容易完成计算。又如，二年级“表内乘法”一课的教学中，在以“3 × 2”为例讲解乘法定义之后，给每个学习小组发 6 个粉笔头，鼓励学生以粉笔头为道具，积极思考操作，有效理解乘法运算的原理及过程。

4. 关注建构，鼓励学生勇于动手实践

小学生的数学素养，包括数学基础知识、数学基本技能、用数学思想和方法思考和解决问题的习惯、数学策略的应用，以及对数字的感觉。因此，动手实践、自主探索与合作交流是学生学习数学的重要方式。新课标中指出“人人学有价值的数学”。对学生来说，学数学，并不等于就是去记数学、去背数学、去练数学、去考数学，而是应该通过数学学习，不仅能获得基本的数学知识和技能、数学思想和方法，而且能获得广泛的数学活动经验和感受，并在思维能力情感、态度和价值观等方面，都得到全面、持续、和谐的发展。因此，教师在教学中必须转变观念，应该放手让学生动手做，让学生在实践体验中提升数学素养，增进对数学的理解。比如，在教学“长方形和正方形的认识”一课时，可以让学生用自己准备的长方形纸折一折、剪一剪，变成一个正方形。动手操作后交流：我们能找到多少不同的办法把这个长方形变成正方形？此外，如五年级“长方体和正方体”内容的学习延展中，可以探讨：如果给你一个量筒，要求测出家里的水杯容积，应该怎么处理？这样，学生很快在教师的引导下厘清了体积与容积的差异和联系。

总之，在新课程理念下，弄清小学生数学素养的培养内容与特征，以及实现方法与途径，才能有效促进学生在数学知识的习得、数学能力的培养、数学观念的形成和数学习惯的养成等多方面提高素养，从而获得全面发展。

（2016 年 5 月发表在《考试周刊》）

5.11　引导学生手脑并用，有效提升数学素养

数学课程作为基础教育的主要课程之一，对学生的知识学习、智力开发以及数学素养的提升都有积极的作用。然而长期以来，数学课程一直是基础教育中的难点所在。数学知识具有抽象性，逻辑性很强，对处于具象思维阶段的学生而言，学习起来有一定的难度。此外在课堂教学中，一些教师仍然沿袭传统的、僵化的教学模式与教学手段，不能根据课程内容的特征和学生的学习特点及时调整教学策略，这不可避免地降低了学生的学习兴趣。创新教学模式，化抽象为直观成为提升教学效果和学生数学素养的关键途径，其中，手脑并用的教学方法具有着积极的应用价值。手脑并用是指教师在教学中同时调动学生的双手与大脑，让学生在实践与思考中获取知识、培养能力、提升素养。在数学教学中采用手脑并用的教学策略，不仅是提升学生数学素养的必然要求，也是促进学生全面发展的主动追求。

5.11.1　手脑并用的概述

手和脑是儿童认识世界、改造世界最基本的工具，两者相辅相成，对儿童的认知发展起着极为关键的作用。然而，就目前小学数学教学而言，教师往往只注重脑的开发，而无视手的运用，这不仅无助于学生动手能力的培养，更无助于他们大脑更深层次的开发。手脑并用是新型的教学方式，它要求教师在教学中既引导学生动脑思考，也关注学生动手实践，通过动脑与动手的结合来提升学生的学习效率与数学素养。也就是说，动手与动脑尽管在外部形式上存在着差异，但其服务于课程教学的目标是一致的，都是为了提升学生能力、培养学生素养，这也是使用手脑并用策略开展教学的可行性所在。

手脑并用泛指综合运用手与脑这两种工具来学习。一般而言，可分为以下几种形式：(1)以动手促进动脑。教师先借助课堂实践来吸引学生的注意力，提升其课堂参与度，进而引导他们就实践中的数学内容、数学现象展开思考。(2)以动脑指引动手。实践是认识的来源，认识反过来指导实践，在学生动手环节，大脑发挥着极为关键的作用，教师可以引导学生先思考后动手，这样可以避免学生在动手环节出现“走弯路”的现象。(3)手脑并用促发展。学生通常是边动手边动脑，根据思考的结果调整动手模式，根据实践所得转变思考方向，两者同时进行、同时进步。

5.11.2 手脑并用的原则

手脑并用是当前数学教学中的一种有效方式。为了更好地发挥手脑并用的教学功能，教师应坚持以下原则：

1. 主体性原则

学生是数学学习的主体。手脑并用作为当前数学教学中的有效方式，应秉承主体性原则，体现学生的主体地位。首先，就动手而言，它强调的是学生自己动手实践，无论是测量物体长度，还是拼凑几何图形，学生都是动手操作中的绝对主体，教师能做的仅仅是组织课堂和辅导教学；其次，就动脑而言，它注重的是学生的自主思考，教师在解决数学问题时具有主导性，但并不能取代学生的自主思考，更不能在学生思考之前就变相给出答案。总之，在课堂教学中，教师要突出学生的主体性，给予他们自主学习的时间和空间。

2. 实践性原则

如前所述，在传统的数学课堂教学中，教师过于看重动脑的重要性，过多地关注学生的数学思考，甚至将所有课程资源都应用于开发学生的智力，而忽略学生动手能力的培养，这对学生的长远发展是极为不利的。在手脑并用的教学中，教师应坚持实践性原则，但这并不意味着教师必须在课堂教学中开展实践活动，其形式可以多种多样。

3. 启发性原则

手脑并用作为教学方式，其中动手是策略，动脑是目标，手的运动最终服务于脑的开发，因此，教师在手脑并用教学中，还应秉承启发性原则。“学而不思则罔，思而不学则殆”，启发性原则可以促进学生更有效地动脑。就小学数学教学而言，启发性原则的实践途径可以多种多样，教师要根据教学内容和学生的学习现状选择适宜的途径。其中，引导学生解决问题是践行启发性教学的一条主要途径。以知识点为内核、以生活为背景、以学生理解力为基础的数学问题，可以有效地激发学生的探究欲望，提升学生的数学学习效果。

5.11.3 手脑并用的策略

1. 课程导入，启发学生动脑思考

课程导入是指教师在正式教学之前，针对课程教学内容以及学生学习现状所做的一系列导入性活动，目的是活跃课堂氛围，提升学生的课堂参与度。课程导入的方式多种多样，如游戏导入、问题导入、情境导入等。有效的课程导入不仅能激发学生的学习兴趣，还能将他们迅速带入课程学习之中。因而，在手脑并用的教学中，教师应做好课程导入工作，尤其要利用好动手实践来导入课程,这样才能发挥手脑并用的教学价值。

例如,"元、角、分"作为苏教版一年级下册的重要教学内容,与学生的日常生活息息相关,是沟通数学与生活的重要桥梁。如果仅依靠教师的口头表述或者多媒体课件展示,很难让学生对元、角、分和不同币值人民币间的转换关系有确切的认知。因而,在本节课的教学中,教师可以事先准备一些硬币和小额纸币模具,随机地发给学生。有的学生拿到 5 个 1 元硬币,有的学生拿到 10 个 5 角硬币,有的学生拿到 2 张 5 元纸币,还有的学生拿到 1 张 10 元纸币……然后教师让学生互换手中的人民币模具,如 1 张 5 元纸币换 5 个 1 元硬币……当学生硬币数量不够时,教师可以鼓励学生以其他物品替代。这种教学方式可以引导学生主动思考人民币在日常生活中的作用,以及不同人民币币值购买力的大小。

2. 巧用手势,强化学生对知识的记忆

事实上,除了口头语言、黑板板书和多媒体之外,教师的面部表情、肢体动作,尤其是手势动作也是数学教学的重要手段。有效地运用各种手势,不仅可以成功地吸引学生的注意力,还可以加深学生记忆的效果。教师可以在做手势时引导学生参与进来,双方共同做手势,这样既能将手势中的数学含义传递给学生,还有助于培养学生触类旁通的能力。

例如,教学长度单位时,学生需要认识千米、米、分米、厘米、毫米这五个主要的长度单位和它们之间的关系。为了防止学生在记忆时产生混淆,在课堂教学中,教师可以伸出手掌,向学生介绍这五种长度单位:手掌共有五个手指,从大拇指到小拇指分别为老大、老二、老三、老四和老五。其中大拇指代表千米,食指代表米,中指代表分米,无名指代表厘米,小拇指代表毫米。如此教学,五种长度单位便直观地呈现在了学生的面前。与此同时,教师还可以进一步向学生解释:小拇指与无名指、无名指与中指、中指与食指之间都是乘以 10 的关系,因为大拇指最大,所以食指与大拇指之间是乘以 1000 的关系。通过手势将长度单位的换算规律呈现出来,使学生易于理解。

3. 开展实践,培养学生的动手能力

教学实践表明,实践活动课不仅可以深化学生对知识的记忆,还能发展学生的动手能力,是促进学生全面发展的重要途径。手脑并用教学模式要求教师在教学中多给学生提供动手创造的机会,这就需要教师经常开展以学生为主体的活动。这类活动可以是探究型的,也可以是印证型的。例如,在教学苏教版四年级下册"三角形的内角和"一课时,教师可以给学生准备形态各异的三角形,让学生分别测量这些三角形三个角的大小,最终使学生发现这些三角形三个内角加起来都是 180°。这样的教学无疑更能加深学生的印象,也更能取得良好的教学效果。

此外,教师还可以将数学实践活动与数学问题紧密联系起来,利用实践活动来培养学生的动手能力。例如,教学苏教版三年级下册"长方形和正方形的面积"一课时,教师在课堂上开展"测测身边物品的面积"的活动,将学生分组,让他们分别测量教室中各种长方形物品的面积,并汇总数据,推测结果。

4. 联系问题,引导学生手脑并用

数学问题不仅是启发学生思考的源泉,也是引导学生动手实践的主要因素。因此,在教学中,教师还要善于将课程知识与日常生活中的问题联系起来,引导学生通过手脑并用解决问题。例如,教学苏教版六年级上册"统计"一课时,教学内容主要为扇形统计图的制作,其中涉及多个环节的内容,包括数据的收集和整理、百分比的计算、角度的计算等。教师可以让学生以小组为单位,小组成员获得任务之后,在组长的组织下进行合理的分工,有的学生负责数据收集,有的学生负责百分比计算,有的学生负责角度换算,等等。合作探究不仅能发展学生的探究能力,还能培养学生的合作意识和协作技能。

手脑并用同时调动了学生的双手与大脑,对学生动手能力的提升以及大脑思维的发展都具有积极的作用。手脑并用有利于学生对知识的建构与运用,以及认知策略与学习策略的精进,还有利于学生数学活动经验的激活和情感的丰富,以及积极态度和正确价值观的形成和巩固。因此,教师要从促进学生全面发展的角度出发,积极采用手脑并用的教学方式,有效提升学生的数学素养。

(2016年12月发表在《江苏教育》)

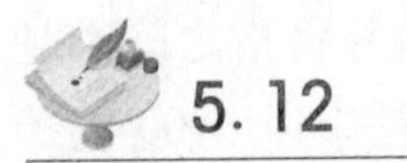

5.12 有效提高小学生数学素养的途径和方法的研究

5.12.1 课题提出的背景及要解决的主要问题

1. 源于社会发展的需要

数学与人类的发展和社会的进步息息相关,随着现代信息技术的飞速发展,数学与计算机技术的结合,更加广泛地应用于社会生产,直接为社会创造价值,推动着社会生产力的发展。

我们生活在一个数字化的信息时代,数学的内容、思想、方法和语言已越来越广泛地渗透到人们生活的各个方面。例如,了解天气变化、参与商场促

销活动、做好家庭投资理财、安排日常交通出行等，都需要较强的数学意识和数学思维；再如，现代生活中，图像、数据、符号图表等，日益成为人们交流信息的重要方式。为了更好地生活，人们必须学会收集、整理与分析图表，处理各种数据信息，这些能力已经成为信息时代公民基本素质的一部分。

也就是说，数学已成为人们从事生产、劳动、学习和研究现代科学技术必不可少的工具。要适应竞争激烈的现代社会，使数学成为整个人类未来发展的有力工具，这就要求数学教育能培养人的更内在的、更深刻的东西，这就是数学素养。因此，培养小学生具有初步的数学素养，成为我们数学教育工作者需要思考的重要问题。

2. 源于课程改革的要求

《数学课程标准》指出：数学是研究数量关系与空间形式的科学，它是人类文化的重要组成部分，数学素养是现代社会每一个公民应该具备的基本素养。

“在学校学的数学，毕业后若没什么机会用，一两年后很快就会忘掉。然而，不管他们从事什么工作，记在心中的数学精神、数学思维方式、研究方法、推理方法和看问题的着眼点等，却会使他们终身受益”。这正是我们想追求的数学教学效果，不仅让学生拥有数学知识与技能，更重要的是让学生在学习数学的过程中拥有数学“气质”——数学的基本素养。

数学教育作为促进学生全面发展的重要组成部分，既要使学生掌握现代生活中所需要的数学知识与技能，更要发挥数学在培养人的思维能力和创新能力方面不可替代的作用。小学数学教育中，找到有效提高小学生数学素养的途径和方法，成为我们工作的不竭动力。

什么是素养，现在一般的观点是“素质”和“修养”的复合词。指的是学生在主要学科领域应用知识和技能的能力，以及在不同情境中提出、解决和解释问题时有效地分析、推理和交流的能力。

数学素养，是指个体识别和理解数学在世界中所起作用的能力，做出有根据的数学判断的能力，以及作为一个关心社会、善于思考的公民，为了满足个人生活需要而使用和从事数学活动的能力。简单地讲，就是当学生遇到问题时，能够在多大程度上激活所具有的数学知识和数学能力，并解决这些问题。

综上所述，在数学教育中找到科学的方法、适合的途径，从而有效提高小学生的数学素养，是一种积极的尝试和有益的实践。

5.12.2 研究的目标、内容与重点

1. 研究目标

(1) 提升教学智慧,促进数学教师专业成长。

(2) 开启学习智慧,张扬学生数学个性发展。

(3) 点亮亲子智慧,激发家长参与数学评价。

(4) 构建智慧课堂,深化数学教学改革创新。

2. 研究内容和重点

(1) 小学生数学素养现状研究。

小学生数学素养的现实状态,既是本课题研究的逻辑起点,也是本课题研究的首要内容。我们从数学意识、解决问题、数学推理、信息交流、数学心理素质五个部分,对学生的数学素养现状做出比较合理的评价。

具体来说,数学意识指用数学的观点和态度去观察、解释和表示事物的数量关系、空间形式和数据信息,以形成量化意识和良好数感。解决问题是指运用"数学化"的思维习惯去描述、分析、解决问题。数学推理是指能通过观察、实验、归纳、类比等获得数学猜想,并进一步寻求证据、给出证明或举出反例;能清晰、有条理地表达自己的思考过程,做到言之有理、落笔有据;在与他人交流的过程中,能运用数学语言合乎逻辑地进行讨论与质疑。信息交流是指运用数学语言进行交流的数学素质,它以精确、简约、抽象为特点,可以使人在表达思想时做到清晰、准确、简洁,在处理问题时能将问题中的复杂关系表述得条理清楚、结构分明。数学心理素质是学生对数学学习活动的兴趣、动机、态度和习惯,数学学习的自信心和意志力等。

通过研究,及时发现学生的哪些数学素养形成得比较好,哪些素养还需要提高和完善,从而指导我们的课题以此为基点开展实践研究。

(2) 小学生数学学习智慧开启研究。

学生在数学学习与应用活动的过程中,通过自身的不断认识和实践,使数学文化知识和数学能力实现内化,逐渐形成和发展起来的"数学化"思维意识与"数学化"地观察世界、处理和解决问题的能力,即学生的数学素养的形成和提高,是本课题研究的重点,也是落脚点。这一研究主要是为了发现学生学习智慧开启的基本过程及其内在规律。具体研究内容如下:

① 学生数学意识培养的研究。

② 学生解决问题能力的研究。

③ 学生数学推理能力的研究。

④ 学生信息交流能力的研究。

⑤ 学生数学心理素质的研究。

……

(3) 数学教师教学智慧成长研究。

这一研究旨在借助典型,发现教师教学智慧形成的基本过程及其内在规律,以便通过样本经验,带动群体走以提高教学智慧为核心取向的专业成长之路。具体研究内容如下:

① 数学教师师德修养研究。

② 数学教师专业知识研究。

③ 数学教师课堂教学研究。

④ 数学教师科研实践研究。

⑤ 数学教师教学成果研究。

……

(4) 家长参与数学教育助推研究。

学生数学素养的形成,家庭教育也是不可或缺的部分。有家长的积极支持和参与,学生的数学学习活动更加丰富,学习成果的积累更加充实,学习评价的作用发挥更大。我们主要从以下几个方面入手:

① 家长数学讲师团定期授课。

② 家长参与数学的实践活动。

③ 家长记录数学学习的过程。

④ 家长协助积累学习的成果。

⑤ 家长进行数学学习的评价。

……

(5) 构建数学智慧课堂模式研究。

课堂教学是培养学生数学素养的主阵地,我们从优化教学方式、改变学习方式入手,努力形成以学生数学素养发展为核心的课堂教学模式。我们将依托已有的经验,学习并汲取智慧教学理论营养,同时在专家引领下,让教师全面走向智慧课堂实践探索,体现"以学定教,随学而导"的数学教学理念。我们主要考虑以下几个方面:

① 改进呈现行为,研究教学设计的智慧。

② 和谐对话方式,研究师生沟通的智慧。

③ 优化课程形态,研究资源利用的智慧。

④ 关注个性差异,研究自由张扬的智慧。

⑤ 体验成功喜悦,研究快乐评价的智慧。

……

5.12.3 研究的措施

提高小学生的数学素养,以学生为主体、教师为主导,构建学校、家庭、社会全方位的教育体系;以课堂教学为主阵地,构建班级授课、社团活动、实践活动等多层次教学途径。这样多角度的立体培育模式,能面向全体学生,适应学生个性发展的需要,使得"人人都能获得良好的数学教育,不同的人在数学上得到不同的发展"。

1. 引领互助,成就智慧教师

教师是学生数学活动的组织者、引导者与合作者。培育和打造一支健康全面、具有较高数学素养和一定教学水平的教师队伍,在教学活动中,与学生一起积极参与、交往互动、共同发展,为提高小学生的数学素养打下坚实的基础。

(1) 专业引领。

依托昆山市小学数学名师工作室和苏州市小学数学名师共同体I组的名师专业引领,充分发挥名师在梯队建设、培养骨干教师方面的"辐射"和"裂变"作用,针对教师发展的实际需求,研制适用的学科培训课程,开展常态化教师培训,努力打造优秀青年教师群体。

(2) 同伴互助。

实施"慧心工程"和"青蓝工程",让全体数学教师参与其中,通过同伴互助的形式,进行及时、广泛、深入地讨论和交流,提升自己的专业能力。

慧心工程:"慧心导师"为获得"昆山市学科(术)带头人"及以上称号的教师。"骨干学员"为四十岁以下获得"教学能手""教坛新秀"称号的教师。一般一个"慧心导师"和1~3个"骨干学员"结成一个小组,以学年为周期,就师德、教学、教科等方面进行"捆绑式"评比,促进教师们的互帮互助、共同发展。

青蓝工程:为了让刚步入教学岗位的新教师(工作3年以内)在起跑线上有个好的开头,学校骨干教师担任指导老师,指导、帮助新教师实现"一年站稳讲台""两年基本规范""三年教有特色"的目标,促进骨干教师和青年教师的教学相长、共同提高,建设一支结构优化、素质优良的师资队伍。

2. 丰富课程,培育智慧学生

按照课程设置,学生在学习书本、上好数学课的基础上,参加自己喜欢的社团活动,让学生在丰富的数学学习活动中,掌握数学基础知识、形成数学基本技能、领悟数学基本思想、积累数学基本活动经验,从而发展数学思维能力,提升学生的数学素养。

（1）课程学习。

小学数学课堂教学是师生之间、学生之间交往互动与共同发展的过程。小学数学课堂教学要紧密联系学生的生活实际，从学生的生活经验和已有知识出发，创设生动有趣的教学情境，引导学生开展观察、操作、猜想、推理、交流等活动，使学生通过数学学习活动，掌握基本的数学知识和技能，初步学会从数学的角度去观察事物、思考问题，激发对数学的学习兴趣，体验学习的成功和快乐，培养数学思维能力，提高数学素养。

（2）社团活动。

为了丰富学生的数学学习活动，发展学生的兴趣和特长，开设了每周一次的社团活动。在数学教师开班的基础上，以年级或年段划分，让学生根据自己的意愿报名，组成“小小数学家”社团、数棋社团、七巧板社团等，在活动中增长知识、交流思想、感悟成功，获得数学智慧的滋养和启迪。

每年12月的数学周活动，速算比赛、七巧板拼搭、数学小报设计、数学日记评比、数棋比赛、“小小数学家”评比等，让每一个学生将自己的数学学习成果一一展现出来，满载累累硕果，品尝成功喜悦。

3. 家校互动，助推智慧家长

一个孩子承载着家庭的很多希望与梦想，孩子的成长离不开学校和家庭的共同努力。家校沟通互动，助推家长成为孩子的良师益友；家校形成合力，让家长参与到孩子的数学学习活动中来，一起参与孩子的数学学习，一起见证孩子的进步与成功。

（1）数学亲子活动。

推荐学生和父母一起阅读《小学生数学报》，了解数学家的奇闻轶事，为孩子打开数学的神秘之门；帮你学新课、挑战自我，帮助孩子学好数学知识；名师大讲台、每日思维操，帮助孩子开拓思维，成为“小小数学家”；数学童话、数学乐园，让孩子在故事中感悟数学的价值，在开怀一笑中体会数学的有趣。亲子共同交流，既有益于亲子关系的建立，也有益于孩子数学素养的提升。

另外，课本上有很多数学活动，让孩子和父母一起去开展调查、测量、统计等实践活动，动手又动脑，提出问题、分析问题、解决问题，发展解决实际问题能力。

（2）记录成长档案。

建立每个学生数学学习的电子成长档案，以动态的、多维的、全面的方式记录下来。其中的多维评价表，以一个单元的学习为周期，家长参与评价；成长档案的记录，家长可以将孩子的作品（数学手抄报、数学日记）、数学阅读、获奖荣誉等材料及时上传，使之内容更加丰富翔实，更生动地反应孩子数学思维发展的过程。

4. 构建平台,打造智慧课堂

提升小学生的数学思维素养,课堂教学是主阵地。构建集思广益、互动共享的集体备课平台,开展自主钻研、专家引领的校本教研活动,落实及时反思、记录提升的小课题研究。层层深入,环环相扣,着力打造高效的数学课堂,彰显预设充分精致,生成及时灵动,有力地促进学生数学素养的提升。

(1) 集体备课。

我们的集体备课共分四个步骤。一是学习钻研,提前备课。主备人先认真钻研教材,充实补充课程资源,精心设计教案。二是集体备课,交流探讨。大家对教学内容深入研究,对主备人设计的教案进行探讨,智慧碰撞,资源共享。三是完善教案,制作课件。主备人根据大家的建议修改完善教学设计,并根据教学设计制作精美实用的课件。四是研读教案,个性修改。其他教师拿到集体备课教案后,仔细阅读,内化为自己的课堂教学设想,在此基础上,根据学生特点及自己的教学特点进行二次备课。

(2) 校本教研。

一是聘请昆山小学学科教学资深专家定期来学校指导课改教研活动;二是不定期邀请知名专家来学校开讲座、上示范课,在理论和实践两个方面对我们课堂提效进行引领。

另外,校内教师自发研讨,不受时间、空间限制,每天都在进行着,及时性强、效果显著。每逢有公开课或者比赛课任务,我们就组织学校骨干教师和组内其他老师共同磨课,共同提高。

(3) 课题研究。

在课堂教学、听课评课等日常教学工作中,及时将自己的收获、思考、困惑记录下来,形成自己的小课题研究。阅读相关理论书籍,撰写读书心得;开展教育教学实践,写好授课反思;分析、提升、总结、优化教学设计,撰写教学论文,完成课题研究。

5.12.4 研究的成果

"有效提高小学生数素养的途径和方法的研究"这一课题方案得到了专家论证,课题计划周密翔实、操作性强,得到了全校学生、家长,全校数学教师以及昆山市很多数学教师的热烈响应和积极参与,课题研究取得了一定的成效。

1. 有效提升了学生的数学素养

随着课题研究的不断深入,学生在丰富多彩的数学学习活动中,掌握了更多的数学基础知识,形成了扎实的数学基本技能,领悟了不同的数学基本思想，积累了丰富的数学基本活动经验，学会了用数学的眼光看问题，敢于提出问题、分析问题，运用数学知识解决实际问题，有效提升了学生的数学素养。

学生的数学意识增强了，能较为敏锐地意识到周围某些事物中存在的数学问题，养成自觉地用数学的思想、观点和方法观察事物、解释现象、分析问题的习惯。学生解决实际问题的能力提高了，能以积极的心态，在自己已有的知识水平和生活经验的基础上，主动参与问题探索，主动建构，提出问题、分析问题和解决问题。学生的数学推理能力发展了，能通过观察、操作、猜测、推断、验证、交流、反思等数学行为，体会数学知识的产生、发展与形成过程。学生的数学信息交流高效了，通过动手实践、自主探索、合作交流，学生能使用数学语言进行学习活动。学生的数学心理素质提升了，在和谐、愉快的学习环境，怀着积极健康的态度满腔热情去学习，互助、他助、自助的学习方式使每一个学生得到成功的体验。

参与课题研究的昆山市实验小学、一中心小学等学校的五年级学生，在苏州市小学绿色评价数学学科学业水平测试中，取得了优异的成绩。参与课题研究的昆山市实验小学、昆山市玉峰实验学校，在昆山市小学生毕业水平测试中，连续多年名列前茅。参与课题研究的一大批学生在《小学生数学报》报社举办的活动中获得“小小数学家”称号。

2. 明晰了有效提高学生数学素养的基本途径和方法

数学素养是现代社会每个公民应该具备的基本素养。小学生数学素养的基本内涵包括：(1)懂得数学的价值；(2)对自己的数学能力有自信心；(3)有解决数学问题的实际能力；(4)学会数学交流；(5)学会数学的思想方法。通过知识技能、数学思考、问题解决、情感态度的教学，使学生获得必需的基础知识、基本技能、基本的数学思想和数学的活动经验，增强学生发现和提出问题、分析和解决问题的能力，具有初步的创新意识和实践能力。

提高学生的数学素养，要以精致灵动的课堂教学为主，辅以丰富多彩的数学社团活动、生动有趣的数学实践、全面动态的多维评价、精彩纷呈的数学周展示等，让学生通过各种数学活动，在经历、体验、感悟中掌握数学基础知识、形成数学基本技能、领悟数学基本思想、积累数学基本活动经验。

3. 形成了“以学定教，随学而导”的数学教学思想

教学活动是师生积极参与、交往互动、共同发展的过程。以学生的基础确定教学过程，又随着学生的学况调整教学活动，充分体现尊重学生，以学生为主体，初步形成了“以学定教，随学而导”的教学思想，形成了“精致、灵动、高效”的数学课堂教学风格。

(1) 备课时关注学生的想法，备课在互动中进行。

教师备课时在钻研教材的基础上，应多站在学生的角度思考问题，明确学生学习的知识起点和生活经验。新课程需要新教学，而新教学需要新的预设，这是一种留给教学足够空间的预设；是一种包含着丰富生成性的预设；是一种宽容偶然性和突发性，促进多样性和创造性的预设；是一种能够促进教师和学生共享教学的愉快，既有高水平的思维和智力加工，又有积极的情绪体验和情感高峰的预设。

(2) 上课时关注学生的学况，活动在随学中展开。

真实有效的教学过程，是师生及其他因素间动态的相互作用的推进过程。一方面，这一过程不可能完全按教师所预定的轨道行进，随时会产生一些意料之外的新事物、新情境或新需求；另一方面，从教到学、再到学生的发展的过程，本身就是一个动态转化和生成的过程。教师在课堂上要注重学生的及时反馈，灵活运用生成性教学资源，顺着学生的思路来调整、组织教学，从而提高教学的针对性、灵活性和有效性。常用的方法有：①让学生先开口——找准起点，因人施教；②巧用学生的话——由此及彼，趁热打铁；③妙用学生的错——将错就错，因势利导；④善用学生的问——顺势延伸，乘胜追思；⑤活用学生的题——急中生智，随机应变。

(3) 评价时关注学生的感受，引领在激励中体现。

课堂教学中的及时性评价，是指课堂教学活动中对学生所做的各种学习行为给予及时的评价，主要起反馈、鼓励、调控和导向的作用。评价时，关注学生的个性差异，保护好学生的自尊心和自信心，注重民主、平等，赏识每一个学生，感受每一颗心灵，注意眼神、语气、态度、表情等，使学生在学习活动评价中感受到激励和赏识。及时性评价，包括学生的学习兴趣、学习习惯、课堂表现、数学表达、练习反馈、学习方法等，可以帮助学生认识自我，建立自信，增强学好数学的积极性。

(4) 练习时关注学生的差异，作业在课堂中完成。

学生练习情况是检验课堂教学效果的有效途径。练习设计注重基础性、层次性和开放性，让每个学生都能通过练习巩固新知、掌握方法。练习时关注学生的差异，根据不同层次学生的学习能力，布置不同的课后作业，一般可分为三个层次：第一层是基础性作业（课后练习）；第二层以基础性为主，同时配有少量略有提高的题目（课后习题）；第三层是基础性作业和有一定灵活性、综合性的题目（课后复习题）各半。每节课根据作业量和难易程度，安排5~15分钟的作业时间，保证绝大多数学生能在课堂中完成作业。

4. 构建了智慧课堂提效模式

提高学生的数学素养，主阵地是课堂教学。“以学定教，随学而导”的教育思想在数学课堂的真正落实，还要体现在课堂教学的实效上，因此我们尝试构建了智慧课堂提效模式——“三环五步”，这是打造高效课堂研究、锤炼教师教学风格、促进教师智慧成长的一种模式。

第一环：学习准备阶段。

第一步：上课教师全面分析教材和学生，围绕自己的课题写出教案初稿；

第二步：第一轮磨课，教师试上，组内教师听课，研讨，修改教案；

第三步：上课教师拍录像，并把录像课、教案和说课稿，提前一周上传至学校网站；

第四步：第二轮磨课，组内教师共同研讨，完善教案；

第五步：相关教师仔细观看录像，研读教案和说课稿，做好评课交流的前期准备。

第二环：现场观摩阶段（星期六上午）。

第一步：上课教师用完善后的教案上课；

第二步：上课教师说课；

第三步：听课教师修改评课稿；

第四步：现场分组抽签；

第五步：抽到签的教师进行评课。

第三环：论坛交流阶段。

第一步：所有教师分类上传听课心得；

第二步：上课教师和听课教师相互学习他人的心得，并跟帖；

第三步：上课教师博采众长，修改教案；

第四步：提供平台，上课教师有更多机会展示；

第五步：聘请专家，精确诊断，锤炼上课教师的教学风格。

5. 完善了小学生数学素养的评价体系

学习评价的主要目的是为了全面了解学生数学学习的过程和结果，激励学生学习和改进教师教学。我们完善了小学生数学素养的评价体系，以促进每个学生的可持续发展为出发点，建构和实验新型的教学评价模式，使评价能促进学生数学素养发展。

小学生数学素养的评价体系，充分体现评价指标多元化，有知识技能、思想方法、实践能力和创新意识四项指标，下面又细分成九个三级指标；评价主体多样化，教师、学生、家长共同参与；评价方式多样性，笔试评价和面试评价相结合；评价内容全面性，量化评价和质性评价相结合；评价过程动态性，平时评价和阶段性评价相结合；评价结果科学化，做到定量评价和定性评价相结合，淡化评价的甄别、选拔功能，突出评价的导向、改进、形成、激励功能。

(1) 建立成长电子档案,激励和见证学生数学素养的提升。

依托每个学生的校园一卡通,将学生的数学学习活动情况,包括课程学习、社团活动、数学实践、学习成果等信息,采用自动录入的方式(上传至电子文档),使每个学生小学毕业时拥有一份完整的、动态的、富有个性的数学素养成长电子档案。学生和家长可以清晰地看到小学六年数学学习的发展变化情况。教师还可以进行以班级或年级为单位的比较,单项或综合性的分析,以学生数学素养发展的情况来促进自己教学的研究。

□ 学生自我评价

重视学生参与,尤其是学生的自我评价和反省,是成长记录档案的一个重要特点与要求。在使用成长记录档案的过程中,教师要鼓励和引导学生,选择和评价自己的作品,从而发现自己的优势和不足,形成追求进步的愿望和信心,明确改进的目标和途径。

□ 同伴相互评价

在学生自评的基础上,鼓励学生相互评价。教学中开展同桌互评、小组互评及全班互评,让学生在互评的过程中互相学习,从而促进学生的自主反思,进一步提升自己的数学素养和发展的努力方向。

□ 教师针对评价

教师除了对学生各个阶段数学学习情况进行等级制评价外,注重评价学生的学习习惯、学习方式、情感态度、实践能力和创新意识,评价学生对数学的感受能力,以及发现问题、分析问题和用数学知识解决问题的能力。

□ 家长参与评价

主要是对孩子在家中的学习态度、学习兴趣等进行评价和记录,可以是孩子最满意的一次作业、最难忘的一次数学实践活动、最喜欢的一位数学家的故事等,可以是文档、图片、视频等,引导家长科学地评价孩子,促使家长主动全面地了解孩子的数学学习。

(2) 建立多维评价表,引领和帮助学生数学素养的发展。

所谓的多维评价,是指以不同的主体对学生的数学学习的知识技能、数学思想、实践能力和创新意识等多个维度,进行不同的评价。我们推出的多位评价表,一般以单元学习评价为主,以引领和帮助学生进行学习的回顾、总结与反思。

□ 形式上以质性评定取代量化评定

多维评价的出现,并不是对量化评定的简单否定,其实多维评价中也包含了量化研究,多维评价是为了更全面地反映学生学习情况,因此它把量化评定统整于其中,在适当的评价内容或场景中依然使用量化的方式进行评定。例如,“知识与技能”各部分的评定。

□ 功能上由侧重甄别转向侧重发展

多维评价把评价看作是课程、教学的一个有机构成环节,它同样也是促进学生发展的有效教育手段。评价不是为了给出学生在群体中所处的位置,而是为了让学生在现有的基础上谋求实实在在的发展。它更关注让学生学会更多的学习策略,给学生提供表现自己所知所能的各种机会,通过评定,形成学生自我认识和自我教育、自我进步的能力。

□ 方式上由“一刀切”走向个性化

多维评价关注学生的实际发展,它不再是从目标、标准到命题全部“一刀切”的僵硬面目,而是重视学生在评定中的个性化反应。例如,“实践能力”部分的评定,它尊重学生的个别差异和个性特别,问题具有开放性,允许学生依照自己的兴趣和特长做出不同形式或内容的解答。

□ 内容上由重结论走向重过程

以往评价中的一些客观性测验,往往只要求学生给出问题的答案,而对学生是如何获得答案的却无任何要求。这样,学生获得答案的推理过程、思考性质、证据的运用、假设的形成等,这些对学生数学思维发展而言至关重要的东西,都被摒弃于评价的视野之外。多维评价,不仅关注问题的结论,也关注对学生的思维过程的评价,因此在设计多维评价的问题时,我们十分重视学生在解决问题时搜集资料、推理、判断并做出结论的过程。

6. 打造了一支专业素养高、教学能力强的教师队伍

课题研究的顺利开展,有效地促进了教师教育观念的更新、教学方式的变革、教学水平的提高,一支研究型、科研型的数学教师队伍正在悄然崛起。

教师以数学思考为核心,以知识与技能为载体,发展学生的数学思考,带动学生对知识技能的掌握更加深刻、灵活,同时发展问题解决的能力,提升学生对数学的情感与态度,使学生的学习更主动、客观、深入,努力实现数学教学四方面目标的和谐发展。同时,教师在数学教学的过程中,自己的教学风格逐渐形成,专业化发展正在走向深入。

课题实施的4年时间,教师们先后以调查报告、研究论文、研究案例、教学设计等形式,形成了一系列研究成果,且有多篇文章发表在报刊上,多篇论文在省、市、县论文评比中获奖。课题组的主要研究人员中,周惠琴、徐建文、陈蕾、王文英被评为江苏省特级教师,高向红、王娟等6位教师被评为苏州市名教师、苏州市学科(学术)带头人,周贤鑫获江苏省小学数学优质课评比一等奖,仲崇恒等获苏州市教师把握学科能力竞赛一、二等奖。

(2015年12月发表在《小学科学》)

后记

《双城记》的开头，狄更斯这样写道：这是最好的时代，这是最坏的时代；这是智慧的年头，这是愚蠢的年头；这是信仰的时刻，这是怀疑的时刻；这是光明的季节，这是黑暗的季节；这是希望之春，这是绝望之冬；我们拥有一切，我们一无所有；我们直奔天堂，我们直堕地狱。反观当今中国的教育，这段话无疑道出了我们今天面对教育时的无奈、矛盾、困惑与悖论。

为厘清课程改革的发展轨迹，我们将课改大致划分为四个时代，即一、二、三代和“后课改”时代。其第一代是“改结构”，即由教、学改为学、教，顺序翻转。第二代是“改关系”，由师生的主、客体关系转变为主体间的关系，这一关系的确立，为师生的平等交流搭建了人性化平台，使师生间的平等交流成为可能。第三代课是“改意义”。由于第二代课改显性追求的是学习效率，隐性追求的是民主精神、公民意识，导致课改再入牢笼，作秀假改现象时有发生。因此，第三代就提出把追求教学的教育意义作为课改目标和检验标准，回归教学的教育意义、知识的智慧意义、科学的方法意义。简而概之，如果说课改前十年解决人们对师生关系、对教学结构的认识问题，那么到了“后课改”时代，也就是当今新一轮的课改，究竟该怎么向未来发展，这包括发展的方向、核心、重点、路径等问题。

课改越是深入，越是会触及课改的根本性问题和整体性问题。二者之间的关系是根本性问题和整体性问题的核心，只有根本性问题突破才会带动整体性问题突破。若对根本性问题把握不正确、不深入，不从整体上研究和统筹，课改就不可能有真正的突破和进展，这必定会在同一个平面上徘徊，出现“换汤不换药”的现状。那么，课改的根本性问题是什么呢？不妨从两个方向寻找和确定：一是聚焦当前国际理论界在思考什么、研究什么，理论上的一些前沿性问题会引发我们的思考，引领改革深入；二是关注教坛草根，究竟有哪些新景象，发生了什么新问题，呈现了什么发展趋势。以上两个视域的融合，不难发现：近年来，发达国家和新兴国家正在不断加强对自身教育体系的反思和对世界教育的关注，把越来越多的注意力转向了基于学习的教育创新。对学习和学习者的聚焦和研究，已成为全球教育变革的强劲潮流。实践探索中所呈现的趋势与其也是一致的，这就是教育改革的重大转向，是教育改革的高度聚焦。基于学习的教育创新，无疑课改深入的核心主题就是对学习和学习者的关注、研究，即以学习者为中心，以学习为核心。这就是课改的根本性问题，是毋庸置疑的。新课程的改革强调以学生的发展为本；新课程关注学生的和谐发展；新课程倡导个性化的教育；新课程带给学生宽松的学习环境；新课程着力开发丰富的教学资源，让学生在解决问题中学习，带给学生积极的感情体验和发展的机会。

因此，在新一轮课改中，我们要将重点指向学生的学习，为学而教、以学定教、先学后教、多学少教等理念日益为广大教师所认同，而且付诸教学实践，课程改革、课堂教学发生了显著变化。这本专著详细阐述了在课改深入发展阶段“随学而导”的教学主张，张弛开合、动静自如、愤启悱发间尽显魅力。路漫漫其修远兮，在小学教育教学的改革路上，顾校长将会带领他的团队一起前行。

江苏省教育学会副会长　叶水涛